サブカルチャーの心理学2

「趣味」と「遊び」の心理学研究

山岡重行●編

サブカルチャー心理学研究会●著

福村出版

まえがき

　前作『サブカルチャーの心理学』を出版したのが 2020 年でした。2020 年，新型コロナウイルスのパンデミックにより世界は一変しました。学校に行って授業を受ける。職場に行って仕事をする。そんな当たり前の生活が一変しました。オンラインで授業を受ける。職場に行かずにリモートで仕事をする。それが当たり前になりました。緊急事態宣言が発令され学校は休校となり，舞台やライブはのきなみ中止に追い込まれました。不要不急の外出を避けるように要請され，外出が制限され，人に会えなくなりました。通勤，通学の時間がなくなった代わりに，人々の生活におけるインターネットの比重が格段に大きくなり，スマートフォンやパソコンが人々の生活に不可欠なものになりました。

　ICT 総研によると，2019 年末で 2150 万人だった有料動画配信サービスの利用者は 2022 年末で 3620 万人に急増し，そのうち 3340 万人が定額見放題の利用者だということです。若者のテレビ離れが言われて久しいですが，若者にとって動画はインターネットで視聴するものになりました。ライブハウスもインターネットでの動画配信を活動の柱の一つにするようになりました。

　インターネットを主戦場にしていたオタクたちはますますインターネットにのめり込み，様々なサブカルチャーが活況を呈するようになりました。今までインターネットをあまり利用していなかった人たちもインターネットにのめり込む人が増えました。

　様々なサブカルチャーがインターネット上で活況を呈する中に，「陰謀論」も盛り上がりを見せました。陰謀論動画を次々に試聴し続け，陰謀論に染まっていく人が増えてきました。本書の特徴の一つは，第Ⅲ部で「陰謀論」に焦点を当てたことです。陰謀論に関しては，前書『サブカルチャーの心理学』の 8 章「オカルト・超常現象・疑似科学・陰謀論」でも触れていましたが，本書では 3 章に増量しました。2021 年の日本応用心理学会第 87 回大会での自主企画ワークショップ「『陰謀論』の心理学：サブカルチャーとし

ての『陰謀論』・マインドコントロールとしての『陰謀論』」をもとに，話題提供を行った3名がそれぞれ1章ずつ書きました。マインドコントロール研究の第一人者であり，大学教員の仕事の他に日本脱カルト協会代表理事などを務め，お忙しい西田先生に無理を言って11章を書いていただいたことを特筆しておきます。

　前作で「白昼夢とオタクの幸福感」を書いた杉浦先生は本書でも再びオタクの妄想に焦点を合わせた実証研究を行いました（1章）。前作ではデータがなかった「鉄道オタク」も，本書ではデータに基づいた実証的研究にパワーアップしています（7章）。前作で「レコードコレクター」を書いた渡邊先生は「オーディオマニア」を書きました（4章）。前作ではエッセー味が強かったですが，今回は科学味が強くなっています。他にも「オタク隠しの心理」（2章），「百合」（3章），「ギャル」（5章），「女子力」（6章），「オタクのキャリアデザイン」（8章）と盛りだくさんな内容になっています。

　前作でも書きましたが，「サブカルチャーの心理学」は心理学概念の拡張をもくろんでいます。心理学の研究対象と見なされなかった現象を研究し，今まで「遊び」と見なされていた行動から人間を見つめ直します。そこには今までになかった新しい心理学の楽しさが眠っていると考えています。今まで研究されていない領域を研究し，広大なサブカルチャーの世界に向かう心理学の冒険の旅はまだまだ続きます。

　我々の新しい心理学の冒険の旅をお楽しみください。

　　　　　　　　　　　　　サブカルチャー心理学研究会代表　山岡重行

I
アニメ・マンガオタク

II
いろいろなサブカルチャー

III

陰謀論の心理学

※本書に掲載したQRコードは、本書外のコンテンツにリンクしています。外部コンテンツは予告なく削除・変更されることがありますので、あらかじめご了承ください。

I

── アニメ・マンガオタク

1章
妄想・恋愛・ダークトライアド

杉浦義典

本章のテーマは，アニメやマンガオタクの恋愛についてである。オタクの異性不安が高いという知見（山岡，2016）がある一方で，オタクの好むアニメやマンガには恋愛をテーマとするコンテンツが多いのも確かである。そして，アニメ，マンガのオタクが好む「妄想」もまた「二次元の嫁」といった言葉に示されるように，恋愛に関するものが多い。本章では，前著『サブカルチャーの心理学』で報告した「妄想と幸福感」の研究に引き続き，オタクの「妄想」を取り上げ，恋愛との関係について検討する。その際，交際という行動と，恋愛に関する態度や願望などの「脳内」の働きに分けて分析を行う。オタクの妄想がどのような恋愛の特徴と関係するかという予想を導出するために，ここでは進化心理学の考え方をもとにした。その理由は，オタク傾向とダークトライアドと呼ばれるパーソナリティ特性に関連が見いだされたためである。まずは，この研究で登場する概念について説明し，ついで進化心理学の考え方の概略を説明する。それにもとづいて，この研究の仮説を述べる。

1. 妄想＝白昼夢

　筆者はこれまで，オタクの「妄想」に着目した研究を行ってきた。オタク用語でいう「妄想」は，心理学では白昼夢と呼ばれる。覚醒している状態で，外界からの感覚情報とは独立の内容を思い浮かべる心理的な働きである。空想ともほぼ同義である。スマートフォンを用いた大規模な調査によって，人

は起きている時間の約半分は白昼夢にふけっていることが見いだされている（Killingsworth & Gilbert, 2010）。

このように多くの時間を占める心の働きではあるが，白昼夢をうまく活かすのは簡単なことではない。上述の Killingsworth らの調査では，白昼夢に浸っている時には，外界に注意が向いているときよりも，幸福感が低いことが分かった。とはいえ，外界とは独立に内面の世界を持つことは，高い認知機能を発達させた人間らしい特徴ではないだろうか。『サブカルチャーの心理学』で報告した研究（Sugiura & Sugiura, 2020）では，白昼夢そのものが不適応的なのではなく，それが幸福を高めるためには条件があるのではないかと考えた。その結果，2つの条件が明らかになった。第一はオタクであることであり，第二は自分の体験に優しい気づきを向けられる傾向（マインドフルネス特性）が高いことであった。つまり，オタクは白昼夢を活かす達人といえるのである。

これから報告する研究では，オタクの妄想（白昼夢）がどのように恋愛と関係するかを検討する。オタクは妄想の中で二次元のパートナーと恋愛を楽しんでいると考えられるためである。

2. ダークトライアドとオタク

妄想に加えて考慮に入れる変数（のグループ）はダークトライアドである。これは偶然の発見によるものであったが，その知見こそが，オタクの妄想と恋愛の関連についての仮説につながった。犯罪心理学や臨床心理学の分野では，人の気持ちが分からない，自己中心的である，社会的なルールに反する行動が多いといった特徴を持つパーソナリティがいくつか研究されてきた。例えば，自分が偉大であるという考えに固執するナルシシズム，人間関係を手段と考え自分の目的のために戦略的に利用しようとするマキャベリアニズム，そして人の気持ちに頓着せず，反社会的行動を繰り返すサイコパシーである。3つの名称が異なるように，それぞれ別々に研究されてきた流れがあるが，その内容には共通点がある。そのためナルシシズム，マキャベリアニズ

ム，サイコパシーをまとめてダークトライアドと呼ばれるようになった。

　筆者は，サイコパシーの研究を長く続けている（例：Sugiura & Sugiura, 2012）。質問紙調査の機会は無限ではないため，一つの調査の機会をゼミの学生と共有することも多い。すると，一つのデータに異なる研究テーマに関する質問紙が含まれることになり，当初は想定していなかった変数同士の関連も分析可能になる。

　データの事後的な分析はよくない，という誤解があるようだが，これについては一言補足しておきたい。もちろん，事後的な分析でたまたま見られた結果を，あたかも最初から仮説があったかのようにさかのぼって論文を書き換えることは望ましくない。しかし，事後的な分析だということを明示してデータを再分析することは，そこから新たな着想を得る機会になる。せっかく参加者の方に協力いただいたデータを最大限活かすためにもむしろ好ましい。もちろん，そこから得られた仮説を検証するためには，新しいデータを得る必要がある。

　このデータでは，オタクステレオタイプ尺度（菊池, 1999）を測定していた。オタクステレオタイプ尺度の「趣味への没頭」という下位尺度は，趣味に没入するというオタクの中心的な特徴を捉えている。この「趣味への没頭」とダークトライアドや共感性（Davis, 1983; 桜井, 1988）との相関を算出してみた（表1.1）。

・「趣味への没頭」は，ダークトライアドの尺度ではサイコパシーの下位尺度と正の相関があった。
・「趣味への没頭」は，サイコパシーに特化した尺度では，2つの下位尺度，および総合得点のいずれとも正の相関があった。

表 1.1　オタクステレオタイプとダークトライアド・サイコパシー・共感性との相関（予備研究）

	オタクステレオタイプ「趣味への没頭」
ダークトライアド	
サイコパシー	.18*
ナルシシズム	.13[+]
マキャベリアニズム	.11
サイコパシー尺度	
一次性サイコパシー	.19*
二次性サイコパシー	.17*
サイコパシー合計点	.21**
共感性	
共感的配慮	.01
視点取得	.02

$+ p < .10$; $* p < .05$; $** p < .01$.
$n = 75 \sim 185$.

この結果は，予期しないものであった。確かに，オタクは「サイコパス」や「暗黒（ダーク）」といった言葉が好きである。『サイコパス：Psychopass』というアニメ作品もある（なお，心理学用語の場合の綴りはpsychopathになる）。ただ，筆者は，それは好きなキャラクターの設定であり，本人のパーソナリティとは別だと考えていた。むしろ，ヴァンパイアやグールといった人外のモンスターと同列の位置づけなのであろうと（余談だが，人外のモンスターがサイコパス的な性質を持っている例は散見される。『鬼滅の刃』で鬼の頂点に君臨する鬼舞辻無惨など）。しかし，表1.1を見ると，サイコパシーとオタクステレオタイプ（趣味への没頭）には確かに正の相関が示されていた。

同時に，表1.1からはオタクステレオタイプと共感性には相関が見られないことも分かった。サイコパシーは共感性が低いことが特徴である。オタク傾向の高い大学生が，サイコパシー傾向が高いとすると，共感性も低いと予想される。しかし，オタク傾向と共感性には負の相関は見られなかった。これは，オタクが妄想を好むということを考えれば，理解のできる結果である。白昼夢はデフォルトモードネットワークという前頭葉に位置する大規模脳のネットワークによって支えられている。このデフォルトモードネットワークは，人の心の中を察するときにも働いている。目の前にないものを空想するのも，人の気持ちを察するのも，いずれも心の中でのシミュレーションである。その意味では，もし共感性が低下していたなら，妄想もうまくできないだろう。つまり，オタクは，「自己中心的で，他者の気持ちが分からず，攻撃的」というサイコパシーの特徴をすべて持っているわけではない。少なくとも共感性の欠如という側面は共有していない。

3. ダークトライアドとの相関をもとに オタクの恋愛に関する仮説を導き出す

オタク傾向が，サイコパシー傾向と相関を示したことから，サイコパシーの恋愛傾向に関する知見をヒントに，オタクの恋愛傾向に関して仮説を導いてみる。サイコパシーの恋愛傾向については，進化心理学の研究で，短期配

偶戦略という特徴があることが示されている。

1）進化論

　人であれ，他の生物であれ，今日生きているということは，かつて祖先代々が生きていて，子孫を残して，ということを繰り返してきて，それが今まで途切れなかったことを意味する。改めて考えると，これは驚くべきことである。実際，恐竜や三葉虫など，世代の存続の流れが途切れた例はいくらでもある。つまり，現在生き残っている生物種には，誕生して，成長して，子供を残して，という過程の成功に寄与した特徴があると考えられる。それは暑さや寒さから身を守ったり，食物から栄養を摂取したり，ということをうまくこなすための特徴であったり，また子孫を少しでも多く増やすことを助けるような特徴であろう。このように，生物の特徴について，代々子孫を残すという「問題解決」にとって，どのような機能を持つのか，という観点から考察するのが，進化論という考え方である。冒頭で「生きて，子孫を残して」と述べたように，遺伝子を残すという「問題」は個体の生存と繁殖に分けられる。

　地球上には非常に多様な生物がいるように，生存と繁殖を有利にする特徴には，非常に多様な種類がある。例えば，多くの魚は弾丸のような流線型ですばしこく泳ぎ回るのに対して，マンボウという魚は巨体に不釣り合いな小さなひれがあるのみである。泳ぐというよりも波間に漂うような生活をしているのが見られる。まるで移動のための機能をほぼ放棄したように見える。その一方で，マンボウの巨体からは他の魚類よりも多い卵が生まれる。一匹一匹のマンボウは個体が生き残るのにはあまり向いていないが，産卵数を多くすることで，その中のごく一部が生き残り，再び産卵をすることで，子孫が途切れずにいられるのである。

2）進化心理学

　進化心理学は，生存と繁殖の成功に導く特徴を，行動や心理のレベルで研究する分野である。例えば，人の赤ちゃんは，生まれてすぐでも人の顔を好

む傾向がある。人の赤ちゃんは，自分で歩くことができず，養育者に保護してもらわなくてはならない。人の顔によく反応することで，養育者との絆が形成されやすくなり，その結果として赤ちゃんが生存しやすくなったと考えられる。また，大人は赤ちゃんの丸っこい顔だちをかわいいと感じるが，これもまた赤ちゃんとの絆を強めて，結果的に自分の遺伝子が受け継がれることにつながるだろう。これらの心理的な特徴は，進化の過程で有利に働いたため，現在の人々に広く見られると考えられるわけである。

　進化心理学では，人という種に共通する特徴として，道具を用いることや，他者と協力する傾向があることを見いだしてきた。道具を用いるとともに，集団で協力することで，腕力では太刀打ちできない動物を狩猟したり，身を守ったりすることが可能になったと考えられる。道具を作るのにも，他の人について理解するためにも大きな脳が必要である。脳の成熟には時間がかかることから，妊娠期間も長く，子育て期間が長期にわたる。このような特徴から，人は一般に長期的な視野に立った行動をする傾向があることも明らかにされてきた。

3）短期配偶戦略

　生活史戦略とは，生存と繁殖のパターンを整理して分類する枠組みである。マンボウに代表されるような，産卵数を多くする動物もある。多数生まれた中のたとえ少数でも生き残れば子孫は残る。このような，多数産卵して子育ては（あまり）しないという戦略は，魚や昆虫などに多い。一方，人は妊娠期間も長く，さらに赤ちゃんは一人では生きられない。子育ての期間は長期にわたる。妊娠，出産できる数は多くはない。これは，子供の数は少なくとも，確実に成長を見届けることで，結果的にその子供が再び子孫を残してくれるようにするという戦略といえる。

　生活史戦略は，このような生存と繁殖の戦略を分類する枠組みである。動物は，とにかく子供を生む数を増やすものと（早い戦略），少数の子供をじっくりと時間かけて育てる（遅い戦略）に大別される。早い戦略と遅い戦略は，程度の差である。昆虫は一般に早い戦略，哺乳類は一般に遅い戦略である。

同時に，おなじ哺乳類の中でもネズミは早い戦略であり，人はもっとも遅い戦略である。

4）ダークトライアドと短期配偶戦略

　ここで一つ留意が必要なのは，進化論は，同じ種の生物は均一な特徴を持つようになるという考え方ではないことである。確かに，キリンの首は長く，カメの甲羅は堅い，といった共通した特徴こそが種を定義する。しかし，環境というものは場所や時によって変動する。そのため，同じ種の中でも個体差があるのが通常である。環境の変化が生じた場合，同じ種の中でも個体差がある方が，結果的には遺伝子が存続する勝算が高くなる場合もある。

　今述べたように，生活史戦略は，動物の種の多様性を整理する枠組みである。一方，同じヒトという種の中にも，生活史戦略の個人差はないだろうか？　たしかに，じっくり長期間をかける活動が好きな人もそうでない人もいる。愛するただ一人と最期まで添い遂げたい人もいれば，恋多き人もいる。生活史戦略が人の個人差ともいえるかを検討するために，因子分析を用いた研究が行われた結果，性的パートナーの多さ，子育てにコストがかかるのを嫌うこと，短期的な利益を優先すること，といった一見あまり関連のなさそうな変数が1つの因子を形成することが見いだされた（Figueredo et al., 2005）。これは，生活史戦略が，パーソナリティとしても捉えられることを意味している。生物の種の多様性をヒントにして，人の個性を理解することもできるといえるだろう。

　生活史戦略という名称から分かるように，その特徴は，パートナーを見つけ，子供をもうけて，育児をしてという人生の様々な段階であらわれる。そのため，恋愛にもまた反映されると考えるのは自然だろう。ダークトライアドの傾向の高い人は，特定のパートナーと関係をじっくり作り上げたり，子育てに時間やエネルギーをかけたり，といったことを好まないし，苦手でもあることは容易に想像される。その一方で，数多くのパートナーと関係を持つことによって，子孫の数が増えることで，ダークトライアドの傾向の高い遺伝子が存続することになる。生活史戦略を，特にパートナーとの関係，つ

まり配偶や恋愛といった側面に関してみたものを配偶戦略という。早い生活史戦略に対応するものは短期配偶戦略と呼ばれる。予想通り，ダークトライアドの傾向の高い人は，短期配偶戦略をとっていることが見いだされている（喜入，2019；杉浦，2015）。

5）オタクの配偶戦略は？

　ダークトライアド傾向の高い人は，短期配偶戦略をとっている。そして，ダークトライアドとオタク傾向には正の相関があった。もちろん，相関があったからといって，両者がすべての属性を共有しているわけではない。

　まず，なぜオタクの白昼夢（妄想）と恋愛を関連づけるかである。例えば，オタクは異性不安を感じている（山岡，2016）というように，恋愛をめぐって居心地のわるさを感じているようである。山岡（2016）では，オタク大学生が，異性に対する関心が強いと同時に，「熱中している趣味があるから恋人がほしいとは思わない」と答える傾向もあることが見いだされている。このように，関心と現実の行動が必ずしも一致していない。そもそも恋愛にどの程度その人のパーソナリティが反映されているかを検討するときに，「交際」という行動を対象とすることには様々な困難が伴う。交際という行動は，その時点でのパートナーが誰かによっても異なったものとなる。また，片思い中，恋人とつき合い始めたとき，失恋したとき，といった時期の違いで，相手は同じであっても，心理状態は大きく異なる。オタク傾向と恋愛傾向との関連を見ようとする場合，交際という行動だけでなく，恋愛に関する態度や願望を重点的に検討することで，有益な情報が得られる可能性がある。そのため，白昼夢（妄想）と配偶戦略に関する願望との関連を見ることが生産的であろう。オタクの妄想の内容には確かに恋愛は多く登場する。

　ここではオタクは，（少なくとも願望の上では）短期配偶戦略を好むだろうと予想した。その理由の第一は，オタク傾向とサイコパシーに関連が見られたことである。第二は，オタクの好む（つまり，妄想の材料になるような）コンテンツには，ハーレム的なものが多いことである。複数のヒロインを攻略する美少女ゲームや，多数のイケメンに言い寄られる乙女ゲームなど枚挙にいと

まがない。ここから，以下の仮説を立てた。

・オタク傾向とオタクの妄想は，短期配偶傾向と関連する。
・その関連は，短期配偶の行動よりも態度や願望で見られる。

4. オタク妄想と短期配偶戦略の
関連の実証研究

1）研究の目的

　大学生を対象とした調査によって，妄想および短期配偶戦略を多次元的に
測定可能な尺度を用いて，オタク度，妄想，およびダークトライアドがどの
ように短期配偶戦略と関連するのかを検討した。

2）方法

参加者　大学生 118 名に質問紙への回答を求めた。質問紙は複数回に分けて
実施したため，最終的に 64 名の欠損値のないデータが得られた。男性 15 名，
女性 49 名，平均年齢は 19.2 歳（標準偏差 0.87）であった。

質問紙　Literary Response Questionnaire オタク版（LRQ-O）　LRQ は，
Miall & Kuiken (1995) の開発した，物語を読んでいるときの没入体験をはじ
めとする心理的な状態を測定する尺度である。日本語版は，小山内・岡田
(2011) によって開発されている。「物語世界への没入」「読書への没頭」「作
者への関心」「現実の理解」「ストーリー志向」という 5 つの因子からなって
いる。LRQ は物語を読んでいるときの幅広い反応を測定している。例えば，
「物語世界への没入」因子の項目の例は「物語を読んでいると，自分が物語の
人物の一人であると思うことがある」といったものであり，白昼夢を反映し
ている。一方，「作者への関心」因子の項目例は，「私が本を読んでいるとき
にはたいてい，その作者に特徴的なテーマを確認しようとする」といったも
のであり，白昼夢とは異なる心理的な働きであろう。このように検討してみ

表 1.2　妄想（白昼夢）の項目例（LRQ オタク版）

ストーリー志向

　私が一番好きなマンガやアニメのタイプは，ストーリーが面白いと思えるものだ

　私は，予測できなかった結末が訪れるマンガやアニメが一番好きだ

　マンガやアニメの物語のあらすじの中で緊張感が高まってゆくのを見るのが好きだ

読書への没頭

　マンガを読んだりアニメを見ていると時間が経つのを本当に忘れてしまう

　時間が空いているときに最もしたいことはマンガを読んだりアニメを見ることだ

　私にとって，何もすることのないときにマンガを読んだりアニメを見ることは楽しく時間をすごすことのできるものだ

物語世界への没入

　マンガを読んだりアニメを見ていると，自分が物語の人物の一人であると思うことがある

　マンガやアニメの中の人物が日常の中にいる実際の人であるように感じられることが時々ある

　私は，自分が読んだことのあるマンガや見たことのあるアニメの人物にほとんど完全に "なりきってしまった" ように感じることが時々ある

た結果，「作者への関心」と「現実の理解」という 2 つの下位尺度を除いた 3 つの下位尺度を用いることとした。また，LRQ は物語や本を読む時の体験を尋ねるものであるが，ここではマンガを読んだりアニメを見たりするときを指すように，項目を改変した。そこで以下では，この改変された尺度を LRQ オタク版（Literary Response Questionnaire-Otaku）とする。23 項目である（表 1.2）。

オタク度尺度（山岡, 2016）　オタクに特徴的な行動傾向を測定する尺度。マンガ・アニメ・ゲームのようなコンテンツを好むことや趣味への没頭を反映する 19 項目からなる（表 1.8）。

Short Dark Triad（SD3）　Jones & Paulhus（2014）の開発した，ダークトライアドの 3 つの特性であるマキャベリアニズム，ナルシシズム，サイコパシーをそれぞれ 9 項目で測定する尺度である。日本語版は，下司・小塩（2017）による（表 1.3）。

Expanded Version of the Three-Factor Levenson Self-Report Psychopathy Scale (ELSRP)　Christian & Sellbom（2016）の開発した，ダークトライアドのうち，サイコパシーについて詳細に捉えられる尺度。自己中心性，冷淡さ，

表 1.3　ダークトライアドとサイコパシーの項目例

ダークトライアド	**マキャベリアニズム** 　他の誰かに自分の秘密を教えないということは賢明なことだ 　自分の思い通りになるように，賢く周りの人々を扱いたい 　後になって誰かに対して利用できるような情報に目を配っておくことは賢明なことだ **ナルシシズム** 　周りの人は私を生まれながらのリーダーだと思っている 　私は注目の的になることが嫌いだ＊ 　私は自分が受けるに値する尊敬を集めるべき人間だ **サイコパシー** 　私は目上の人に仕返しや報復をしたいと思うことがある 　私は物騒な状況に飛び込むようなことはしない＊ 　報復は，即座に，冷酷に行うものだ
拡張サイコパシー尺度	**自己中心性** 　私の人生の主要な目的は，欲しいものをできる限り得ることである 　他の人達には高尚な価値とやらに悩ませておけばよい。私の主要な関心は損か得かである 　自分のためにということは，私の最優先事項である **冷酷さ** 　他の人の気持ちを考えない傾向がある 　私はあまり感情的な人ではない **反社会性** 　他の人と激しい言い争いになったことが何度もある 　気が付くと，再三再四，同じようなトラブルになってしまう 　私はイライラすると，しばしばこらえきれずにうっぷん晴らしをしてしまう

＊逆転項目

反社会性という 3 因子からなる。日本語版は，杉浦・杉浦・堀内（2019）による。全体で 36 項目（表 1.3）。

Sociosexual Orientation Inventory-Revised 日本語版（SOI-R）　Penk & Asendorpf（2008）の開発した，短期配偶戦略を測定する尺度。日本語版は，仲嶺・古村（2016）による。もともとは配偶戦略の尺度であり，短期間に多数の性的なパートナーと関係する傾向を測定するものであるが，ここでは研究参加者が大学生であることを考慮し，性的なパートナーではなく，恋愛関係を測定するように項目の表現を改変した。恋愛傾向を態度，願望，行動の 3 つに分けて測定する（表 1.4）。

Creative Experience Questionnaire（CEQ）　空想傾向を全 25 項目によって測定する（Muris ら，2006；岡田ら，2004）。ここでは，白昼夢と幸福感との関連

表 1.4 短期配偶戦略の項目

（好意的）態度
愛のない交際でもかまわない
自分がいろいろな相手と「軽い気持ちで」交際することを居心地良く感じたり，楽しんだりしているところ
を想像できる
願望
日々の生活において，あったばかりの誰かとの交際を何気なく想像してしまうことがどのくらいありますか
真剣交際をしていない誰かとのデートを空想することがどのくらいありますか
真剣交際をしていない誰かと出くわしたときに，異性としての魅力を感じることがどのくらいありますか
行動
過去1年以内に何人の相手と交際しましたか
今まで，何人と一度きりのデートをしたことがありますか
今まで何人の相手と，長期的な真剣交際には興味を持たずに，交際したことがありますか

を検討した先行研究（Mar ら，2012；Sugiura & Sugiura, 2020）で用いられた 6 項目を選んで用いた。LRQ オタク版とは異なり，CEQ では白昼夢の題材は測定しない（例：自分の空想の多くは，現実のような鮮やかさ（リアリティ）をもっている。

5. 結果と考察

LRQ オタク版の妥当性

　まず，LRQ オタク版が，オタクの白昼夢（妄想）を測定するものといえるかどうかを検討した（表 1.5）。LRQ-O の 3 つの下位尺度である「物語世界への没入」，「読書への没頭」，「ストーリー志向」のいずれも，オタク度尺度と正の相関が見られた。次に，LRQ の 3 つの下位尺度と白昼夢の尺度である CEQ との相関を見たところ，「物語世界への没入」と「ストーリー志向」のいずれも，白昼夢の傾向と正の相関を示した。「読書への没頭」との相関は，有意傾向にとどまった。読書への没頭には，「読んでいるマンガや見ているアニメにのめりこむあまり，完全に我を忘れてしまうことがしばしばある」のように白昼夢を示唆する項目もあれば，「マンガを読んだりアニメを見ることはリラックスするのに最適だと思う」のように白昼夢とは限らないものもあり，白昼夢も含んだ「読む活動」に関する内容である。それゆえに，白昼夢との関連は部分的であるため，白昼夢を測定する CEQ との関連は間接的な

表 1.5　妄想の3因子とオタク度・白昼夢の相関

	ストーリー志向	読書への没頭	物語世界への没入
オタク度	.37**	.65***	.46***
白昼夢（CEQ）	.36**	.20+	.39***

+ p < .10; ** p < .01; *** p < .001.

n = 64.

ものにとどまっていると考えられる。よって，LRQ オタク版は，マンガやアニメへの深い興味を反映し，特に「物語世界への没入」と「ストーリー志向」はアニメやマンガに関する白昼夢（妄想）を反映すると見てよいだろう。

ダークトライアドとオタク度・白昼夢（妄想）との相関

　この研究の着想のきっかけとなったオタク傾向とダークトライアドの相関が再現可能かを確認するため，オタク度尺度および LRQ オタク版とダークトライアド・サイコパシーとの相関係数を算出した。表1.6 に示すように，ダークトライアドとの間では有意な相関は得られなかった。一方，サイコパシーの3つの因子との間では，オタク度と「物語世界への没入」が「自己中心性」という下位尺度と正の相関を示した。自己中心性の下位尺度は，「私の人生の主要な目的は，欲しいものをできる限り得ることである」，「自分のためにということは，私の最優先事項である」といった項目からなり，自分の欲望に忠実な傾向といえる。「物語世界への没入」は，「マンガを読んだりアニ

表 1.6　オタク度・妄想の3因子とダークトライアド・サイコパシーの相関

	オタク度	ストーリー志向	読書への没頭	物語世界への没入
ダークトライアド				
マキャベリアニズム	.20+	.11	.05	.09
ナルシシズム	-.03	-.02	.11	.14
サイコパシー	.01	.03	-.02	.08
拡大サイコパシー尺度				
自己中心性	.25*	.11	.18	.30**
冷酷さ	-.08	-.34**	-.29*	-.15
反社会性	.12	.02	.14	.14

+ p < .10; * p < .05; ** p < .01.

n = 64.

メを見ていると，自分が物語の人物の一人であると思うことがある」といった項目に示されるように，物語の世界を鑑賞するだけでなく，自分自身がその中に入り込むように没入することである。自分の欲望に忠実ということが示されているだろう。

　一方，「ストーリー志向」と「読書への没頭」は，サイコパシーの「冷酷さ」という下位尺度と負の相関を示した。冷酷さはサイコパシーを定義する特徴の一つである共感性や思いやりの欠如を表している。白昼夢を支える神経基盤であるデフォルトモードネットワークは，他者の気持ちを想像するという働きも担っている。アニメやマンガのストーリーに浸りこむのは，共感性が欠けていては難しいだろう。

ダークトライアドと短期配偶戦略

　ダークトライアドは短期配偶戦略と関連するという結果が再現されるかを検討した。進化論から直接導かれる仮説は，ダークトライアドの傾向の高い人は多数の性的パートナーと関係を持つというものである。一方，今回は，大学生の恋愛の傾向を測定している。ダークトライアドの影響は，性的関係を超えて，恋愛にまで及ぶものであろうか。

　表1.7に示すように，ダークトライアドの3側面およびサイコパシーの3つの因子のうち「冷酷さ」を除く2つは，いずれも短期配偶戦略の態度，願望，行動のいずれかと正の相関を示した。ダークトライアドは短期配偶戦略と関連するという知見は，大学生の恋愛傾向にも反映されていると見ることができる。

オタク度・妄想と短期配偶戦略

　オタク度やオタクの妄想（白昼夢）は，短期配偶戦略と関連するのかを検討するために，相関係数を算出した（表1.7）。その結果，「物語世界への没入」と短期配偶戦略への（好意的な）態度との間に正の相関が見られた。

　自分が物語の登場人物になるような妄想に浸っている人は，多数の相手との恋愛を楽しむことを肯定的に捉えている。「物語世界への没入」が正の相関

表 1.7　ダークトライアド・オタク妄想と短期配偶戦略の相関

	態度	願望	行動
オタク度	.09	.07	.02
妄想（白昼夢）			
ストーリー	-.02	.08	-.08
読むことへの没入	.05	.06	-.06
物語世界への没入	.22*	.12	.12
ダークトライアド			
マキャベリアニズム	.24*	.15	.17
ナルシシズム	.21+	.17	.31**
サイコパシー	.33**	.14	.33**
拡大サイコパシー尺度			
自己中心性	.30**	.19+	.06
冷酷さ	.13	.13	-.14
反社会性	.26*	.30**	.14

+p < .10; * p < .05; ** p < .01.
n = 64.

を示したのが短期配偶の行動ではなく，態度の下位尺度であることから，実際に多数の相手と「軽い気持ちで」交際しているわけではなく，あくまで頭の中で，そのような恋愛を楽しんでいることが推測される。

　今回の参加者は，男性も女性も含まれている。美少女ゲームでは，多数のヒロインを攻略してプレイするものが多い。また，大ヒットアニメの『けいおん！』では，軽音楽部の活動を中心とした女子高校生の日常がゆるく描かれているが，女子校ではなく共学の高校のはずなのに不自然なほど男子生徒の姿が登場しない。また，少女漫画や乙女ゲームでは，多数のイケメンに迫られるというシチュエーションのものも多い。このように，オタクの好むコンテンツには，直接的あるいは間接的にハーレム的な内容のものが多い。「物語世界への没入」は，短期配偶への好意的な態度のみと相関が得られたことから，内面の想像の世界は，現実や行動とは独立であることも分かる。

サイコパシー（自己中心性）・オタク度・妄想（物語世界への没入）・短期配偶戦略（態度）の統合的理解

　妄想の中で短期配偶戦略との関連が見られた「物語世界への没入」は，サイコパシーの下位尺度である「自己中心性」と正の相関の見られた次元であった。そして，「自己中心性」はオタク度と正の相関を示した。

　このように考えると，自己中心性，オタク度，物語世界への没入，短期配偶戦略が一本の糸としてつながってくる。この4つの変数の関係を統合的に理解するために，構造方程式モデリングによるパス解析を行った。「自己中心性」とオタク傾向が，「物語世界への没入」に影響し，その「物語世界への没入」が短期配偶戦略に影響するというモデルを仮定した。

　結果を図 1.1 に示す。ここから，「自己中心性」が強いほど，あるいはオタクの傾向が強いほど，「物語世界への没入」が強くなることが分かる。自己中心性とオタク度の間にも正の相関があるが，パス図からは，「自己中心性」とオタク度はそれぞれ独自に「物語世界への没入」に影響を持っていることが分かる。そして，「物語世界への没入」が強いほど，短期配偶戦略の態度が高かった。パス図で，自己中心性とオタク度から，短期配偶戦略への直接のパスを引いてみても，有意な影響は得られなかった。よって，自己中心性とオタク度と短期配偶戦略との関連は，「物語世界への没入」によって媒介されているといえる。実際に，下記の2つの間接効果は統計的に有意であった。

　　　　自己中心性→物語世界への没入→短期配偶戦略（$B = .07; p < .05$）

　　　　オタク度　→物語世界への没入→短期配偶戦略（$B = .13; p < .01$）

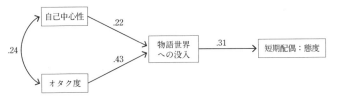

　　※矢印に付した数値は，関連の強さを示す。正の値なので，数値が大きいほど
　　　左の変数が右の変数を高める方向での影響が強いことを示す。

**図 1.1　オタク度・自己中心性（サイコパシー）が物語世界への没入に媒介され，
　　　　短期配偶への好意的態度につながるパスモデル**

オタクが，アニメやマンガ等のコンテンツを素材にした妄想にふけっていることは広く知られており，その内容の多くが「二次元の嫁」といった言葉に示されるように恋愛に関するものであることからも，オタク度と短期配偶戦略との関連を，「物語世界への没入」が媒介することは自然であろう。

　一方，サイコパシーと短期配偶戦略との関連も，「物語世界への没入」によって媒介されるという知見は意外なものであった。サイコパシーは進化心理学的に見ると，過酷で将来の分からない環境への適応がよいと考えられる。人という種は，将来をじっくり見据えて，決まったパートナーとの間で子育てに時間と労力を注ぎ込む「遅い生活史戦略」の生物である。ただ，これは安定した環境や潤沢な資源があることが前提となっている。戦乱や飢餓などの過酷な環境の場合は，ともかくも子供の数を増やした方が結果的には遺伝子が存続する可能性が高い。お互いに協力的で穏やかな人々の間では，サイコパシーのような自己中心的で，思いやりのない行動は維持されにくい。しかしながら，人類の歴史の中では過酷な状況が何度も訪れたために，サイコパシーのような特性が現在も残っていると考えられる。そのように考えると，サイコパシーと短期配偶戦略の関連は直接的なものであり，アニメやマンガに関する妄想が間に入らなくても関連が見られそうである。しかし実際には，「自己中心性」から短期配偶戦略への好意的な態度に対して，「物語世界への没入」に媒介されない直接の影響はなかった。この意味については，以下の考察で詳しく検討する。

6. 総合考察

　本研究は，オタクの妄想（白昼夢）が，短期配偶戦略と関連するという仮説を検証することを目的としていた。この仮説が導出された背景の一つは，オタクの傾向とサイコパシーを含むダークトライアドに正の相関が得られたことである。もう一つは，オタクの好むコンテンツには，一人の主人公が多くの異性と関係を持ったり告白されたりする「ハーレム的」な内容のものが

多いことである。オタクは，実際に複数の異性と恋愛関係になるという行動
をとってはいなくとも，そのような恋愛には好意的ではあろうと考えられる。
本研究の主な成果は以下のものである。

・オタク度と「物語世界への没入」という妄想の下位尺度は，サイコパシー
　の中でも「自己中心性」という側面と正の関連を示した。
・「物語世界への没入」は，短期配偶戦略への態度（短期配偶に好意的な認知）
　と正の相関を示した。
・構造方程式モデリングを行ったところ，オタク度と「自己中心性」が「物
　語世界への没入」に媒介されて，短期配偶戦略への好意的態度を強めると
　いう関係が確認された。

　オタク傾向とサイコパシーとの関連は予想されなかったものであるが，こ
こでオタク度と相関が認められたのは，サイコパシーの3つの側面のうち
「自己中心性」のみであり「冷酷さ」や「反社会性」とは相関が認められな
かった。サイコパシーは「自己中心性」と「冷酷さ」と「反社会性」がそろ
えばこそ，凶悪犯罪に走ったり，他者を搾取したり執拗に痛めつけたりする
という害悪を周囲に及ぼすようになる。今回の結果からは，オタクの傾向が
高い人が，犯罪に走りやすいわけではないことが分かる。
　さらに，オタクの妄想（白昼夢）を多面的に測定することを試みた。「ス
トーリー志向」，「読書への没頭」，「物語世界への没入」といういずれの側面
もオタク度と正の相関を示した。「物語世界への没入」は，自分が登場人物と
してその世界へ入り込んでいるような「妄想」である。「ハーレム」的なコン
テンツがオタクに人気であることと対応するように，妄想への没入は短期配
偶戦略への好意的な態度と正の関連を示した。さらに，構造方程式モデリン
グの結果，オタク度と短期配偶戦略への好意的な態度との関連は「物語世界
への没入」が媒介していることが示された。オタクが「ハーレム」的なもの
を好むというのは，あくまで好きな作品や，それを題材とした妄想の中のみ
ということが分かる。

妄想の中ではサイコパシー（自己中心性）と正の相関を示したのも「物語世界への没入」のみであった。自分の欲望に忠実であれば，自分自身が鑑賞者ではなく，登場人物として白昼夢に浸りこむのは理解できる。そして，そこで没入する「物語」には，サイコパシーに特徴的な短期配偶戦略のような内容が多いと考えるのは自然だろう。構造方程式モデリングの結果から，「自己中心性」から短期配偶戦略への影響も，「物語世界への没入」に媒介されたものであった。

サイコパシーを含むダークトライアドと短期配偶戦略との間には，予想通り多数の正の相関が得られた。ただし妄想を経由した影響は，「自己中心性」のみで得られた。つまり，ダークトライアドと短期配偶戦略には直接的な関連があるが，「自己中心性」という次元のみは例外であるといえる。自己中心性はサイコパシーの重要な要素であるが，それのみではサイコパシーではない。自己中心性が，冷酷さや反社会性を伴わずに，妄想の中で発揮された場合に，オタクという生き方になるのかもしれない。

どんなオタクの傾向が結果に反映されたのか：追加分析

白昼夢を「妄想」と呼ぶのはオタク用語であり，オタクが登場人物となるマンガ・アニメ作品の多くには，好みのキャラクター（との恋愛）について白昼夢にふけっている描写が多く登場する。とすると，妄想の内容にはオタクコンテンツのジャンルだけのバリエーションがあるとも考えられる。

今回の研究では，読書時の心理的反応を捉える LRQ という尺度から，白昼夢を反映すると考えられる下位尺度を「マンガを読んだり，アニメを見たりするとき」の反応を捉えるように項目を改変して用いた。その中でも「物語世界への没入」がオタク度尺度，サイコパシー（自己中心性），短期配偶戦略（態度）のいずれとも正の相関を示した。このような相関のパターンから，オタクの妄想は，多くのパートナーと恋愛関係になる自分が中心の（一人称視点の）内容であると推測できる。このような内容は，美少女ゲームや乙女ゲームといったジャンルと特に親近性が高いと考えられる。美少女ゲームや乙女ゲームは，ゲームという名称ではあるものの対戦や競争ではなく，ストー

リーを読み進めていくノベルゲームであることが多い。さらに，メディア
ミックスでマンガやアニメに移植されることも多いため，その楽しみ方が
「マンガを読んだりアニメを見たりするとき」にも反映されるのも不思議はな
い。また，美少女ゲームや乙女ゲームでは主人公に自分の名前を設定できる
ものも多く，一人称視点の仮想恋愛に没入できる。そして，ストーリーが分
岐する点で，どの選択肢を選んだかによって異なるキャラクターとの恋愛を
深められたりする。「多くのパートナーと恋愛関係になる自分が中心の妄
想」と重なる楽しみ方のコンテンツといえるだろう。

　もちろん，オタクのコンテンツも楽しみ方には幅がある。「萌え」もまたオ
タクの妄想に素材を提供する代表的なものであろう。「萌え」という言葉は，
「ネコ耳」「ツインテール」「無口」のように，キャラクターの容姿や仕草や話
し方などのさらに一部である「属性」に対する好みであり，（淡い）恋愛感情
を含むことが多い。東（2001）は多くの要素からなるデータベースから，好み
のものを引き出して楽しむデータベース消費という概念を提唱した。萌えは
まさにその典型例であるが，焦点が「属性」と呼ばれる要素的な特徴である
ため，例えば「無口」好きであれば，その要素を持つ複数のキャラクターを
好むことにつながりうる。例えば，『新世紀エヴァンゲリオン』の綾波レイ，
『涼宮ハルヒの憂鬱』の長門有希，『ゼロの使い魔』のタバサは「青い髪で無
口」という同系統の属性を共有すると考えることができる。ただ，もちろん
多数のキャラクターに愛を分散させることを良しとしない人もいるだろう。

　このように考えた場合，今回の結果は，どのようなオタクコンテンツの影
響を受けているのか，あるいは好むコンテンツの違いを超えた共通した傾向
を反映するのだろうか，という疑問が浮かぶ。今回のデータでは参加者の好
むコンテンツは測定できていないものの，オタク度尺度は 19 項目からなり，
オタクの行動的特徴を詳細に捉えている。そこで，この 19 項目ごとに「物語
世界への没入」，サイコパシー（自己中心性），短期配偶戦略（態度）との相関
を見ることで，妄想や恋愛への態度の「質」についてヒントが得られるだろ
う。分析結果を表 1.8 に示した。これを見ると，オタクの行動傾向の中でも
もっぱらマンガ，アニメ，ゲームへの関心，とりわけキャラクターへの愛が

表 1.8　オタク度尺度項目と物語世界への没入・短期配偶戦略・自己中心性との相関

オタク度尺度項目	物語世界への没入	短期配偶戦略 （態度）	自己中心性
マンガ・アニメ・ゲームなどが好きである	.36**	.13	.25*
好きな作品やキャラクターに対する情熱は，なくならないと思う	.32**	-.04	.24*
マンガ・アニメ・ゲームの話が聞こえてくると自分も参加したくなる	.36**	-.02	.34**
趣味に熱中していると嫌なことを忘れる	.19	-.06	.06
友達同士で好きなものの話をしているのが楽しい	.00	-.08	-.02
好きな物に囲まれると幸福感がある	.14	-.05	-.00
自分の趣味の話で盛り上がりたい	.22	-.03	.24*
同じ趣味の仲間同士でいると安心感がある	.19	.09	.05
自分の趣味の世界に没頭していたい	.35***	-.06	.20*
自分は他の人と価値観やモノの感じ方について違いがあると思う	.14	.13	.08
自分と同じものを持っている人や同じものが好きな人がいると仲間意識を感じる	.20	-.13	.01
マンガ・アニメ・ゲームなどのキャラクターが好きである	.50***	.22	.26*
コスプレに興味がある，または好きである	.38***	.20	.20
趣味に対してこだわりがある	.14	.10	.14
好きなキャラクターのためならば，いくらでもお金をかけてしまうことを厭わない	.31**	.13	.28*
自分の好きなものに対して詳しく調べる	.12	.02	.02
声優について詳しい	.37**	.05	.04
マンガやアニメなどのキャラクターに情熱をかけている	.52***	.29*	.25*
萌えという言葉をよく使う	.30**	-.01	.15

* $p < .05$; ** $p < .01$; *** $p < .001$.

「物語世界への没入」のみならず「自己中心性」にも関係していることがわかる。つまり，キャラクター愛は，自分が登場人物として，そのキャラクターと触れ合うような妄想につながりやすいとはいえるだろう。

　一方，短期配偶戦略と相関を示したのは「マンガやアニメなどのキャラクターに情熱をかけている」という 1 項目のみであった。つまり，オタクのキャラクター愛には自己中心的な部分があるが，必ずしも一貫して短期配偶的な恋愛につながるわけではないといえる。図 1.1 では，オタク度→物語世

界への没入→短期配偶戦略という間接効果は正の有意な値（*B* = .13）であった。一方，オタク度と短期配偶戦略の単純相関は有意ではなかった（*r* = .09）。これは一見矛盾しているように見えるかもしれないが，単純相関は，オタク度と短期配偶戦略の間に考えうるあらゆる影響（間接効果も直接効果も含む）を合計したものである（杉浦, 2009）。例えば，オタク度と短期配偶戦略の間に，正の関連と負の関連，という相反する効果が同時に存在するときに，今回見られたような結果のパターンが生じる。オタク度から短期配偶戦略への直接効果は有意ではなかったため，図 1.1 のモデルから削除されているが，試みに直接効果を算出すると負の値であった（*B* = -.10）。つまり，「物語世界への没入」を経由する間接効果とは符号が逆である。この直接効果は有意ではないため，過剰な解釈は禁物だが，オタクゆえに多くの（仮想の）パートナーを求める，というパターンと，オタクゆえに一人のキャラに一途になる，という相反するパターンが存在する可能性はある。今回は，オタク度→物語世界への没入→短期配偶戦略という間接効果のみが有意であったため，オタクゆえに多くのパートナーを求めるというパターンの方が優勢であったと推測されるが，美少女ゲームや乙女ゲーム以外にも多くのオタクコンテンツとその楽しみ方があることを考えれば，異なるコンテンツを好む人は，短期配偶戦略に否定的であるというのも十分考えうるであろう。その意味で，好みのコンテンツ別に対象者をわけて，オタク度と短期配偶戦略との相関がどのように異なるのか，という研究が今後の検討として有益であろう。

7. 知見のまとめと心理学研究にとっての意義

研究では，思い込みやステレオタイプなどから自由になることで，新しいことが見えてくることが多い。研究者とはいえ人間であるため，思い込みがないとはいえない。「自分は常に客観的に判断をしている」と主張する人がいたら，その主張自体が「思い込み」の証拠である。思い込みから脱するためには，それなりの「道具」が必要である。データはその一つである。過去のデータの再分析によって，オタク傾向とサイコパシーとが関連するという予

期しない結果が得られた。

　理論もまた発想を助ける「道具」である。オタクと恋愛の関連についての予想を立てるときに，「現実（三次元）の異性との関係を持てないために，二次元に逃避する」などというステレオタイプから自由になるためには，日常的な考え方から思い切って距離をとる必要がある。進化論は，そのためにうってつけである。人という種の特徴の基盤には，古代や近代といった歴史よりもはるかに長い時間で受け継がれてきた部分があるというのが進化論なのであるから。ホモ・サピエンスの起源は，30万〜20万年前とも40万年から25万年前ともいわれている。恋愛をこのように，非常に長い時間のスケールで考えることで，日常生活を送っている視点からは見えにくい仮説が立てられる。進化論は遺伝子の継承に注目するため，配偶戦略はその中心的なテーマである。

　本研究の新たな知見のもう一つは，サイコパシーの傾向の高い人は，オタクと同様に自分が物語の主人公であるという妄想にふけっているということであった。ただ，オタクとサイコパシーの違いの一つは，サイコパシー傾向の高い人の場合には共感性が低下しているということである。物語性のある妄想には，共感という働きも関わっていると考えるのが自然である。サイコパシーの場合は，オタクとは妄想の内容も異なっていると考えられる。本研究では，妄想を3因子で捉えたが，オタク傾向は3因子のいずれとも相関を示したが，サイコパシー傾向の高い人の場合は，ストーリーを楽しむという傾向はあまり見られなかった。サイコパシー傾向の高い人は，オタクほどは妄想好きではないようである。

　オタクもサイコパシー傾向者も，自分への関心が強く，自分自身が登場人物になるような妄想を楽しんでいる。しかし，オタクの場合は，共感性の欠如も示さず，短期配偶の傾向もあくまで「脳内」にとどまっている。一方，サイコパシー傾向の高い人の場合は，共感性の欠如や反社会性（攻撃性や粗暴さ）も伴い，短期配偶の行動も多い。サイコパシーも含む，ダークトライアドのようなパーソナリティの特徴を敵対的（antagonistic）という言葉で表現することがあるが，オタクは敵対的にならない形で，自分への関心を実現し

ているといえるのかもしれない。

引用文献

東浩紀（2001）．動物化するポストモダン──オタクから見た日本社会　講談社

Christian, E., & Sellbom, M. (2016). Development and validation of an expanded version of the three-factor Levenson Self-Report Psychopathy Scale. *Journal of Personality Assessment*, *98*(2), 155-168.

Davis, M. H. (1983). Measuring individual differences in empathy: evidence for a multidimensional approach. *Journal of Personality and Social Psychology*, *44*(1), 113-126.

Figueredo, A. J., Vasquez, G., Brumbach, B. H., Sefcek, J. A., Kirsner, B. R., & Jacobs, W. J. (2005). The K-factor: Individual differences in life history strategy. *Personality and Individual Differences*, *39*(8), 1349-1360.

Jones, D. N., & Paulhus, D. L. (2014). Introducing the short dark triad (SD3) a brief measure of dark personality traits. *Assessment*, *21*(1), 28-41.

喜入暁（2019）．パートナーに対する暴力のメカニズム── Dark Triad と生活史戦略による個人差に対するアプローチ　風間書房

菊池聡（1999）．「おたく」ステレオタイプと社会的スキルに関する分析　日本教育心理学会第 41 回総会発表論文集, 177.

Killingsworth, M. A., & Gilbert, D. T. (2010). A wandering mind is an unhappy mind. *Science*, *330*(6006), 932.

Mar, R. A., Mason, M. F., & Litvack, A. (2012). How daydreaming relates to life satisfaction, loneliness, and social support: The importance of gender and daydream content. *Consciousness and Cognition*, *21*, 401-407.

Merckelbach, H., Horselenberg, R., & Muris, P. (2001). The creative experience questionnaire (CEQ): A brief self-report measure of fantasy proneness. *Personality and Individual Differences*, 31, 987-995.

Miall, D. S., & Kuiken, D. (1995). Aspects of literary response: A new questionnaire. *Research in the Teaching of English*, 37-58.

仲嶺真・古村健太郎（2016）．ソシオセクシャリティを測る── SOI-R の邦訳　心理学研究, *87*(5), 524-534.

岡田斉・松岡和生・轟知佳（2004）．質問紙による空想傾向の測定── Creative Experience Questionaire 日本語版 (CEQ-J) の作成　人間科学研究, *26*, 153-161.

小山内秀和・岡田斉（2011）．物語理解に伴う主観的体験を測定する尺度 (LRQ-J) の作成　心理学研究, *82*(2), 167-174.

Penke, L., & Asendorpf, J. B. (2008). Beyond global sociosexual orientations: a more differentiated look at sociosexuality and its effects on courtship and romantic relationships. *Journal of Personality and Social Psychology*, *95*(5), 1113.

桜井茂男（1988）．大学生における共感と援助行動の関係——多次元共感測定尺度を用いて　奈良教育大学紀要（人文・社会科学），*37*, 149-154.

下司忠大・小塩真司（2017）．日本語版 Short Dark Triad（SD3-J）の作成．パーソナリティ研究，*26*(1), 12-22.

杉浦光海・杉浦義典・堀内孝（2019）．日本語版 3 因子レベンソンサイコパシー尺度の作成　日本心理学会大会発表論文集　日本心理学会第 83 回大会（pp. 1B-003）．

杉浦義典（2009）．アナログ研究の方法　新曜社

杉浦義典（2015）．他人を傷つけても平気な人たち——サイコパシーは，あなたのすぐ近くにいる　河出書房新社

Sugiura, Y., & Sugiura, T. (2012). Psychopathy and looming cognitive style: Moderation by attentional control. *Personality and Individual Differences*, *52*, 317-322.

Sugiura, Y., & Sugiura, T. (2020). Relation between daydreaming and well-being: Moderating effects of otaku contents and mindfulness. *Journal of Happiness Studies*, *21*, 1199-1223.

山岡重行（2016）．腐女子の心理学——彼女たちはなぜ BL（男性同性愛）を好むのか　福村出版

2章
オタク隠しの心理

田島綾乃・稲増一憲

近年，オタク文化の広まりにより，オタクではない人までもがアニメ・マンガ・ゲームに触れるようになった。一見，オタクにとって過ごしやすい世の中になってきているように思える。しかし，オタクの中には趣味を隠そうとするオタクがいる。趣味を隠す相手は初対面の人から親しい人までと幅広く，オタクであることが表出しないように言葉にまで気を遣うという。本章では，オタクたちはなぜ，どのようにして趣味を隠すのか，その実態について迫る。

1. はじめに

現代社会において，オタク[1]と呼ばれるアニメ・マンガ・ゲーム等を深く愛好する人々は，今や珍しくない。野村総合研究所によれば 2005 年時点でオタク人口は約 170 万人，市場規模は約 4100 億円（野村総合研究所, 2005）とされている。さらにコミックマーケットと称する同人誌即売会や，アニメ作品のイベントの規模は年々拡大しつつあり，オタク人口の増加を反映している。

しかし，オタク文化が一般に広く受け入れられるまでオタクたちはネガティブな偏見・ステレオタイプを向けられてきた。1980 年代の事件[2]をきっか

---

1 オタクには「おたく」「ヲタク」などの呼び名が存在するが，本章では特に意味付けを行わず，「オタク」に統一する。

2 1988 年から 1989 年にかけて起きた，連続幼女誘拐殺害事件のことを指す。容疑者の部屋から大量のビデオテープが出てきたことや，服装や髪型に無頓着な姿を関連付けたマスコミ報道によってオタクへのステレオタイプが強化された。

けに，オタクに対する「社会不適応者」「犯罪者予備軍」という偏見やステレオタイプが生み出されていた。この状況は，オタク向け作品のヒットやブーム・経済的役割・世代交代に伴って改善してきた。

　現代社会の若者にとってアニメ・マンガ・ゲームはコミュニケーションツールの一つとなりつつある。Z世代は，以前の世代がオタクという言葉に対して抱くようなネガティブなイメージはなく，オタクという言葉を"趣味"という意味合いで使用する（ニッセイ基礎研究所, 2020）。

　しかし，若者が気軽にアニメ・マンガ・ゲームを話題に挙げることと，オタクが趣味を他人に話すことの間には大きな乖離がある。オタクにとってアニメ・マンガ・ゲーム作品は愛好の対象であり，自身を形作るアイデンティティである（岡田, 2008；田川, 2009）。しかし，オタク趣味を他人に話すとネガティブな印象を持たれることや，相手からの拒絶や否定といった反応を受け取る可能性がある。反対に，オタク趣味を話すことで同じ趣味仲間を獲得できる可能性もある。

　オタク文化が拡大する一方で，自身をオタクであると自覚している人々は，周囲からの見られ方を気にしている。「隠れオタク」「カクレ」と呼ばれる，周囲に趣味を隠すオタクがいる。個人差はあるが，周囲の人々，友人，家族にまで趣味を隠している。彼らはオタクではない一般人に見えるように，服装や言動に気を遣って日々の生活を送っている。

　本章では，オタク文化が拡大し趣味を話せる相手が増え，友好な関係を築ける可能性があるにもかかわらず，趣味を隠そうとするオタクたちにスポットライトを当て，その行動の理由について迫っていきたい。具体的には，オタク趣味の開示の妨げとなっている要因は何か，実際の行動にどのように反映されているのかを記述する。また，場面想定法と自由記述を用いることで，オタクが自己紹介場面において演じる自己を明らかにする。

3　1990年半ばから2010年代に生まれた人を指す言葉。

2. オタクステレオタイプとメタステレオタイプ

　人々がオタクに対して抱いている「根暗」や「コミュニケーションが苦手」といった偏見は，これまでにオタクステレオタイプとして研究されてきた（菊池，2000, 2008；大角・大江，2018；高田・菊地・尹，2020）。菊池（2000, 2008）が大学生を対象として行った質問紙調査によれば，オタクへのネガティブなステレオタイプとして「暗くて部屋の中に引きこもっている」「ネクラで粘着質」「自分の趣味にハマりこむことで，周囲が見えなくなり，コミュニケーションスキルが低下した人物」「身だしなみに気を遣わない人が多い」「一般常識に欠ける」などが挙げられている。

　ステレオタイプとは，特定の社会集団に対して抱かれる集約的イメージで（Lippman, 1922），否定的なものは偏見と呼ばれる（北村・唐沢，2019）。偏見によって，たとえばある人が罪を犯し，オタク趣味を持つことが判明した場合，オタクであることが犯罪の原因だと誤って帰属されることや，不当な扱いを受ける可能性がある。そして，自分たちがステレオタイプに関連付けて否定的に判断されるかもしれない，といった考えに至ることもある（上瀬，2002）。

　また，オタクたちはオタク以外の人々，つまり外集団から，たとえば「根暗」「コミュニケーションが苦手」と思われているだろう，と考えている。このように，外集団が内集団（自身の所属する集団）に対して持つイメージの認知をメタステレオタイプという（Vorauer & O'Connell., 1998）。Vorauer（1998）らによれば，メタステレオタイプはネガティブなものに偏りやすく，内集団の地位が低い場合に，より顕著になることや，外集団に対するネガティブな反応を促進するとされている。

　オタクたち自身が抱くメタステレオタイプも，様々な場面においてオタクに影響を与えうる。たとえば，他者に対してオタクであることやオタク趣味について話そうとした際，メタステレオタイプが活性化し，「気持ち悪い」「根暗だ」というネガティブなステレオタイプが自分に付与されることを恐れ，オタク趣味の開示行動が妨げられることもあるだろう。自らに近しい

人に対してオタク趣味を隠そうとするほど隠すことに対する認知コストは高まる。さらに，自らの趣味を開示できないことによりコミュニティに入る機会を失う可能性もある。

オタクが他者に趣味を話すことは自己開示（self-disclosure）の一種であると考えられる。自己開示とは，自己の情報を他者に話す行為一般を指しており，自己について他者に知らせるためのコミュニケーションである。次節ではこの自己開示の観点から，オタクの行動に関して考察を行う。

3. オタクと自己開示

自己開示を行うことは，二者関係の発展につながる。自己開示によって開示者の情報を得た開示相手は受け手への好意や，返報性（reciprocity）の規範によって自己開示を行い，その流れが相互に繰り返され，二者関係が発展する（安藤，1986）。

しかし，自己開示者の属性が偏見を向けられるような対象であった場合，自己開示は開示者にとってジレンマを生む。先行研究では偏見を向けられるカテゴリーとして人種・民族・障害・ジェンダー・セクシュアリティ・宗教などが挙げられているが，オタクもこれに当てはまる。見た目ではわからなくても，隠れたネガティブな属性を持っている場合，それぞれの社会的相互作用において，自身のことを明らかにするのか，隠すのかというジレンマに悩まされる（Jones, 2017）。そのような人々は，その属性に関連した情報の流れの管理を第一の目標としている（Goffman, 1963）。

偏見を向けられた人々は，自己開示を行うことで自身のアイデンティティを確立することができ，相手から受け入れてもらえる。その一方で差別や排斥などのリスクを伴うジレンマが生じる。他者から直接見えないセクシュアリティや（Ragins, 2017），信仰である宗教も同様に自己開示のジレンマを生じさせる（Charoensap, Mestayer & Knight, 2019）。

しかし，日常生活において他者と関わりなしに生活を行うことはできない。初対面で顔を合わせたとき，相手にどのような印象を持たれているか気に掛

けることがあるだろう。初対面の印象作りは時として今後の人付き合いに大きな影響をもたらす。そして，自己開示の最大の規定要因は開示相手の自己開示である。相手の自己開示の程度は個人差を打ち消してしまうほど強い（榎本, 1983；榎本, 1997）。しかし，オタクの場合，相手が自己開示を行うとしても，オタク趣味を隠したいと考えていれば，自己開示の度合いは相手よりも低くなると予想される。

4. 仮説の導入

　実際に，オタクの自己紹介はどのように行われるのか。自己紹介（自己開示）を明らかにするために，現実に即した状況を設定し検討する必要がある。その場面は3つ想定できる。一つ目は不確実性が高い場合である。自身がその場で最初に自己紹介を行う場合，その場にいる相手がオタクなのか，そうではないのか判断がつかない。本章ではこれを不確実性高条件とする。二つ目はその場にいるのがオタクだと判明する状況である。この場合，自分より先に他者の自己紹介を見聞きすることで開示相手がオタク趣味を持つオタクであることが判明する。この状況を不確実性低条件（オタク有）とする。三つ目はその場にオタクがいない状況である。これは自分より先に他者の自己紹介を見聞きし，相手の中にオタクがいないと判明する。この状況を不確実性低条件（オタク無）とする。

　この3つの条件のうち，不確実性低条件（オタク有）の開示得点が特に高いと予想できる。Taylor & Oberlander（1969）によると，開示相手のサクラが常に肯定的な反応を示した条件において，より深く自己開示を行うと示されている。オタクであると判明している相手にオタク趣味を話すことで，相手の肯定的な反応を予期できる。

　また，開示得点が高い順に不確実性低条件（オタク有）＞不確実性高条件＝　不確実性低条件（オタク無）となると予想される。Taylorら（1969）は開示相手のサクラの反応が否定的な場合は自己開示傾向が低いことを示している。したがって，不確実性低条件（オタク無）においては，オタクではない相

手からの否定的反応を予期するため，不確実性高条件と同程度の自己開示しか行われないと予想する。よって，以下の仮説を設定する。

仮説1：不確実性が高い状況において，周囲にオタクがいない状況と同様，オタク趣味を話す程度は低くなる。

オタクメタステレオタイプ

メタステレオタイプは外集団から内集団に対して抱かれるイメージの認知である（Vorauer et al., 1998）。また，Imai（2017）によればメタステレオタイプを抱く場合，自己開示の程度が低くなるという。よって，メタステレオタイプを持つオタクは，持たないオタクより自己開示の程度が低くなるだろう。

上記の3条件では，開示対象の中にオタクではない人がいるとオタクが認識する場合にメタステレオタイプが働くと考えられる。つまり，不確実性高条件と不確実性低条件（オタク無）において，メタステレオタイプを持つほど開示得点が低くなるであろう。よって，以下の仮説が考えられる。

仮説2：周囲がオタクであるとわかっている状況以外において，オタクメタステレオタイプが高いほど趣味を話す程度が低くなる。

5. 自己呈示

これまで，オタクの自己開示について扱ってきた。ではオタクが自己紹介場面に遭遇した場合，趣味を隠すのならばどのように隠すのだろうか。人は，相手に良い印象を与えたいと考える。他者に特定の印象を与えるため，自己に関する情報を調整して伝達する行動を自己呈示（self-presentation）という。自己呈示は仮面を被った自己の姿を他者に見せることであり，素顔の自分を他者に知らせる行為である自己開示とは区別される（深田, 1998）。

そして，偏見を付与された人々は自身の情報を他者に知られないよう試みる。たとえば，解剖学的には男性の体を持つ女性であるアグネスは，日常的に「目立たないよう」に行動することで「女性であること」を達成しようとした（Garfinkel, 1967）。「隠すこと」で「普通であること」の積極的な自己呈

示（河村, 2017）を行ったのである。

アグネスのように，オタクは趣味を隠すと同時に他者に対して「普通であること」の呈示を行っている。オタクは他者から偏見を抱かれていると認識しているため，その評価の回避を目的として望ましい自己像を呈示すると考えられる。岡部（2008）によれば，腐女子らは「腐女子であること」を隠蔽することで社会的期待に沿う「普通の女性」の姿を演出する。ある女性のオタクは「週刊少年ジャンプ」を毎週読んでいるが，付き合っている男性の前では内容を知らない「普通の女性」を演じるという。また，オタク趣味が表面化しないように話す内容，言葉遣いや語彙にも「普通であること」の実践を行うのである。

一方，趣味を隠しつつ仲間を得たいと考える者もいるだろう。たとえば，職場において妊娠が発覚した女性は，周囲の差別の度合いが一定以上の場合，妊娠を完全に隠すのではなくシグナルを出すことを好むと示唆されている（Jones, 2017）。シグナルに気づける人からの援助が望めるからである。オタクも同様にシグナルを発することで，それを理解できる人との交友関係を築きたいと考えて，シグナルのような自己呈示を行う可能性もある。

オタクの自己呈示方略を主眼とした研究は今までになされていない。日常生活で他者から趣味を隠しながら生活するオタクの姿を詳細に検討するためにも，彼らの行う趣味隠しの実践を記述することが求められる。よって，先述した仮説に加え，自由記述を通してオタクの自己呈示方略の探索的検討を行う。

6. 調査

1）調査期間・対象者

調査期間は2021年11月26日〜11月28日。調査対象者はクラウドソーシングサイト「クラウドワークス」上の登録者を対象に募集し，調査票内に「自身がアニメ・マンガ・ゲームのオタクであると自覚している」という質問項目を設け「はい」と答えた人を対象とした。調査開始時に文書で説明合意

を得ている。すべての回答者のうち回答が不十分である者を除いた 918 名
（平均年齢 34.892（*SD*=9.414）男性 396 名，女性 499 名，その他・答えたくな
い・無回答 23 名）を分析対象とした。

2）調査手続き

　各条件用の呈示文を表示した後，趣味の開示程度について尋ねた。不確実
性高条件は自己紹介時の趣味の開示の程度を回答し，自由記述において自己
紹介とその自己紹介の理由について尋ねた。不確実性低条件（オタク有・オタ
ク無）は呈示文が表示された後に 4 人の自己紹介が表示される。その後自己
紹介時の趣味の開示の程度を回答し，自由記述において自己紹介とその自己
紹介の理由について尋ねた。

3）調査の呈示文

　あなたはとある会社に入社したばかりです。入社後の顔合わせで自己紹介
を行う時間がありました。今後，**長い期間**共に仕事をする同期となる人が 5
人集まっています。順番に自己紹介を行います。

不確実性高条件

　話す内容は「**趣味**」を指定されており，**あなたが一番最初に自己紹介を行い
ます。**

不確実性低条件（オタク有・オタク無）

　話す内容は「**趣味**」を指定されており，**あなたが一番最後に自己紹介を行い
ます**（表 2.1）。

4）調査票

オタクの種類

　回答者が何のオタクかを尋ねる項目で「腐女子・腐男子」「百合女子・百合
男子」「夢女子・夢男子」「その他」のうちから 1 つを選ぶよう求めた。

オタクメタステレオタイプ尺度　（田島, 2019, 未公刊）

　オタクが抱くメタステレオタイプについて尋ねる項目である。田島（2019,

表 2.1　不確実性低条件の呈示文

不確実性低条件（オタク有）	
A さん	「A です。僕は，オンライン対戦ゲームにハマっています。ええと，シューティングゲームみたいなやつです。楽しいですよ。最近，ゲーミング PC を購入したので，もしお好きな方がいたら，一緒にプレイしたいと思っています！　よろしくお願いします。」
B さん	「B です。よろしくお願いします。アニメのフィギュア集めが趣味です。休みの日には，フィギュアを見に行くことが多いかな。家にたくさんコレクションがあって，それを眺めるのが楽しいです。もし気が合う人がいたら嬉しいです。よろしくお願いします。」
C さん	「C といいます。趣味は……そうですね，週刊連載のマンガ作品が好きです。今はストーリーが深いマンガ作品中心に読んでいます！　最近はその作品のイラストを描くことが多くなったので，イラストも趣味なのかもしれないです。よろしくお願いします。」
D さん	「D です，よろしくお願いします。わたしはあるアニメにハマっていて，そのアニメ作品の舞台の聖地巡礼に行って作品に思いを馳せて過ごすことが多いです。聖地巡礼と同時に旅行もできて楽しいですよ。アニメのお話ができたら嬉しいです。よろしくお願いします。」
不確実性低条件（オタク無）	
A さん	「A です。僕は，グランピングにハマっています。ええと，キャンプのお手軽版みたいなやつです。楽しいですよ。最近，大学時代のサークルの友人たちと，休みの日に集まっています。みなさんとも行きたいと思っています！　よろしくお願いします。」
B さん	「B です。よろしくお願いします。服が趣味です。休みの日には古着屋でヴィンテージものを探すことが多いかな。家にたくさんコレクションがあって，それを眺めるのが楽しいです。もし気が合う人がいたら嬉しいです。よろしくお願いします。」
C さん	「C といいます。趣味は……そうですね，YouTube を見ることかな。vlog とか，モデルさんの動画や，料理の動画とかを中心に見ています！　最近は動画を見て自炊することが多くなったので，自炊も趣味なのかもしれないです。よろしくお願いします。」
D さん	「D です，よろしくお願いします。わたしはあるバンドにハマっていて，そのバンドが出演するフェスに行って一日中音楽に囲まれて過ごすことが多いです。ツアーと同時に旅行もできて楽しいですよ。音楽のお話ができたら嬉しいです。よろしくお願いします。」

未公刊）において作成した尺度であり，周囲から自分（オタク）がどのように思われているだろう，と思う度合いについて尋ねたものである。この尺度によって，オタク自身が持つメタステレオタイプを測定することができる。

　オタクメタステレオタイプ尺度の項目がネガティブなものばかりであったため，今回は新たにポジティブな項目を追加して調査を行った。「全くそう思わない」から「非常にそう思う」までの 7 件法で尋ねた。調査時に項目はランダムに呈示している。項目内容については表 2.3 に記載する。

開示得点

　場面想定での自己紹介時にどの程度趣味を話して自己紹介を行うかを「全く話さない」から「とてもよく話す」までの 4 件法で尋ね，開示得点とした。

自己紹介文とその理由についての自由記述

　場面想定での自己紹介時に具体的にどのような自己紹介を行うか，また，その自己紹介を考えた理由についても自由記述形式で回答を求めた。

7. 結果

1) オタクの種類

　回答者のオタク種類の内訳を表2.2に示す。その他が多く，次に腐女子（腐男子），夢女子（夢男子），百合女子（百合男子）の順となった。仮説の検証において，オタクの種類による結果の差は見られなかった。また，オタクメタステレオタイプにも差は見られなかった。

表 2.2　オタク種類の内訳

オタクの種類	出現度数	％
腐女子・腐男子	201	21.9
百合女子・百合男子	22	2.4
夢女子・夢男子	129	14.1
その他	566	61.7
合計	918	100.0

2) 尺度構成

　まず，オタクメタステレオタイプ尺度（以下，OMS尺度）について因子分析（最尤法・プロマックス回転）を行った。各因子の因子負荷量は表2.3に示す通りで，2因子構造が得られた。第1因子はネガティブなメタステレオタイプを意味する項目が高い負荷量を示しており，ネガティブ因子項目だと判断できる。また，第2因子はポジティブなメタステレオタイプを意味する項目が高い負荷量を示しており，ポジティブ因子項目だと判断できる。各因子の α 係数はネガティブ因子（α =.91），ポジティブ因子（α =.69）であり，因子間相関は .045 であった。

　また，このOMS尺度を変数として使用する。信頼性分析の結果， α =.87であった。ポジティブ因子となった逆転項目は適宜逆転した。

表2.3 オタクメタステレオタイプ尺度についての因子分析結果

項目	F1	F2	共通性
オタクとは関わりたくないと思われている	**.763**	.078	.593
オタクは根暗だと思われている	**.722**	.033	.525
オタクは何をするかわからないと思われている	**.695**	-.007	.482
オタクは理解できないと思われている	**.680**	.046	.468
オタクは身だしなみに気を使わないと思われている	**.679**	.044	.465
オタクは引きこもりだと思われている	**.676**	.006	.457
オタクは社交的でないと思われている	**.657**	.090	.445
オタクの地位は低いと思われている	**.650**	.042	.427
オタクは話しかけにくいと思われている	**.649**	.006	.422
オタクは一般常識に欠ける人だと思われている	**.649**	.065	.429
オタクは友人が少ないと思われている	**.641**	.040	.414
オタクは粘着質だと思われている	**.640**	-.129	.419
オタクは現実と妄想の区別がついていないと思われている	**.604**	-.069	.366
オタクは子供っぽいと思われている	**.595**	-.015	.354
オタクは他人に関心がないと思われている	**.577**	-.035	.333
オタクは早口だと思われている	**.473**	-.137	.237
オタクはうるさいと思われている	**.436**	-.121	.200
オタクはこだわりが強いと思われている	**.426**	-.207	.216
オタクは物知りだと思われている	-.085	**.607**	.371
オタクは賢いと思われている	.002	**.589**	.347
オタクは真面目だと思われている	-.064	**.528**	.279
オタクは面白いと思われている	.204	**.526**	.328
オタクは行動力があると思われている	.133	**.456**	.231
オタクは一途だと思われている	-.183	**.456**	.234
オタクは熱心だと思われている	-.115	**.356**	.136
因子寄与	7.242	1.945	
因子間相関		.045	

F1=ネガティブ因子　F2=ポジティブ因子　n=918

3）仮説1の検証

　趣味の開示得点を従属変数とし，3条件間の平均値の差の検定を行った結果，有意な差が見られた（$F(2, 915)$= 71.04, $p<.01$）。また，Holm 法による多重比較の結果，全ての条件間に有意な差が見られ（$p<.01$），開示得点が高い順に，不確実性低条件（オタク有）＞不確実性低条件（オタク無）＞不確実性高条件と

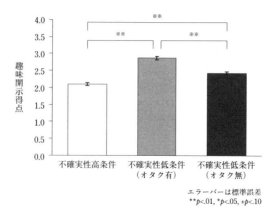

図2.1　条件ごとの趣味開示得点

なった。よって，仮説1は支持された。仮説には含まれていなかったが，不確実性低条件（オタク有）と不確実性高条件の間にも差が見られた（図2.1）。

4）仮説2の検証

開示得点を従属変数とした二要因分散分析を行った。また，各条件の参加者をOMS尺度得点の平均値で2群に分け，ダミー変数とした。結果，主効果は条件（$F_{(2, 912)} = 72.54, p < .01$），OMS（$F_{(1, 912)} = 20.01, p < .01$）共に有意で

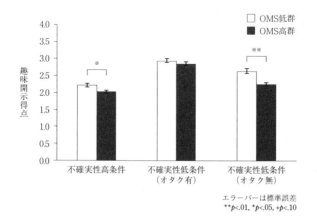

図2.2　条件・OMSごとの趣味開示得点

あり，交互作用は 5% 水準で有意であった（$F(2, 912)= 3.23, p< .05$）。OMS による単純主効果では，不確実性高条件（$F(1, 912)= 4.66, p<.05$），不確実性低条件（オタク無）（$F(1, 912)= 20.98, p< .001$）に有意差が見られ，不確実性低条件（オタク有）には有意差が見られなかった（$F(1, 912)= 1.05, p = 0.30$）。よって，仮説 2 は支持された。

5）オタク世代別の追加分析

　これまで仮説によって示されてきた結果は，世代によって異なる可能性が考えられる。時代が変遷する中で，オタクに対する世間のまなざしは大きく変化してきた。その中で，趣味の開示に注目するのであれば，オタクに対する偏見のまなざしがあった世代と，受容されはじめている世代に注目する必要がある。

　岡田（2008）が示していたオタク世代を参考に分類し，再度仮説 1 の分析を行った。1953 ～ 1962 年生まれの 60 代，1963 ～ 1972 年生まれの 50 代を第一世代とした。オタク第一世代は，「世間との疎外と葛藤」を経験していない世代である（岡田, 2008）。次に，オタクへの偏見が色濃く残っていた世代である，40 代の 1973 ～ 1982 年生まれ，30 代の 1983 ～ 1992 年生まれを第二世代とした。そして，オタクへの偏見が減り，受容されはじめた世代である現

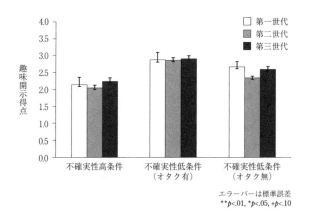

エラーバーは標準誤差
$**p<.01, *p<.05, +p<.10$

図 2.3　条件・世代ごとの趣味開示得点

在の10代と20代である1993〜2003年生まれを第三世代とした。

　開示得点を従属変数とした二要因分散分析を行ったところ，主効果は条件（$F(2, 909)= 22.32, p< .01$），オタク世代（$F(3, 909)= 3.62, p< .05$）共に有意であったが，交互作用は見られなかった（$F(6, 909)= 0.89, p = 0.47$）。オタク世代による主効果について，Holm法による多重比較を行ったところ，第三世代は第二世代と比べて，趣味開示得点が高かった（$p< .05$）。

6）自己呈示方略の記述

　次に，自由記述によって得られた自己呈示方略について記述する。各条件において，自己紹介の文面とその自己紹介の理由を尋ねた。様々な自己紹介が見られたが，それぞれ重なり合う形で4つの自己呈示方略が見られた（図2.4）。自己紹介文と理由の内容を照らし合わせて，本人がどのような自分を自己紹介相手に呈示しようとしているか，趣味開示の度合いを判断し，分類を行った。オタク趣味を隠し，一般人らしさをアピールする「一般人呈示型」，趣味を匂わせ，わかる人にシグナルを発する「シグナル型」「様子見型」，そしてオタク趣味を開示する「オタク開示型」である。これらの方略は完全に独立しているのではなく，図2.4で示すように互いに重なり合っていると考えられる。

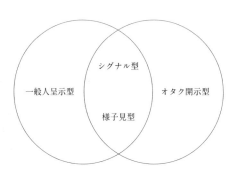

図2.4　オタクの自己呈示方略

一般人呈示型

　まず，一般人に見えるような振る舞いを行う自己紹介を「一般人呈示型」とする。分類基準は，自己紹介文においてオタク趣味を話していないこと，趣味を隠して一般的な自分を見せようとする意図があるものとした（表2.4）。

　「一般人呈示型」は不確実性高条件で特に多く見られた。相手がオタクなのか，そうではないか，もしくはオタク趣味に理解がある人なのか，理解のない人なのか不明な場合，まず，一般人らしい趣味のアピールをするようだ。「アニメ鑑賞は映像（映画）鑑賞に，マンガは読書等に置き換えて自己紹介します」という自己紹介文では，自分の趣味を一般的だと思われる趣味に置き換えている。こうすることで，嘘の自己紹介をせずに済み，また相手にオタクだと思われずに済む。「一般人呈示型」でこの方略はよく見られ，「読書，映画鑑賞」はオタクにとって使いやすい無難な自己紹介であると解釈できる。不確実性低条件（オタク無）でもこの方略は見られ，「趣味は読書」「動画鑑

表2.4　一般人呈示型

	自己紹介文	理由
不確実性 高条件	アニメ鑑賞は映像（映画）鑑賞に，マンガは読書等に置き換えて自己紹介します。	嘘はつきたくないが，どうしても一般的に浸透している言葉に置き換えてしまいます。
	ゲームの趣味は話さず，他の趣味について話します。	ゲームの趣味はいきなり話すと引く人がいるのであまり知らない人には話したくないです。他にも一般的な趣味があるので，最初はそちらを話した方が無難だと思います。
不確実性 低条件 （オタク無）	趣味は読書で一日中本を読んでいることがたまにあります。	嘘を言わず一般的な人と印象付けるためです。
	動画鑑賞をしていることを趣味にする。	オタク趣味をしていることを話すと最初から警戒されそうなので，当たり障りのない感じで話したい。
不確実性 低条件 （オタク有）	読書や映画鑑賞など当たり障りのない趣味を話す。「私の趣味は読書です。ミステリー小説や歴史小説などをよく読みます。歴史小説に出てくる場所を旅行したりすることも好きです。よろしくお願いいたします。」	オタクの趣味は完全に自分個人で楽しみたいから。リアルにつながりを求めていない。
	休日などに読書をするのが趣味です。推理物や雑学，マンガ，雑誌など雑多に読んでいます。	自分の趣味が一般的には受け入れられにくいものだと思っているから。なにより，オタク趣味はひけらかすものではないという考えから。

賞」と自己紹介することで，当たり障りのない一般的な人の印象を付けようとしている。

　注目したいのは，不確実性低条件（オタク有）の条件である。オタク趣味を開示している相手に対し，オタク趣味を隠す必要はないと考えられる。しかし，「一般人呈示型」の自己紹介が見られた。この行動は一見不合理に思えるが，同じオタクだからこそ明かしたくないという想いが垣間見える。「仲良くなるまではオタク趣味について話したくない」という自己紹介では，相手の趣味と自分の趣味が合致するか不明なため，予防線を張っていると考えられる。また，「オタク趣味はひけらかすものではない」と考え，オタク相手に対しても一般人を印象付けようとしている。これは，オタク趣味を簡単に開示する相手とは，距離を置きたいという意思の表れであると解釈ができるだろう。

シグナル型

　不確実性高条件と低条件（オタク無）では，オタクと思われたくないが，趣味を隠すのではなく小出しにする，オタクにだけ伝わる形で話す方略が見られた。分類基準は，一般的な趣味とオタク趣味を混ぜたり，趣味を小出しにしたりと，オタク仲間を探そうとする意図のものを「シグナル型」と分類した（表2.5）。

　不確実性高条件では，オタク趣味の表出の程度に気を遣う自己紹介文が見られた。「オタク趣味でない趣味についてメインに紹介し，おまけ程度にマンガやアニメも好きであることを話す」ことで相手の反応をうかがう。これは，オタクとオタクではない人の両方を想定して話すことによって，今後，自分が相手に対してどのように振る舞えばよいのかを考えていると解釈できる。

　不確実性低条件（オタク無）では，オタクがいない状況であるが，オタクを探そうとする行動が見られた。相手の中に「同じ趣味の人もいるかもしれない」と考え，シグナルを発することで，仲間を探していると解釈ができる。

表 2.5　シグナル型

	自己紹介文	理由
不確実性 高条件	オタク趣味でない趣味をメインに紹介し，おまけ程度にマンガやアニメも好きであることを話す。	オタクであることを全面に出した場合，好意的に受け入れられる場合と，そうでない場合に二極化している印象がある。ほんの少しだけオタク要素をさらして相手の反応を見たい。
	マンガは流行りのマンガやアニメを見る程度で，少年ジャンプも読みます。	当たり障りない程度にオタク趣味を匂わせておけるので。
不確実性 低条件 （オタク無）	映画や読書が好きです。ジャンルは特に問わず，洋画や海外ドラマ，本だったら翻訳物ミステリーから近代文学まで色々。おすすめの作品があったら教えてください。旅行も好きで，年に何回かは東京に遊びにいくことが多いです。	全くの嘘をつくと，その後取り繕うのに苦労しそうなので，嘘をつかず，かつ，できるだけ他の人に寄せた（明るいインドア系）回答をしようと思った。また，他の人も真実の趣味を隠しているかもしれないという可能性に賭けて，オタクならピンとくるキーワード（ジャンル問わず・東京など）を入れました。
	「ゲームとバスケが好きです」のように，オタク趣味とそれ以外の趣味を織り交ぜて自己紹介します。	もしかしたら同じ趣味の人もいるかもしれないので，オタク趣味は隠さないため。また，それ以外の趣味を織り交ぜておくことで，一般的な会話にもできるため。

また，自己紹介文に「オタクならピンとくるキーワード（ジャンル問わず[4]・東京[5]など）」といった，趣味を小出しにするのではなく，オタク特有のキーワードをシグナルとして使用する事例も見られた。このように，一般人相手には普通の自分を見せながらも，オタク趣味を持つ人を探そうとしている。

様子見型

　次に，他のオタクの様子を見る方略を「様子見型」とし，この方略について示す。分類基準は，シグナル型と同じく趣味を完全に開示してはいないが，オタク趣味を持つ仲間を探そうとする意図があるものを「様子見型」とした（表2.6）。この自己呈示方略は不確実性低条件（オタク有）のみで見られた方略である。

4　オタク同士がSNS上で友人探しをするときやプロフィールに記載する際に使う言葉で，ジャンルを問わず○○が好き，といった場合に使う。オタクにはオタクだとわかる用語となっている。

5　ライブやイベントの多くは東京で行われるため，オタクは旅行と称して，ライブ遠征によく東京に出向くことがある。頻繁に東京に行くことは，頻繁にイベントやライブに出席することになるため，オタクにとってオタクだと判断できる要素の一つだと考えられる。

表 2.6　様子見型

	自己紹介文	理由
不確実性 低条件 （オタク無）	マンガやアニメは少しみるので分かります。	相手の好き度合いやジャンルを探るために「少し」と予防線を張るため。
	スマホの動物育成ゲームにハマってます。デフォルメされたキャラクターが可愛いのと，育てるのが楽しいです。他のゲームや漫画，アニメは詳しくないですが，興味はあります。機会があれば詳しくお話を聞きたいです。よろしくお願いします。	オタクにもジャンル違いや沼違い，深い浅い，活動するなら大人数が好きな人，少人数が好きな人。多種多様です。その事を踏まえて，仲良くしながら探り探り，合う合わないの人間性を確認し，大丈夫なら「○○さん程じゃないですけど実は私も，」と距離を縮めます。オタクは基本警戒心が高い生き物です。

　この方略では，自分の趣味を小出しにすることで，相手のオタク趣味の度合いを推し量っていると解釈できる。同じオタクだとしても「ジャンル違いや沼違い，（オタク度の）深い浅い」「好き度合い」があることで，合う人合わない人がいるという。推しの同担拒否や，好きなジャンルが全く被らないとオタク同士でも友好関係を築くことは難しい。よって，「様子見型」の自己紹介を行い，相手の様子を見て友好関係を築くかどうかを決定している。

オタク開示型

　最後に，オタク趣味を開示する「オタク開示型」の自己紹介を示す。分類の基準は，自己紹介文でオタク趣味を話している，オタク趣味を隠そうとする意図がないものを「オタク開示型」とした（表2.7）。

　不確実性高条件において，オタク趣味を隠さず開示している自己紹介が見られた。これは，「アニメオタクであることは自分のアイデンティティなのでみんなに知ってもらいたい」「自分という人間を知って欲しい」という嘘偽りのない自分の姿を他者に示している。自分という存在を，趣味も含めて他者から認めてもらいたいという気持ちの表れだと解釈できるだろう。

　不確実性低条件（オタク有）では「オタク開示型」の自己紹介が特に多く見られた。「みんなの自己紹介にオタク気質なところが混じっていて親近感が湧いた」「周りの人がみんな同じような趣味を持っていて話しやすいと思った」といった理由から，呈示文の自己開示を受け，相手がオタク趣味を持っているため，自身も同程度の開示を行おうとしたためではないだろうか。

表 2.7　オタク開示型

	自己紹介文	理由
不確実性高条件	アニメにハマっている○○です。	アニメオタクであることは自分のアイデンティティなのでみんなに知ってもらいたいから。
	アニメやマンガが好きで特に腐女子系のマンガが好きですと話します。	深い話はしないけれども自分という人間を知って欲しいのでこんな趣味があるぐらいは話しておきたいから。
不確実性低条件（オタク無）	私の趣味は小説を読むことです。どちらかと言うとライトノベルのような小説を読むことが多いなと思います。	最近はアニメや漫画に対しての考え方が柔軟になっており、そこまでマイナーでなければ理解してもらいやすいと思うから。
	私は、オンラインゲームが好きでレトロゲーも大好きです！	包み隠さずに話すことで、自分の価値観を分かってもらえるキッカケになるから。
不確実性低条件（オタク有）	わたしは少女マンガが好きで、時間があれば読み漁っています。おすすめのマンガがあれば、ぜひ教えてください。少年マンガも好きなので、マンガ好きの人がいたら一緒にお話ししましょう。	周りの人がみんな同じような趣味を持っていて話しやすいと思ったので、正直に自分の関心のあることを話したくなったからです。
	私もAさんと同じでゲームが趣味です！　いろいろなジャンルをしていますが、1番好きなのはアクションRPGです。もちろんオンライン対戦なども好きです。よろしくお願いします。と言います。	みんなの自己紹介にオタク気質なところが混じっていて親近感が湧いた。自分の趣味を話しても引かれないだろうと思ったから。

　また、不確実性低条件（オタク無）において、趣味を開示した回答も見られた。不確実性低条件（オタク無）の呈示文では他の4人が趣味を包み隠さず話している。そのような自己紹介を見て、相手が趣味を話しているのであれば、自分も話してみようという、自己開示の返報性が機能したと考えられる。

　そして、これらの4つの自己呈示型は条件、世代によって違いは見られるのか、対数線形モデルを用いた解析を行ったところ（表2.8）、実験条件（$p<.01$）ごと、世代ごとに有意な差が見られた（$p<.01$）。一方で、実験条件ごとにオタク世代によって自己呈示型が異なるという交互作用は見られなかった（$p=0.56$）。また、すべての主効果と交互作用を投入した飽和モデルと、条件とオタク世代の交互作用を抜いた提案モデルについて、χ^2乗検定を用いて比較したところ、有意な差は見られなかった（$\chi^2 (4) = 4.01, p=0.40$）。

　不確実性高条件では「一般人呈示型」（b=0.928, $p<.05$）、「シグナル型」（b=1.009, $p<.05$）が多く、不確実性低条件（オタク有）では「一般人呈示型」が少ない（b=-1.424, $p<.01$）ことが示された。

表 2.8　条件別，世代別に見た呈示方略の割合（%）

	n	一般人呈示型			シグナル型・様子見型			オタク開示型		
		第一世代	第二世代	第三世代	第一世代	第二世代	第三世代	第一世代	第二世代	第三世代
不確実性高条件	309	2.3	39.2	12.0	1.0	13.3	6.5	1.6	15.9	8.4
不確実性低条件（オタク有）	301	0.7	5.6	3.7	0.3	15.6	10.0	3.7	37.5	22.9
不確実性低条件（オタク無）	308	2.3	26.9	7.8	0.3	12.3	8.1	4.9	24.4	13.0

また，第一世代はシグナル・様子見型が少なく（b=-1.289, p<.05），第二世代は一般人呈示型が多い（b=-0.530, p<.05）ことが示された。

8. 考察

本章では，オタクが自己紹介（自己開示）を行う状況と自己紹介の内容（自己呈示）に注目した。自己紹介をする状況によって趣味の開示得点は異なるのか，そして自己紹介時の自己呈示方略を明らかにすることが目的であった。

1) オタクの趣味開示と条件

不確実性が高い状況において，周囲にオタクがいない状況と同様，オタク趣味を話す程度は低くなるという結果が得られた。不確実性高条件は現実の状況に似せた条件であり，実際の行動に近いものだと解釈できる。自己紹介の相手が未知の場合，趣味を開示することで友人を得られる一方で，周囲からオタクというネガティブなイメージを先行して持たれる可能性がある。後者を警戒したために，不確実性高条件では趣味開示得点が低くなったのではないだろうか。

また，開示得点が高い順に不確実性低条件（オタク有）＞不確実性低条件（オタク無）＞不確実性高条件となった。開示相手の自己開示が自身の開示を促すという先行研究（Jourard, et al, 1969 ; Jourard & Jaffe,1970）と同様の結果が得られた。仮説としては想定していなかったが，不確実性高条件より不確実性低条件（オタク無）のほうが趣味開示得点は高かった。自身と異なる立場

（一般人）が否定的反応を示す可能性がありながら，自己開示の返報性が働いた点は興味深い。オタクにとっては，相手から趣味を開示されること自体が重要な意味を持ち，開示している人よりも，（まだ）開示していない人に対して警戒をしていることの表れであろう。

さらに，回答者をオタク世代ごとに分けて追加分析を行った結果，条件と世代の交互作用は見られなかった。オタク世代の主効果では，第二世代と第三世代に有意差が見られた。この結果は，オタクバッシングを受けていた第二世代と，世間にオタク文化が受容されつつある第三世代で，趣味の開示に対する姿勢が異なっていることを示している。

第二世代は，現在の30～40代で，1973～1992年生まれである。主に青春時代にオタクへの偏見が強くなり，また偏見が薄れつつも色濃く残っていたことを経験している世代である。そのような経験があるからこそ，安易にオタク趣味を開示して偏見の対象となることを恐れており，趣味の開示の程度が低くなったと考えられる。

そして，第三世代は現在の10～20代である1993～2003年生まれで，オタク趣味が受け入れられつつある社会を（現在進行形で）経験している世代である。第二世代に比べ，この世代の趣味の開示度が高いということは，若さゆえ，もしくはオタクへの偏見に触れてこなかったため，オタク趣味の開示に問題を感じていないということであろう。オタクコンテンツが広まっている中で，趣味を他者に話しやすい環境が生成されつつあることの表れなのかもしれない。

2) オタクメタステレオタイプと趣味の開示

不確実性高条件と不確実性低条件（オタク無）において，オタクメタステレオタイプが高いほど趣味を話す程度が低くなるという結果が得られた。

注目すべきは，不確実性高条件においてオタクメタステレオタイプが効果を持ったことである。不確実性高条件は，その場にオタクがいるのかわからない状況である。この条件でもメタステレオタイプによって開示得点が下がる傾向が見られたことから，オタクたちはメタステレオタイプを常に意識し

て行動していると考えられる。

3) オタクの自己呈示方略

オタクの自己呈示方略は「一般人呈示型」「シグナル型」「様子見型」「オタク開示型」の4つに分類された。これらの方略は完全に独立するものではなく，図2.4のように，お互いが重なり合っており，周囲の状況によって変化すると考えられる。

また，表2.8に示したように，第二世代には「一般人呈示型」が多い。これは，仮説1の追加分析の結果同様，オタクへの偏見を経験してきた世代ゆえ，他者からオタクだと思われないように一般人を装う自己紹介を行っていると考えられる。

オタクが様々な呈示方略を駆使する理由として，2つの存在を考慮していると考えられる。一つ目はオタク以外の人々である。オタクメタステレオタイプを持つことで，「オタクはネガティブな存在だと思われている」と考える。そのため，オタクの有無が判別できない不確実性高条件において，相手から不審に思われないように「一般人呈示型」の方略が表れたと考えられる。一般人のように振る舞うことで，今後の人間関係を円滑に進めようとしている。

二つ目は，同じオタクたちの存在である。「様子見型」「シグナル型」では，自らの趣味を少し開示しつつ，相手のオタク度合いをうかがうような自己紹介が多く見られた。オタクには腐女子や夢女子，その他様々なオタクが存在し，趣味嗜好が異なると同じオタクでも仲良くなるのは難しいという。そのため，同じオタク相手にも，簡単に趣味を明かせないようである。

それに加え，オタク趣味を一般人に話すこと，公共の場に持ち込むことは非常識であるという規範が主に女性オタクや腐女子の中に存在しており，行動に同調的でないオタクは批判されるという（金田, 2007）。また，今回の調査で得られた自己紹介の理由の中には「そもそもオタク趣味はひけらかすものではない」という回答があり，オタク趣味を他者に話すことはオタクの中ではあまり推奨されたものではない，といった規範を暗に示していると考えられる。

本研究の条件のような状況において，相手にオタク趣味を話すことは，先述の規範を破ってしまうことになるため「オタク開示型」の方略に至らない場合もあるのではないか。不確実性低条件のように，周囲が趣味を話しており，趣味が合うかもしれない状況があることでやっと「オタク開示型」の方略を使えるようになると考えられる。

以上の様々な自己呈示方略が存在することから，オタクたちは趣味の開示と非開示の間で日々葛藤している。オタク趣味を開示することで仲間が見つかり，自分の好きなことを周囲に隠し続ける必要はなくなる。一方で，オタク以外の人からはネガティブに思われているかもしれないし，趣味を開示した相手と仲良くなれる保障もない。さらにはオタクたちの中にある規範に反していることで，周囲のオタクから非難の眼差しを受ける可能性もある。これらの考えと，自身が置かれている周囲の状況を考慮することで，オタクは普段から相手に見せる自分を細かく調整していると考えられる。

筆者自身も，調査に回答してくださった方々のように，普段は趣味を他者にできるだけ話さない隠れオタクである。相手にオタク趣味を話しても良いのか，度々迷うことがある。今回の調査によって，オタク趣味を隠して自己紹介をする方略の豊富さ，相手に対し様々な場面を想定して行動を決定するオタクの注意深さ，そして，オタク同士ですぐに交友関係を築くのではなく，探り合いを行っていることに気づかされた。

9. まとめ

本研究の貢献は，現実場面に即したシナリオを呈示し条件を操作することでオタクの行動を予測し得る枠組みを提示できたことである。一人ひとりにインタビューすることで詳細な語りを得ることは今までの研究においても試みられてきた。しかし，個別事例の収集に留まり，オタクの行動を予測する枠組みの提示はできていなかった。本稿は不確実性とオタクの有無を操作することによって「一般人呈示型」「シグナル型」「様子見型」「オタク開示型」といった自己呈示方略を提示できた。状況によってオタクは4つの枠組

みに沿った行動をとるといった因果関係の検証に踏み込むことができたといえよう。オタクが実際に用いようとする自己紹介の方略について得られたこと，そしてそれらの記述と分類を行えたことは大きな貢献といえるだろう。

引用文献

安藤清志（1986）．対人関係における自己開示の機能　東京女子大学紀要論集, *36*（2）, 167-199.

Charoensap-Kelly, P., Mestayer, C. L., & Knight, G. B. (2020). To come out or not to come out: Minority religious identity self-disclosure in the United States workplace. *Management Communication Quarterly*, 34(2), 213-250.

Cozby, P. C. (1972). Self disclosure, reciprocity, and liking. *Sociometry*, *35*, 151-160.

榎本博明（1983）．対人関係を規定する要因としての自己開示研究　心理学評論, *26*, 148-164.

榎本博明（1997）．自己開示の心理学的研究　北大路書房

Garfinkel, H. (1967). "Passing and the Managed Achievement of Sex Status in an 'Intersexed' Person part1 an Abridged Version," Studies in Ethnomethodology. New Jersey: Prentice-Hall, 116-185. ［山田富秋・好井裕明・山崎敬一（編・訳）（1987）アグネス，彼女はいかにして女になり続けたか──ある両性的人間としての通過作業とその社会的地位の操作的達成　せりか書房, 215-295］

Goffman, E. (1963). Stigma: Notes on the Management of Spoiled Identity. Englewood Cliffs, NJ: Prentice-Hall. ［石黒毅（訳）（2001）スティグマの社会学──烙印を押されたアイデンティティ　せりか書房］

Imai, T. (2017). How you see us hurts me! Influences of Metastereotypes that international students hold on their self-disclosure, loneliness and depression. *Journal of Intercultural communication research*, *46*(4), 385-399.

上瀬由美子（2002）．ステレオタイプの社会心理学──偏見の解消に向けて　サイエンス社

金田淳子（2007）．マンガ同人誌──解釈共同体のポリティクス　佐藤健二・吉見俊哉（編）文化の社会学　有斐閣, 162-190.

河村裕樹（2017）．「普通であること」の呈示実践としてのパッシング──ガーフィンケルのパッシング理論を再考する　現代社会学理論研究, *11*, 42-54.

菊池聡（2000）．「おたく」ステレオタイプと社会的スキルに関する分析　信州大学人文科学論集．人間情報科学編, *34*, 63-77.

菊池聡（2008）．「おたく」ステレオタイプの変遷と秋葉原ブランド　地域ブランド研究, *4*, 47-78.

菊池聡（2020）．オタクの系譜学　山岡重行（編）サブカルチャーの心理学──カウンターカルチャーから「オタク」「オタ」まで　福村出版, 29-56.

北村英也・唐沢穣（2019）．偏見や差別はなぜ起こる？──心理メカニズムの解明と現象の分析　ち

とせプレス

Kristen, P. J. (2017). To Tell or Not to Tell? Examining the Role of Discrimination in the Pregnancy Disclosure Process at Work. *Journal of Occupational Health Psychology, 22*(2), 239-250.

ニッセイ基礎研究所（2020）．Z世代の情報処理と消費行動（5）――若者の「ヲタ活」の実態 https://www.nli-research.co.jp/report/detail/id=63828?site=nli（最終閲覧日：2021年12月13日）

野村総合研究所オタク市場予測ナーム（2005）．オタク市場の研究　東洋経済新報社

岡部大介（2008）．腐女子のアイデンティティ・ゲーム　認知科学, *15*(4), 671-681.

岡田斗司夫（2008）．オタクはすでに死んでいる　新潮社

大角宏平・大江朋子（2008）．アニメオタクのステレオタイプ――共起ネットワークと対応分析を用いて　帝京大学心理学紀要, *22*, 85-102.

Ragins, B. R. (2004). Sexual orientation in the workplace: The unique work and career experiences of gay, lesbian and bisexual workers. *Research in Personal and Human Relations, 23*, 35-120.

田川隆博（2009）．オタク分析の方向性　名古屋文理大学紀要, *9*, 73-80.

田島綾乃（2019）．オタクが持つオタクメタステレオタイプによる趣味開示抵抗感の検討　関西学院大学社会学部2019年度卒業論文（未刊行）

高田治樹・菊地学・尹成秀（2020）．オタクはどのような印象をもたれているのか？――オタクカテゴリと印象との相互関連性の検討　目白大学心理学研究, *16*, 1-13.

Taylor, D. A., & Oberlander, L. (1969). Person-perception and self-disclosure: Motivational mechanisms in interpersonal process. *Journal of Experimental Research in Personality, 4*, 14-28.

Vorauer, J. D., Main, K. J., & O'Connell, G. B. (1998). How do individuals expect to be viewed by members of lower status group? Content and implications of meta-stereotypes. *Journal of Personality and Social Psychology, 75*, 917-937.

3章
百合——少女性への憧憬

山岡重行

中学や高校の部室で仲の良い可愛らしい女の子たちがたわいもない会話を楽しむ。大きな事件は起こらず，少女たちの穏やかで幸福な日常が描かれる日常系とか空気系と呼ばれるマンガやアニメのジャンルがある。女子校を舞台にした上級生と下級生の1対1の特別な信頼関係を描いた小説やアニメのジャンルがある。女性同士の親密な関係を描いた小説，マンガ，アニメなどは「百合」と呼ばれるジャンルを形成している。ボーイズラブ（BL）に対応させてガールズラブ（GL）と呼ぶ場合もあるが，「百合」という名称の方が一般的である。この「女性同士の親密な関係」には，明確な女性同性愛から女性同士の友情までのグラデーションがある。女性キャラクターたちの「仲良し描写」を中心とした作品をゆるい百合という意味で「ゆる百合」，女性同士の性行為を含んだ恋愛作品を「レズもの」と呼んで区別することもあるようだが，細分化するよりもむしろ積極的に境界線を曖昧にして，女性同士の親密な関係を扱った作品群を包括する「百合」という名称が用いられている。本章では，百合について心理学の観点から考えてみたい。

1. 百合者

　女性同性愛を「百合」と呼ぶようになったのは，男性同性愛者向けの雑誌「薔薇族」編集長の伊藤文學が同誌の女性読者用投稿欄を「百合族の部屋」と名付けたことに由来する。「薔薇族」の女性読者を指す名称から，「百合族」は，次第に男性同性愛者である薔薇族に対して女性同性愛者を意味す

る名称に変化し，1983 年から 1985 年にかけて 4 本制作されたにっかつロマンポルノの「百合族シリーズ」によって人口に膾炙するようになったと言われている（川崎, 2014）。このように人を指す名称だった「百合」が，現在では女性の親密な関係を描いた作品群を指すジャンル名となっている。本稿でも「百合」をジャンル名として使用する。BL 作品を好む女性を腐女子と呼ぶが，百合作品を好む人物に関する名称は定まっていない。比較的一般的なのが「百合好き」という名称であるが，当人たちが使用する自虐的なものとして「百合豚」，一迅社の百合専門誌「コミック百合姫」に由来する「姫女子・姫男子」という呼称もある。いずれもあまり浸透していないようである。後述するように百合作品には一定の男性ファンも存在している。本稿では男性にも適応可能な漢字表記と，あるアニメの女性キャラクターの名前の音を組み合わせて「百合者（ユリーシャ）」と呼ぶことにする。

2. 少女規範

　レズビアンの語源が，古代ギリシャの女性詩人サッフォーが若い女性専用の学校をつくったレスボス島に由来するように，女性同性愛的な文学作品は太古から存在した。日本の百合の源流は戦前の少女小説にあると考えられている（川崎, 2014）。「少女界」「少女世界」「少女画報」「少女倶楽部」などの少女雑誌に連載された女性同士の親密な関係を描いた小説は，sister の頭文字から「エス」と呼ばれていた。少女同士，あるいは少女と女性教師の憧れ，友情，友愛，愛情が描かれていた。代表的な作家は吉屋信子で，吉屋が「少女画報」に連載した『花物語』は花をモチーフに少女たちの情愛を描き，連載が 8 年間続くほど大変な人気を博したという。

　「エス」の特徴は純潔さにある。「百合」の直接の語源になった雑誌「薔薇族」の創刊が 1971 年なので，「エス」の時代に女性同性愛的なものを「百合」と呼称することはなかった。しかし西洋絵画において「白百合」は処女懐胎によりイエスを産んだ聖母マリアに代表される純潔性の象徴であり，肉体ではなく精神的な美と向上を目指す理想化された女性像とその女性に向け

られるプラトニックラブの象徴とされていた（渡部, 2007）。西洋絵画では肉体的なものではなく，精神的な女性の美しさの象徴が百合だったのである。

渡部（2007）は，出産可能な身体を持ちながら結婚を猶予された就学期の女性を「少女」と定義した。日本が近代国家となった明治時代に学校教育制度が制定され，それにより「少女」が誕生したのである。当時の大日本帝国の国家目標は富国強兵であった。男性は兵士，あるいは労働力として国家に直接貢献することを求められた。一方，女性は子供を産み，国家に貢献する国民になるよう子どもを養育し，労働による夫の疲労を回復させることで間接的に国家に貢献することが求められたのである。渡部は主に明治時代の女学校教育や少女雑誌の分析から，「少女」を国家に貢献する「女性」にするために「愛情規範」「純潔規範」「美的規範」の3つの規範が少女に組み込まれたと主張している。

「愛情規範」とは，女性は夫に献身的な愛情を捧げるべし，という規範である。渡部（2007）は明治時代の高等女学校の修身教科書から，愛情は双方向のものではなく女性が男性に献身的に捧げるべき感情であり，その「正しい愛情」を規範として少女に内在化させることで女性を国家に貢献させたと分析している。

「純潔規範」とは，少女の身体を結婚まで性的に無垢な存在として「純潔」に保つべし，という規範である。結婚前の異性関係から少女を隔離し身体的には純潔なまま，結婚後の異性愛に応えうる精神を持つ女性を教育することが当時の教育目標だったのである。

「美的規範」とは，少女は身体的に美しくなるために努力すべし，という規範である。明治時代の女子教育では「知育」「徳育」とならんで，女性の容貌を異性愛男性の性的対象として魅力あるものに育む「美育」が重視された（渡部, 2007）。美と献身により男性を慰安し，間接的に国家に奉仕することが女性の役割とされたからである。

出産可能な身体を持ちながら結婚を猶予された就学期の女性である「少女」たちの，プラトニックで純潔を保つ清く正しく美しい恋愛的な関係や感情が「エス」だったと解釈できる。純潔を求められる異性愛の少女たちの，

結婚前に許容された恋愛シミュレーションゲームであり，同時に，明治憲法下の民法において規定された家制度のもと，自らの結婚を含めて男性に支配されていた少女たちの権力格差のない自由恋愛への憧れの発露であり，男性中心社会に抵抗するカウンターカルチャーとしての役割も担っていたと考えられる。

　少女小説を舞台に展開された女性同士の精神的な結びつきと純潔さを強調するエスとは正反対の，女性同士の親密な関係を描いたものが「レズもの」である。異性愛男性向けのポルノグラフィを中心に展開された女性同士の肉体的な性愛描写を中心にした小説，マンガ，映像などはレズものと呼ばれる。

3.「エス」から「百合」へ

　少女小説を掲載していた少女雑誌が少女マンガ誌に取って代わられ，少女マンガの中心は男女の恋愛をテーマとしたものになった。しかし，エス的な少女小説は新たな書き手に受け継がれていった。吉屋信子が描き続けた少女の誇り，その精神を引き継いだのが，1980年代にコバルト文庫黄金時代を築き，女子中高生から絶大な人気を博した氷室冴子だった（嵯峨，2014）。そして1997年に「Cobalt」（集英社の「小説ジュニア」が1982年に改題した雑誌）に今野緒雪の『マリア様がみてる』が掲載された。『マリア様がみてる』はコバルト文庫全37巻，2018年1月時点でシリーズ累計発行部数560万部，2004年から2009年にかけて4シリーズに分けてアニメ化され，百合ブームの切っ掛けになった作品と言われている（嵯峨，2014）。コバルト文庫は女子中高生をメインターゲットにしているが，「出版月報」（出版科学研究所）2005年5月号「ライトノベル研究」によると，『マリア様がみてる』の読者の8割以上が男性だったという。

　『マリア様がみてる』はカトリック系ミッションスクールの私立リリアン女学園の高等部を舞台にした物語で，下級生が指導者役の上級生と1対1の「姉妹（作中ではフランス語でsisterを意味する「スール」と呼ばれる）」関係を結

ぶ慣習がある。スール関係は上級生が下級生にロザリオを授ける儀式を行うことで成立する。生徒会である山百合会，山百合会本部である「薔薇の館」，「薔薇さま」と呼ばれる生徒会役員など，少女小説的な舞台設定で清純な乙女たちの物語が繰り広げられるのである。

今野緒雪のインタビュー（今野・青柳, 2014）によると，『マリア様がみてる』執筆のきっかけは作家仲間との「最近はBLがすごいけど，女の子がいっぱいいるマンガや小説がない」という雑談が盛り上がったことだという。BL隆盛の影響下で百合ブームが開花していったことになる。

BLが作家も編集者も読者もほぼ女性であるのに対し，百合には少なからぬ割合で男性読者が存在する。前述の通り，『マリア様がみてる』の読者の8割以上が男性だという。2005年に一迅社より発行された「コミック百合姫」は創刊期から一定の男性読者を獲得してきた（田原, 2020）。一迅社は2007年にソフト路線の姉妹紙「コミック百合姫S」を発行した。2008年のアンケートはがきによると「コミック百合姫」は73:27で女性読者が，「コミック百合姫S」は62:38で男性読者がそれぞれ多く，2011年に両誌が統合された「コミック百合姫」の読者は概ね7:3で女性の方が多いという（藤本, 2014）。

男性と女性では百合に求めるものは違うのだろうか。そもそも百合者は百合に何を求めるのだろうか。純潔さなのか，性的刺激なのか，それとも両方なのだろうか。本研究では，まず百合者を操作的に定義するために百合者尺度を作成する。次に，男女2人を主人公とする物語，男性2人を主人公とする物語と対比させる形で，女性2人を主人公にとする物語に求めるものを百合者と非百合者，さらにその性差を含めて検討する。

4. 研究：百合者は百合に何を求めるのか

1) 方法

調査対象者　調査1：首都圏私立大学2校の大学生574名（男性225名，女性349名）。平均年齢19.81歳（*SD*=2.228）。

調査2：首都圏私立大学2校の大学生296名（男性109名，女性187名）。平

均年齢 19.38 歳（*SD*=1.144）。

使用した質問項目

　調査1：百合者尺度の作成　百合者を選別するために腐女子度尺度（山岡, 2016）を参考に百合者尺度を作成した。「男女の恋愛小説やマンガよりも女の子同士の恋愛ものを読む」「女の子同士の恋愛じゃないマンガや小説でもシチュエーションや台詞によってカップリングに変換してしまう」「気が付くと好きな女性キャラクターでガールズラブ（百合）な妄想をしてしまう」「女の子同士の恋愛物語である百合作品を読むのが好きである」の4項目である。回答方法は，「1：全く当てはまらない，2：あまり当てはまらない，3：どちらともいえない，4：ある程度当てはまる，5：とても良く当てはまる」の5件法である。

　百合者尺度の妥当性を検討するために，以下の質問を設定した。「女性同士の友情や絆を描いた作品が好きだ」「3次元や2次元，2.5次元の女性アイドルグループが好きだ」「カワイイ女の子たちが夢に向かって仲良くがんばっている姿を描く作品が好きだ」の3項目である。百合者は非百合者よりもこれらの項目の肯定度が有意に高いはずである。また，百合とBLの関係を検討するために，「ボーイズラブには興味がないが，女の子同士の恋愛物語の百合作品は好きだ」「ボーイズラブ作品もガールズラブ作品もどちらも好きだ」の2項目と，オタク度尺度と腐女子度尺度（山岡, 2016）にも回答を求めた。回答方法はいずれも百合者尺度と同じ5件法である。

　調査2：百合に何を求めるのか　「2人の女性を主人公とした物語の中で，下の1〜6の中であなたが最も好きな主人公たちの関係性を1つ選んで，その番号を回答欄に記入してください」という教示文で「家族，友人，相棒，ライバル，宿敵，恋人」の中から選択して回答するよう求めた。

　「前の質問で，『あなたが最も好きだ』と回答した関係にある女性2人を主人公とした物語に，あなたは何を求めますか？　下記の18の項目のそれぞれがあなたの求めるものにどの程度当てはまるかを，下の1〜4の数字を1つ選んで回答欄に入力してください」という教示文で，以下の18項目の評定を

求めた。「主人公たちの仲の良さ」「主人公たちの幸福」「主人公たちの友情」「主人公たちの愛情」「主人公たちのエッチなシーン」「主人公たちの成長と達成」「主人公たちの努力と勝利」「主人公たちの歪んだ愛情」「主人公たちの苦悩」「主人公たちの汚れのない純粋さ」「主人公たちの美しさ」「主人公たちのかわいらしさ」「主人公たちの強さ」「主人公たちの悲劇」「癒やし」「性的興奮」「乱暴なもののない優しい世界」「他の人が関わらない2人だけの世界」。回答方法は，「1: 当てはまらない，2: 少し当てはまる，3: 当てはまる，4: とても良く当てはまる」の4件法である。

　「女性2人を主人公とした物語」に求めるものを比較するために，「男性2人を主人公とした物語」と「男女2人を主人公とした物語」に関しても同じ質問を設定した。

2）結果

百合者の抽出　百合者尺度4項目の主成分分析を行ったところ，得られた成分は1つだけであり，全ての項目が .815 以上の高い負荷量を示した。この4項目に信頼性分析を行ったところ信頼性係数は α =.894 であり，尺度として高い内的一貫性があると判断できる。そこで百合者尺度4項目の合計点を百合者得点とする。

　「女の子同士の恋愛物語である百合作品を読むのが好きである」が3点以上であり，4項目の合計が8点以上の者を百合者群とした。また，この基準から外れても，「男女の恋愛小説や漫画よりも女の子同士の恋愛ものを読む」「女の子同士の恋愛じゃない漫画や小説でもシチュエーションや台詞によってカップリングに変換してしまう」「気が付くと好きな女性キャラクターで百合な妄想をしてしまう」のいずれか1項目でも明確に肯定（4以上）している者も百合者群とした。

　前述のように，百合には明確な女性同性愛から女性同士の仲良し描写までのグラデーションがある。本研究で作成した百合者尺度は腐女子度尺度をアレンジした尺度なので，「恋愛」という言葉を使うガールズラブ寄りの項目となっており，仲良し描写を好む「ゆる百合」好きの百合者にはハードルが高

い尺度である。そのような「ゆる百合」好きの百合者をできるだけ抽出するために，百合者の判定基準を低く設定した。この基準で抽出した百合者は女性の26.44%（92/348），男性の18.22%（41/225）だった。

百合者尺度の妥当性　調査対象者を，2（百合嗜好の個人差）×2（性別）の4群に分けた。調査1で使用した百合者尺度と5項目の質問の各群の平均と標準偏差を表3.1に示した。

「女性同士の友情や絆を描いた作品が好きだ」では百合者群は非百合者群よりも得点が高いことを示す百合嗜好の個人差の主効果（$F(1, 569)=49.230$, $p<.001$），女性の方が男性よりも得点が高いことを示す性別の主効果（$F(1, 569)=14.812$, $p<.001$）が認められた（図3.1）。

「3次元や2次元，2.5次元の女性アイドルグループが好きだ」では百合者群は非百合者群よりも得点が高いことを示す百合嗜好の個人差の主効果（$F(1, 569)=26.633$, $p<.001$）が認められた（図3.2）。

表 3.1　百合者尺度と調査 1 の従属変数の平均と標準偏差

		男性			女性		
		平均値	標準偏差	度数	平均値	標準偏差	度数
百合者尺度	非百合者群	4.620	1.317	184	4.512	1.237	256
	百合者群	12.000	2.983	41	10.978	3.549	92
女性同士の友情や絆を描いた作品が好きだ	非百合者群	2.280	1.279	184	2.860	1.314	256
	百合者群	3.680	1.059	41	4.100	0.961	92
3次元や2次元，2.5次元の女性アイドルグループが好きだ	非百合者群	2.200	1.413	184	2.340	1.528	256
	百合者群	2.880	1.187	41	3.250	1.442	92
カワイイ女の子たちが夢に向かって仲良くがんばっている姿を描く作品が好きだ	非百合者群	2.480	1.322	184	2.860	1.409	256
	百合者群	3.540	1.247	41	4.020	1.038	92
ボーイズラブには興味がないが，女の子同士の恋愛物語のガールズラブ作品は好きだ	非百合者群	2.480	1.322	184	1.110	0.353	256
	百合者群	3.540	1.247	41	2.220	1.221	92
ボーイズラブ作品もガールズラブ作品もどちらも好きだ	非百合者群	1.100	0.370	184	2.860	1.409	256
	百合者群	2.200	1.269	41	4.020	1.038	92

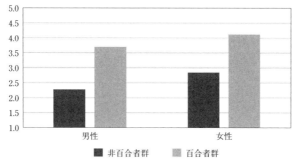

図 3.1　女性同士の友情や絆を描いた作品が好きだ

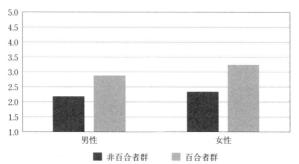

図 3.2　3 次元や 2 次元, 2.5 次元の女性アイドルグループが好きだ

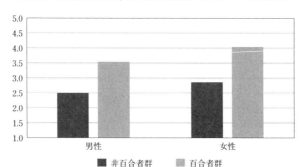

図 3.3　カワイイ女の子たちが夢に向かって仲良くがんばっている姿を描く作品が好きだ

　「カワイイ女の子たちが夢に向かって仲良くがんばっている姿を描く作品が好きだ」では，では百合者群は非百合者群よりも得点が高いことを示す百合嗜好の個人差の主効果（$F_{(1, 569)}=63.251, p<.001$），女性の方が男性よりも得点が高いことを示す性別の主効果（$F_{(1, 569)}=9.672, p<.01$）が認められた（図 3.3）。

この3項目は百合者が有意に高いことを示す主効果が認められており，本研究の百合者抽出方法の妥当性を示す結果と解釈できる。明らかに百合者群は非百合者群よりも，女の子たちの活動を描いたコンテンツを好むのである。

百合者の内訳　百合作品は商業誌でも同人誌でも主としてマンガ，小説，アニメといういわゆるオタクの活動領域で発表されている。百合者はオタクなのだろうか。百合者と腐女子は重なるのだろうか。このような疑問に回答するために，山岡（2016）が作成した腐女子度尺度とオタク度尺度を用いて，オタク度尺度得点が平均点以上であり，山岡（2016）の基準に従って腐女子度が高いと判断された者を腐女子群，腐女子度が低いと判断された者をオタク群，オタク度が平均点以下で腐女子度が高いと判断された者を耽美群，腐女子度も低いと判断された者を一般群に分類した。

　女性百合者の内訳を図3.4に示した。女性百合者の60.87%（56/92）が腐女子群であることは注目に値する。腐女子に対するインタビューで「BLを経由して百合者になった」という発言に接することが多かったが，そのインタビューを裏付ける結果であると言うことができるだろう。しかし，女性百合者のうち腐女子群が6割を占めるものの，女性百合者＝腐女子というには，腐女子群の割合が低い。腐女子群の内訳を見ると，腐女子群82名中百合者は56名（68.30%）で，BLから百合へと向かうルートが確実にあるようだ。しかし女性百合者の1/4は女性オタク群，1割は女性一般群である。女性百合者は腐女子を中心に，BL趣味を持たないオタクや一般群の一部も取り込んだ構成になっていると表現すべきだろう。

　男性百合者の内訳を図3.5に示した。男性の場合，もともとオタク度が高く腐女子度も高い腐男子は，女性に較べると圧倒的に少ない（山岡, 2016）。その圧倒的少数派である腐男子が男性百合者の12.20%を占めていることから，BL経由で百合に至るルートが男性百合者にも存在していることが示唆される。女性の場合は百合者の過半数が腐女子であったが，男性では過半数（56.10%）がBL趣味を持たないオタクであることが特徴と言えるだろう。ただし男性オタク群104名のうち百合者は23名（22.11%）でしかなく，男性オタク＝男

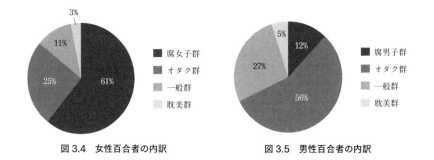

図 3.4 女性百合者の内訳	図 3.5 男性百合者の内訳

性百合者と表現することも適切ではない。男性一般群の1割（11/110）が百合者と判定されており，男性百合者もオタクを中心に様々な層を取り込んだ構成になっているのである。

「ボーイズラブには興味がないが，女の子同士の恋愛物語の百合作品は好きだ」では，百合者群は非百合者群よりも得点が高いことを示す百合嗜好の個人差の主効果（$F_{(1, 569)}=671.459$, $p<.001$），男性の方が女性よりも得点が高いことを示す性別の主効果（$F_{(1, 569)}=82.456$, $p<.001$），それに非百合者群では性差はないが百合者では男性の方が女性よりも得点が高いことを示す2要因交互作用（$F_{(1, 569)}=89.729$, $p<.001$, 図 3.6）が認められた。

それに対して，「ボーイズラブ作品もガールズラブ作品もどちらも好きだ」では，百合者群は非百合者群よりも得点が高いことを示す百合嗜好の個人差の主効果（$F_{(1, 569)}=635.121$, $p<.001$），女性の方が男性よりも得点が高い

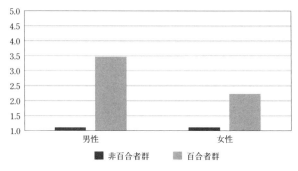

図 3.6 ボーイズラブには興味はないが，女の子同士の恋愛物語の百合作品は好きだ

　　　　　I　アニメ・マンガオタク

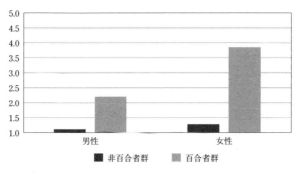

図3.7　ボーイズラブ作品も百合作品もどちらも好きだ

ことを示す性別の主効果（$F(1, 569)=72.175$, $p<.001$），それに非百合者群では性差はないが百合者では女性の方が男性よりも得点が高いことを示す2要因交互作用（$F(1, 569)=100.798$, $p<.001$，図3.7）が認められた。これらは，百合者は男性ではBL趣味を持たないオタク群が百合者の過半数を占めるのに対し，女性ではBL趣味を持つ腐女子群が百合者の過半数を占めることに由来する結果であると解釈できる。

百合作品に求めるもの　女性2人を主人公とした物語に何を求めるか評定させた18項目に主因子法プロマックス回転の因子分析を行った。探索的因子分析の結果から3因子モデルを採用し，因子数を3に指定して再度因子分析を行った。第1因子に負荷量が高かった項目は，「主人公たちの友情」「主人公たちの幸福」「仲の良さ」「かわいらしさ」「癒やし」「汚れのない純粋さ」「乱暴なもののない優しい世界」「美しさ」の8項目であり，無垢な清純さに関連した項目であると解釈できる。この8項目の信頼性係数は $\alpha=.896$ であり，尺度として使用可能な高い内的一貫性が確認された。この8項目を合計し項目数で割ったものを清純さ得点とした。

　第2因子に負荷量が高かった項目は，「主人公たちのエッチなシーン」「性的興奮」「主人公たちの歪んだ愛情」「他の人が関わらない2人だけの世界」の4項目であり，これは性的刺激に関連した項目と解釈できる。この4項目の信頼性係数は $\alpha=.764$ であり，尺度として使用可能な内的一貫性が確

表 3.2　物語に求めるもの

			男女2人		男性2人		女性2人	
	性別	度数	平均値	標準偏差	平均値	標準偏差	平均値	標準偏差
清純さ	非百合者群	男性 86	2.815	0.715	2.358	0.667	3.048	0.705
		女性 129	3.169	0.685	2.961	0.778	3.246	0.768
	百合者群	男性 21	3.006	0.768	2.393	0.757	3.149	0.642
		女性 56	3.076	0.810	3.045	0.936	3.482	0.720
性的刺激	非百合者群	男性 86	1.977	0.816	1.340	0.498	1.892	0.821
		女性 130	1.746	0.816	1.556	0.817	1.454	0.657
	百合者群	男性 21	2.321	0.884	1.321	0.587	2.357	0.761
		女性 56	2.103	0.747	2.348	1.094	2.250	0.876
克服	非百合者群	男性 87	2.540	0.585	2.730	0.580	2.328	0.655
		女性 130	2.496	0.619	2.708	0.620	2.542	0.661
	百合者群	男性 21	2.611	0.604	2.754	0.591	2.667	1.732
		女性 56	2.753	0.589	2.866	0.552	2.631	0.604
主人公たちの愛情	非百合者群	男性 87	3.030	0.869	1.920	1.048	2.410	1.177
		女性 130	3.320	0.981	2.560	1.288	2.520	1.265
	百合者群	男性 21	3.140	0.793	1.950	1.117	2.900	1.044
		女性 56	3.360	1.034	3.180	1.130	3.320	1.046

認された。この4項目を合計して項目数で割ったものを性的刺激得点とした。

　第3因子に負荷量が高かったのは，「主人公たちの悲劇」「主人公たちの強さ」「主人公たちの苦悩」「主人公たちの成長」「主人公たちの努力と勝利」の5項目であり，これらは試練を乗り越える成長と達成に関連する項目と解釈できる。この5項目の信頼性係数は α =.623 であり，尺度としての使用に耐え得る内的一貫性があると判断できる。この5項目の合計点を項目数で割ったものを克服得点とした。また「主人公たちの愛情」は，第1因子と第2因子の2つに負荷量が高かったため，単独の項目で以下の分析を行った。

　各従属変数の平均と標準偏差を表3.2に示した。表3.2に基づき，2（百合傾向の個人差：百合者・非百合者）× 2（回答者の性別：男・女）× 3（主人公2人の性別組み合わせ：男女・男2人・女2人）を独立変数とした1要因が繰り返し要因である3要因分散分析を行った。

　清純さ得点（図3.8）の分散分析では，女性2人，男女2人，男性2人の順に得点が高いことを示す物語の主人公の性別組み合わせの主効果（$F_{(2, 576)}$

=84.934, $p<.001$），女性の方が男性より得点が高いことを示す回答者の性別の主効果（$F(1, 288)=14.331, p<.001$），男性2人が主人公の物語の場合に男性は女性よりも得点が低いことを示す主人公の性別組み合わせと回答者の性別の交互作用（$F(2, 576)=14.582, p<.001$），女性2人の物語の場合に女性回答者では百合者群が非百合者群よりも得点が高い傾向を示す3要因交互作用（$F(2, 576)=3.471, p<.05$）が認められた。

　性的刺激得点（図3.9）の分散分析では，男性2人の場合には女性2人や男女2人よりも得点が低いことを示す物語の主人公の性別組み合わせの主効果（$F(2, 578)=32.959, p<.001$），百合者群の方が非百合者群より得点が高いことを示す百合の主効果（$F(1, 289)=14.331, p<.001$），男性回答者では男性2人の物語

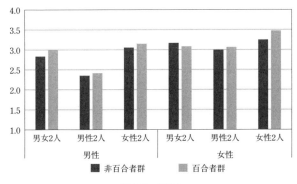

図3.8　清純さ

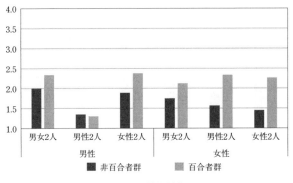

図3.9　性的刺激

の場合に男女2人の物語や女性2人の物語よりも得点が低いが，女性回答者では女性2人の物語の場合に男女2人の物語よりも得点が低いことを示す回答者の性別と主人公の性別組み合わせの交互作用（$F(2, 578)=44.801, p<.001$），男性2人の物語の場合に男性回答者では百合の主効果がなくなることを示す3要因交互作用（$F(2, 578)=7.169, p<.001$）が認められた。

克服得点（図3.10）では，男性2人の場合には女性2人や男女2人よりも得点が高いことを示す物語の主人公の性別組み合わせの主効果（$F(2, 580)$ $=15.929, p<.001$），百合者群の方が非百合者群より得点が高いことを示す百合の主効果傾向（$F(1, 290)=3.473, p<.10$），男女2人の物語の場合に女性回答者では百合の主効果が認められることを示す3要因交互作用（$F(2, 580)=4.250,$

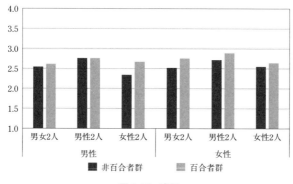

図 3.10　克服

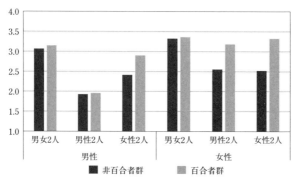

図 3.11　主人公たちの愛情

p<.05）が認められた。

　「主人公たちの愛情」（図3.11）では，男女2人，女性2人，男性2人の順に得点が高いことを示す物語の主人公の性別組み合わせの主効果（*F*(2, 580)=45.505, *p*<.001），女性の方が男性より得点が高いことを示す回答者の性別の主効果（*F*(1, 290)=14.085, *p*<.001），百合者群の方が非百合者群よりも平均点が高いことを示す百合の主効果（*F*(1, 290)=7.365, *p*<.01），男性回答者では男女2人，女性2人，男性2人の順に平均点が高いが，女性回答者では男女2人の場合に他の2条件よりも平均値が高く男性2人と女性2人の間には有意差がないことを示す主人公の性別組み合わせと回答者の性別の交互作用（*F*(2, 580)=10.665, *p*<.001），百合の主効果は男女2名の物語の場合には認められないことを示す主人公の性別組み合わせと百合の2要因交互作用（*F*(2, 576)=3.471, *p*<.05）が認められた。

　女性2人の物語における従属変数間の関係を検討するために，2（百合傾向の個人差：百合者・非百合者）×2（回答者の性別：男・女）×4（女性2人の物語に求める要素：清純さ・性的刺激・克服・主人公たちの愛情）を独立変数とした1要因が繰り返し要因である3要因分散分析を行った。その結果，清純さ，主人公たちの愛情，克服，性的刺激の順に平均点が高いことを示す物語に求める要素の違いの主効果（*F*(3, 873)=95.148, *p*<.001），百合者群の方が非百合者群よりも平均点が高いことを示す百合の主効果（*F*(1, 291)=21.571, *p*<.01），物

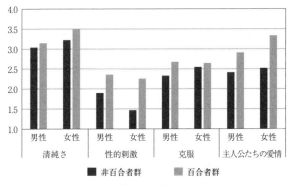

図3.12　女性2人の物語に求める要素

語に求める要素と回答者の性別の交互作用（*F*(3, 873)=6.049, *p*<.001），物語に求める要素と百合の交互作用（*F*(3, 873)=5.815, *p*<.001）が認められた（図3.12）。物語に求める要素と回答者の性別の交互作用は，清純さ，主人公たちの愛情，克服に関しては女性の方が男性よりも平均値が高いが，性的刺激は逆に男性の方が平均値が高いことを表している。物語に求める要素と百合の交互作用は全体的に百合者群の方が非百合者群よりも平均値が高いが，克服では有意差が見られないことを表している。

3）考察

　女性同性愛から女性同士の仲良し描写まで幅広い女性同士の親密な関係を描いた物語を持つマンガ，小説，アニメ，イラスト，写真などは「百合」と呼ばれるジャンルを形成している。メディアに登場する百合作品は，戦前の少女小説の流れを受け継ぎ清く正しい少女たちのドラマを描く作品群と，異性愛男性向けのポルノグラフィであるレズものに大別される。本研究の目的は百合嗜好の強い百合者が百合に求めるものは何か明らかにすることだった。

　結論から言えば，百合者が求めるものは清純さであり女性主人公たちの愛情描写なのである。女性主人公の清純さに関しては，百合者と非百合者の差は有意ではあるが「主人公たちの愛情」と比較すると差は小さい。非百合者の清純さの平均値が4件法で3.0を超えていることから，女性主人公の物語に清純さを求める傾向はある程度普遍的なものと解釈できる。乱暴なもののない優しい世界で繰り広げられる純粋で可愛らしく美しい女性主人公たちの友情と幸福描写に癒やされるのである。現代の百合ブームの引き金になった『マリア様がみてる』がまさにそのような世界観を百合の土壌として定着させたと解釈することも可能だろう。

　清純さを求める傾向は全般的に男性よりも女性に顕著である。回答者の性差が最も顕著だったのが，男性2人の物語である。女性は非百合者も含めて男性2人の物語にも清純さを求める傾向が強いが，男性は女性ほどは男性2人の物語に清純さを求めないのである。男性が読む雑誌は小学校高学年から高校生までマンガ雑誌が主流である（山岡, 2019）。少年マンガの主人公は基

本的に男性であり，様々な作品世界の中で戦争やスポーツ，いろいろな領域での少年たちの闘いと仲間との連帯，それによる成長を描く作品が主流である。乱暴なもののない清純な世界観とは相容れない少年マンガを読んで成長してきた男性にとって，男性を主人公とした作品に清純な世界観はなじまないのである。

百合者が百合作品に求めるものは，やはり女性主人公たちの愛情なのである。明確な女性同性愛を描いたものではなくても，例えば『マリア様がみてる』のスール関係のように1対1の契約関係には下級生の上級生に対する憧れ，上級生の下級生に対する慈しみを中心にした強い信頼関係は友愛と呼ぶべきものだろう。女性キャラクターが特定の女性に向ける，他の女性に対する感情とは明らかに異なる，友情以上の感情。そのような描写に百合者は心引かれるのである。

主人公たちの愛情でも清純さと同様の性差が認められた。女性は男性2人の物語にも主人公たちの愛情を求め，特にその傾向は百合者に顕著である。その一方で，男性は男性2人の物語に主人公たちの愛情はほとんど求めないのである。前述のように女性百合者の60.87％が腐女子であることの影響も大きいと考えられる。また清純さと同様の理由で，少年マンガに親しんできた多くの男性にとって男性キャラクターたちの愛情関係は想定外の要素なのである。

克服は作中での主人公たちの試練を乗り越える成長と達成である。主人公の性別にかかわらず，克服は物語の中心となる要因である。そのため克服では女性キャラクターを主人公とした物語では明確な有意差は認められず，全体での百合の主効果も傾向でしかない。前述のように男性は高校まで一貫してマンガ雑誌を読んでいるが，女性でマンガ雑誌を読む層は中学から高校と「少年ジャンプ」を読むようになる（山岡, 2019）。「友情・努力・勝利」こそ少年ジャンプ作品の永遠のテーマである。男性2人の物語に克服を求める傾向が強いのは，このようなジャンプイズムの影響だと解釈できる。

性的刺激を求める傾向は，女性2人の物語に求める要素の中で最も低かった。男性百合者でも女性2人の物語に求める性的刺激の平均点は中点の2.5

未満である。男女百合者とも，非百合者よりも女性 2 人の物語に性的刺激を求める傾向が有意に高いが，平均点からすると積極的に性的刺激を求めるわけではないと判断できる。非百合者が女性 2 人の物語に性的刺激をほとんど求めないのに対して百合者は性的刺激を若干求めることを示す程度の有意差である。百合者が百合に求めるものは，第一に清純な世界観であり，女性主人公たちの愛情であり，「レズもの」的な性的刺激を求める傾向はあまり強くないのである。

　前述の通り，一迅社のソフト路線の百合マンガ雑誌「コミック百合姫S」は男性読者が約 6 割だった。本研究結果を考え合わせると，男性百合者は性的刺激の少ないソフト路線の百合作品を愛好する傾向にあると言うことができるだろう。

　女性 2 人の物語に性的刺激を求める傾向が低いのは，百合ブームの裾野を広げた要因として「空気系」や「日常系」と呼ばれる作品の影響も考えられる。『らき☆すた』や『けいおん！』『ゆるゆり』が代表作であり，この 3 作はマンガ（前二作は 4 コママンガ）が原作でアニメ化もされている。性的刺激を喚起するような作中の出来事は排除され，乱暴な要素のない穏やかな世界を舞台に可愛い女性キャラクターたちの日常をまったり描くのである。このような「空気系・日常系」作品が百合ブームの一角を形成しているのである。このような作品群を百合として楽しむ百合者は，作品に性的刺激は求めず，清純さを求めるのだと考えられる。

5. まとめ

　BL は基本的に恋愛や性愛を描くことを主眼としているのに対し，百合に描かれる関係性はそれに限定されず，女性同士の日常的なやりとりを描いた作品も百合と見なされる（田原，2020）。田原（2020）は現在の百合ブームのきっかけとなった『マリア様がみてる』における女性キャラクターたちの絆について，異性愛規範を逸脱しないレベルに留められ異性愛関係と両立・併存しうるものとして描かれており，ファンは同性愛とは言い切れないソフトな関

係を楽しむ者と，BL同様同性愛関係に読み替える者に分かれていると主張している。百合者尺度の項目「女の子同士の恋愛じゃないマンガや小説でもシチュエーションや台詞によってカップリングに変換してしまう」を明確に肯定した者は百合者群の27.82％（37/133），「気が付くと好きな女性キャラクターでガールズラブ（ゆり）な妄想をしてしまう」を肯定したのは19.55％（26/133）だった。腐女子度尺度の項目「ボーイズラブじゃないマンガや小説でもシチュエーションや台詞によってカップリングに変換してしまう」の腐女子群の肯定率70.45％（62/88），および「気が付くと好きなキャラクターでボーイズラブな妄想をしてしまう」の肯定率45.45％（40/88）と比較すると明らかに低い。BLのように女性キャラクターたちの関係を同性愛関係に読み替える百合者はそれほど多くはないようである。百合者の多くは，異性愛規範を逸脱せず異性愛関係と両立する美少女たちのソフトな関係を楽しんでいるのである。乱暴なもののない優しい世界で繰り広げられる純粋で美しい少女たちの，同性愛とまではいかないような愛情描写を愛でるのが百合者なのである。

引用文献

藤本由香里（2014）．「百合」の来し方——「女どうしの愛」をマンガはどう描いてきたか？　ユリイカ12月号「特集＝百合文化の現在」，第46巻第15号　青土社，101-109.

川崎賢子（2014）．半壊のシンボル——吉屋信子と百合的欲望の共同体　ユリイカ12月号「特集＝百合文化の現在」，第46巻第15号　青土社，42-49.

今野緒雪・青柳美帆子（2014）．『マリア様がみてる』のまなざし——“姉妹”たちの息づく場所　ユリイカ12月号「特集＝百合文化の現在」，第46巻第15号　青土社，34-41.

嵯峨景子（2014）．吉屋信子から氷室冴子へ——少女小説と「誇り」の系譜　ユリイカ12月号「特集＝百合文化の現在」，第46巻第15号　青土社，58-65.

田原康夫（2020）．BLと百合，近くて遠い2つの世界　堀あきこ・守如子（編）BLの教科書　有斐閣，75-76.

渡部周子（2007）．〈少女〉像の誕生——近代日本における「少女」規範の形成　新泉社

山岡重行（2016）．腐女子の心理学——彼女たちはなぜBL（男性同性愛）を好むのか？　福村出版

山岡重行（2019）．腐女子の心理学2——彼女たちのジェンダー意識とフェミニズム　福村出版

column 1 ｜ ロックとカウンターカルチャー　　　山岡重行

　「若者文化の成立はいつ頃？」と質問されたら，あなたは「若者は大昔から存在したのだから，若者文化も大昔から存在した」と答えるかもしれない。しかし正解は，1950年代半ば，ロックンロールとともに若者文化が成立したのである（山岡，2020）。

　黒人音楽であるリズム＆ブルースはロックンロールと呼ばれるようになり，1950年代半ば，エルビス・プレスリーなどの白人ロックンロールミュージシャンが登場した。黒人への差別意識が強かった当時，白人が黒人音楽を演奏することは白人の堕落と見なされ，社会的タブーだった。また，腰を振り足をくねらせるプレスリーのステージアクションは性行為を連想させた。キリスト教的禁欲主義が支配していた19世紀中頃，「エネルギー保存の法則」の発見は，人間の持つエネルギーは一定であり，そのエネルギーを性行為に浪費すると早死にするという俗説を生み出した。20世紀半ばでも保守的風土が強いアメリカ南部社会では，性行為を連想させるアクションはタブーだった。この2つのタブーを同時に破った白人のロックンロールは，大人からの大反対と若者からの熱狂的支持を同時に生み出した。大人が否定するコンテンツを愛好する「若者文化」の誕生である。ロックは大人社会に反抗する若者の象徴となった。

　1960年代，戦争と差別を続ける国家から自由になり，若者たちはラブ＆ピースを合い言葉に新しい世界を夢想し社会変革を求めた。カウンターカルチャー（対抗文化）である。しかし，1969年12月のオルタモント・フェスティバルで，メインのローリングストーンズの演奏中に，バイカーギャング集団ヘルス・エンジェルスのメンバーによる黒人青年刺殺事件が発生。ラブ＆ピースによる人種や社会階級を越えた連帯意識をこの事件は一撃で打ち砕き，カウンターカルチャーは急激に消滅していった。

　しかし，社会変革を求めるロックは自由の象徴となり，ベルリンの壁崩壊と冷戦終結の引き金となったのである。（column 2 に続く）

引用文献

山岡重行（2020）．サブカルチャーと若者文化　山岡重行（編）サブカルチャーの心理学　福村出版, 10-28.

II

―――

いろいろなサブカルチャー

4章

オーディオマニアは何を聴いているか

渡邊芳之

> ビートルズの音楽はトランジスタラジオで聴いてもカーステレオで聴いても，
> ときには街のどこかから流れてくる音で聴いても，同じように感動的である。
> しかしその音楽を少しでもいい音で聴くためにとても多くのお金と時間を費
> やしている人たちがいる。この章ではそうした人たち，つまりオーディオマ
> ニアが何にこだわっているのか，彼らが手間ひまかけたオーディオで聴いて
> いるものはいったい何なのかを考えてみたい。

　1982 年に最初の CD（コンパクト・ディスク）が発売されて以来，デジタル
技術は音楽を伝えるメディアと，その再生のあり方を大きく変化させてきた。
最近ではレコードや CD のように音楽が収められて店頭で売られるパッケー
ジメディアは，すでに音楽の主要な流通経路ではなくなり，インターネット
を介したダウンロード販売や，コンピュータソフトを経由して定額の料金で
好きな音楽を好きなだけ聴く[1]ことができるサブスクリプション・サービスも
普及している。

　そうした音楽メディアの変化に伴って，音楽を聴くために用いられる装置，
つまりオーディオ機器のあり方も大きく変化している。前述のようにデジタ
ル化された音楽がインターネットを通じて流通し，ダウンロードされるよう
になるにつれて，インターネットに接続されたコンピュータやスマートフォ

1　本稿では原則として自然に耳に届く音を受動的に「きく（hear）」ことを「聞く」と，特定の音
　に注意を向けて「きく（listen）」ことを「聴く」と書くことにするが，その区別はそれほど厳密
　ではない。

ンと，それらにつながれたイヤフォンやヘッドフォンが音楽再生装置の主流
になり，以前のように音楽の再生だけを機能としたオーディオ機器で音楽を
聴くことは徐々に珍しくなっている。

　1990年代の大学生の部屋にはきまって「ミニコンポ」が置かれていたもの
だが，現代の大学生で部屋に「音楽の再生だけを機能とした装置」を置いて
いる人がどれだけいるだろうか。よほどの音楽好きでなければ，インター
ネットに接続されたコンピュータやスマートフォン，タブレットなどのたく
さんの機能の中のひとつである（にすぎない）音楽再生機能を用いて音楽を聴
いていることがほとんどであり，音質を重視する人でもせいぜいコンピュー
タやスマートフォンにBluetoothスピーカーを接続するか，良質なヘッド
フォンを使う程度が一般的なのではないだろうか。

　いっぽうで，以前より少なくなったとはいえ大きな街には「オーディオ
ショップ」と呼ばれる，音楽を再生することだけを機能とした装置を販売し
ている店があり，その店頭には一台何十万円もするCDプレーヤーやアンプ，
ペアで100万円を超えるスピーカーなどの高級オーディオ機器が並べられて
いて，おもに中高年の男性がそれらを品定めしている。そうかと思えば，
オーディオ雑誌や音楽雑誌に広告を出しているオーディオショップの中には
1950年代から1980年代に作られた古いオーディオ機器（ヴィンテージ・オー
ディオ）を整備して，これもまた何十万円という価格で販売している店もあっ
て，こちらもそれなりに繁盛しているように見える。

1. オーディオマニアとは誰か

　そういったオーディオショップの客になるのがオーディオマニア（audio-
maniac, audiophile）と呼ばれる人々である。オーディオマニアを定義するな
らば，音楽メディアに収められている音楽と同程度に，ときには音楽よりも，
音楽メディアから音楽を聴くためのオーディオ装置に興味や関心を持ち，そ
うしたオーディオ機器を購入するために多額の投資をし，オーディオに多く
の時間を費やすことを，人生の中に重要な位置を占める真剣な趣味（シリアス

レジャー²）としている人，ということができる。

　しかし，圧倒的多数のオーディオマニアの目的はオーディオ機器自体にではなく，そうした行為を通じてオーディオ機器からより音質のよい音を導き出して，自分の好きな音楽をより快適に，あるいはより感動的に聴くことにある。その意味でオーディオマニアも音楽ファンの一種であることは間違いない。じっさいオーディオマニアの多くは自分がオーディオマニアと呼ばれることをあまり快く思っておらず，自分は音楽ファン（music-lover）であると認識していることが多いとされる（Perlman, 2003）。

　同時に，オーディオマニアが追求する「いい音」「音質」とはあくまでも「自分の耳に聞こえる音が自分に心地よい」ということであって，オーディオ機器が生み出す空気の振動そのものの質を指しているわけではない。もちろん，メディアに刻まれた情報をプレーヤーが取り出し，アンプがそれを増幅することでスピーカーが動作して空気が振動しなければ音は聞こえないのだし，その振動が持っている質は耳に聞こえる音の質に影響する。しかし，実際にわれわれが「聴く」音は，そうした物理的現象だけに還元できるものではなく，その音が聴かれる状況や文脈，他の音や音以外の刺激，体調や気分，感情や思考，過去の経験や記憶など，オーディオ機器から再生される音の物理的な性質以外のものの影響を大きく受ける，心理学的な現象なのである。

　その点で趣味のオーディオという営みはオーディオ機器が成立するテクノロジーを楽しむという側面と，心理学的現象としての音質を楽しむという側面との二面性を持ったものであり，オーディオマニアが聴いている音やその音質は，この二面が相互作用したものとして立ち現れているのである。このことが，オーディオやオーディオマニアについて考えるときの面白さであり，難しさともいえる。

　オーディオマニアは音楽メディアの誕生以来ずっと存在するし，1970年代のオーディオブームのように，オーディオマニア的な感覚が社会にかなり広

2　オーディオマニアや鉄道マニア，写真愛好家のように，単なる暇つぶしや一時的な楽しみとしてではなく，真剣な取り組みとしての趣味活動を長い期間にわたって続け，知識や技術の向上を積み重ねていくような趣味は，シリアスレジャー（杉山, 2019）と呼ばれる。

く共有された時代もあった。しかし，冒頭に述べたように，デジタルメディアが普及してコンピュータやスマートフォンでも高音質な音楽再生が可能になり，音楽を聴く，という目的だけでいえばわざわざ高級なオーディオ機器を購入する必要が極めて小さくなった今の時代に，あえてオーディオマニアでいることは，以前よりも「サブカルチャー性」が高くなっているということもできるだろう。オーディオマニアのあり方は，そのような歴史と関係して時代性をつよく帯びるものでもあるから，オーディオマニアについて考える際にはオーディオマニアの歴史や，その前提となるオーディオの歴史について整理することが必要になる。

2. オーディオマニアの歴史

オーディオのはじまり

音楽を記録し再生するメディアの元祖がエジソン（Thomas Alba Edison, 1847-1931）によるフォノグラフ（Phonograph, 1877）であることには疑いがない[3]。もっともエジソンはフォノグラフを留守番電話のような音声メモとして開発したのだが，すぐにフォノグラフは音楽を録音し再生するために使われるようになる。蝋管と呼ばれる円筒に音楽を記録再生するフォノグラフに対して，ベルリナー（Emile Berliner, 1851-1929）は円盤に音楽を記録するグラモフォン（Gramophone, 1887）を開発し，ここにレコードからCDまで続く「円盤（ディスク）を回転させて音楽を再生するメディア」が誕生したのである。

グラモフォン（つまりレコード）を再生する装置は日本では「蓄音器」と呼ばれた。1930年代までの蓄音器はゼンマイでレコードを回し，レコードに刻まれた溝を針でこすって，その振動だけで音を出す「アコースティック型」であった。Hosokawa & Matsuoka（2008）は日本最初のオーディオマニア（audiophile）として小説家の上司小剣（1874-1947）を挙げている。彼は蓄

---

[3] エジソンと同時期に同様のアイデアで音声を録音再生しようとした例としては，マルタンヴィル（Leon Scott de Martinville, 1917-1879）のフォノトグラフ（1857）やクロス（Charles Cros, 1842-1888）のパルレオフォン（1877）が歴史に残っている。

音器でクラシック音楽を聴くことを好んだだけでなく，自分のブランズ
ウィック蓄音器[4]を掃除したり整備したりすることに喜びを見出し，ときには
音を出さずに蓄音器のターンテーブルが回るのをただ眺めていたという。ま
た，レコードをかける部屋は飲食禁止とし，レコードを聞く前には清潔な衣
服に着替えるなど，蓄音器の扱いに儀式性を持たせていたことも，のちの
オーディオマニアに通じるところがある。

電気蓄音機の時代

　1920年代半ばになるとレコード原盤の録音にマイクロフォンやアンプを用
いた電気録音が普及するとともに，モーターでレコードを回し，レコードの
音をアンプで電気的に増幅してスピーカーで再生する電気蓄音器（電蓄）が
登場して，レコードの音質は格段によくなる。しかし，この時代のメディア
の王者はラジオであって，人々の興味もレコード再生よりもむしろラジオの
製作や修理のほうに向いており（溝尻，2010），電蓄の多くもラジオを内蔵し
て放送が聴けるようになっていた。

　そんな中でも一部のマニアはレコード再生のための装置の製作や改造，調
整に熱中した。剣豪小説で有名になった五味康祐（1921-1980）はオーディオ
に関するエッセイ（五味，1980a）の中で，少年時代の自分が「カートリッジ
（当時のピックアップ）のコイルを巻き替えてインピーダンスを下げてみたり」，
「2A3の真空管を四本（つまりダブル・プッシュ）にして，アンプを作ってく
れるよう技術屋さんに依頼したり」という経験を綴っているが，これはまさ
に後のオーディオマニアの姿といえるだろう。もっとも五味の生家は映画館
も経営する裕福な興行師であり，この時代にこうした経験や環境が後の時代
ほど一般的であったとはいえない。その後世界は悲惨な戦争の時代となり，
五味の生家と手塩にかけた再生装置も空襲によって灰燼と化した。中国戦線
から復員した五味は数年間の放浪生活を送るが，知人宅で偶然聞かせても
らった「長時間レコード」のすばらしい音が，彼にもう一度文学への道，書

4　ブランズウィックはアメリカの蓄音機メーカーのブランド。

き物で収入を得て生きる道を目指させることになる。

オーディオの時代

　五味が知人宅で聴いたのは 1948 年にアメリカ・コロムビアレコードが開発した LP（Long Play）レコードである。それまでの SP（Standard Play）レコードが片面 5 分程度の収録時間しかなく，ノイズが多くて音質も悪かったのに対し，LP レコードは片面に 23 分程度の音楽が収録でき，材質の改善でノイズが激減するとともに，再生できる周波数帯域も格段に広がった。そして，その LP レコードの優れた音質を家庭で楽しむために，多くのオーディオ機器が製造され，販売されるようになった。今のオーディオマニアに直接つながる営みのはじまりをこの時期と関係づける人は多く，長岡（1993）も日本のオーディオの歴史のはじまりを「1950 年」としている。

　1950 年代の半ばになると，オーディオ機器を自作する，メーカー製のオーディオ機器を購入して使う，メーカー製のオーディオ機器を調整して自分好みの音にする（英語でいう tweak），というオーディオマニアの 3 つの典型的な行動スタイルが確立する。さらに 1958 年にステレオレコードが発売されると，「無線と実験」など戦前からのラジオ雑誌がオーディオ雑誌に衣替えしたり，オーディオ専門誌が創刊されたりして，オーディオマニアは社会的にも存在感を持ち始める。クレイジーキャッツのハナ肇や俳優の三橋達也など，有名人のオーディオマニアぶりが雑誌などに取り上げられるようになったのもこの時期である。

　1960 年代半ばになると，当時「ステレオ」と呼ばれた家庭用のオーディオ装置に松下電器や東芝などの大手家電メーカーが続々と参入する。広告やテレビ CM もさかんに打たれるようになって，洗濯機，冷蔵庫，テレビの「三種の神器」に加えて「ステレオ」がオーディオマニア以外の人にとっても憧れとなる。同時に，日本の経済成長や貿易拡大に伴って輸入品も含む各種のオーディオ機器や部品が容易に入手できるようになり，熱狂的なオーディオマニアの人数も増えていった。

オーディオブームとその衰退

　1970年代に入って，それまでの一体型の大型ステレオから比較的小型の機器を組み合わせたコンポーネントステレオに主流が移ると，それまで居間や客間に置かれることの多かったステレオが若者の個室に置かれるようになる。このことはオーディオを趣味とすることのハードルを大きく下げたために，若年男性を中心にしたオーディオブームが起きて，メーカーも若者向けのローコストなオーディオ機器を大量生産していく（図4.1）。

　2022年現在のオーディオマニアのボリュームゾーンは筆者も含めた60歳代だと思うが，その世代は中高生時代にこのオーディオブームを経験していて，親の援助も得ながら質素なオーディオ機器を揃えていくとともに，いつかはもっと高級なオーディオ機器を手に入れることを夢見ていた。そのときにオーディオに対して持った憧れや感動が今でも自分を動かしていると感じることは多い。1980年代に入ると若者向けのオーディオはCDに対応すると

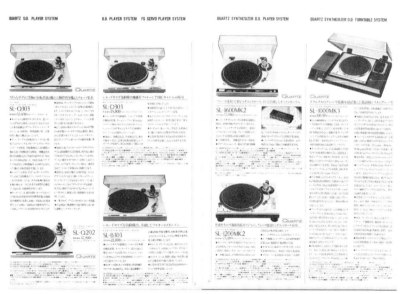

図4.1　1980年のテクニクス（松下電器産業，現パナソニックのオーディオブランド）の総合カタログより。レコードプレーヤーだけでもたくさんの種類が掲載されている

ともにより小型化，ローコスト化されて「ミニコンポ」になっていくが，オーディオ機器が若者の生活の必需品であることは変わらなかった。

こうしたオーディオの幸福な時代が変わるひとつのきっかけが1979年の「ウォークマン」の発売だった。高音質なポータブルオーディオは部屋に大きなオーディオ機器を置く必要性を低下させたし，イヤフォンで音楽を聴く習慣が広がったことも，スピーカーで聴くことを前提としたオーディオ機器の衰退を招いた。こうした変化がデジタルメディアの発展によって加速されたことは冒頭に述べた通りである。21世紀に入る頃には若者がオーディオ機器を部屋に置くことは少なくなり，そんな時代の中でオーディオ機器にこだわるオーディオマニアと一般の人との距離は徐々に開いていった。

3. オーディオマニアの行動

オーディオマニアとそれに関わるオーディオの歴史を概観したので，次にオーディオマニアの行動について考えよう。ここでいうオーディオマニアの行動とは，オーディオマニアがオーディオ機器やその動作，それが生み出す音に対してどのように働きかけ，またその結果をどのように感受しているのか，ということである。

オーディオマニアのタイプ

オーディオマニアの行動は，そのオーディオマニアのタイプによって大きく異なることがある。オーディオマニアのタイプを分類しようという試みは古くからあるが，たとえばPerlman（2004）はオーディオマニアを「黄金の耳」（golden ears）と「測定屋」（meter-readers）の2種類に分類している。「黄金の耳」は自分の耳だけを信頼してオーディオ機器やその音質を評価するタイプのオーディオマニアで，電子工学的な問題や客観的な測定には無頓着であることが多い。いっぽう「測定屋」は客観的な測定データや電子工学的な知識に基づいてオーディオ機器やその音質を評価するタイプのオーディオマニアで，「黄金の耳」に比較すると自分や他のオーディオマニアの「耳」へ

の信頼度が低い。

　それぞれのタイプには強硬派・原理派もいるいっぽうで自分の耳と測定データやテクノロジーの両方を重視するオーディオマニアも多いことから，「黄金の耳」と「測定屋」はそれぞれの強硬派を両極としたグラデーションをなしていて，多くのオーディオマニアは2つの中間のどこかに位置すると考えることができる。

自作，購入，調整

　歴史の節でも述べたように，オーディオマニアのシリアスレジャーを構成する行動には，大きく分けてオーディオ機器を自分で製作しようとする（あるいは修理，改造する）「自作」，メーカー製のオーディオ機器を購入して各種取り揃えようとする「購入」，そしてオーディオ機器を自作したりメーカー製の機器を改造したりはしないが，それらに自分で手を入れて整備したり，調整したりしようとする「調整」の3つがある。

　一般に自作はそれを行っているだけですでにオーディオマニアの資格が十分だが，購入に関してはオーディオマニアでなくとも音楽を聴くためにオーディオ機器を購入することは珍しいことではない。購入におけるマニアは，一般の人は買わないような高価なオーディオ機器（ハイエンドオーディオ）を購入すること，あるいはすでに製造中止になった過去のオーディオ機器（ヴィンテージオーディオ）を中古で購入すること，それらを比較的頻繁に買い替えること，そして同じ機能や用途を持つオーディオ機器（たとえばCDプレーヤーやアンプ）を複数台所有することなど，一般の人とは違ったマニア独特の購入行動によって特徴づけられる。

　調整についても，オーディオ機器を適切な場所に設置したり，埃がたまったら掃除したり，あるいは複数のオーディオ機器の間を適切なケーブル（電線）で接続したりすることは，オーディオマニアでなくても普通に行うことだろう。オーディオマニアの調整はそこから一歩踏み込んで，工具や測定器を用いて機器を適切な状態に整備したり，さまざまなオーディオアクセサリーを購入して使用したりすることを通じて，機器が生み出す音質を向上させよ

うとする営みとなり，オーディオマニアはこの調整に非常に多くの時間を費やしている。「音楽を聴いている時間よりも機器を調整している時間のほうが長い」というのはオーディオマニアの自虐談でよく語られることである。

オーディオ機器の自作～目的の変化

　オーディオ機器の自作が占める位置は，オーディオの歴史の中で大きく変化してきた。1950年代から60年代にかけては，まだメーカー製のオーディオ機器のバラエティが小さく，自分が求めるような機能や性能を持った製品が市販で入手できないために，しかたなく機器を自作しているマニアが多かった。また，当時は海外で販売されている高級オーディオ機器を輸入することが今ほど容易でなく，価格的にも極めて高価になったことから，海外オーディオ製品の回路図や資料などを入手して，できるだけ近い性能のものを自作で実現しようとする人も多かった。当時のオーディオ雑誌を見ると「マランツ7」や「クオードII」[5]などの海外有名オーディオ機器のコピーを自作する記事がしばしば見られる。

　1970年代に入って必要な機能や性能のほとんどがメーカー製品で実現できるようになり，円高で海外製品も現実的な値段で入手できるようになると，オーディオ自作の目的はいくつかに分かれるようになる。メーカーでは採算が取れないような高コストの部品をふんだんに使って超高性能を目指すマニアがいるいっぽうで，メーカー製品で得られる機能や性能をメーカー製品より安いコストで手に入れるために自作する，というマニアも現れた。メーカー製品の価格には部品代だけでなく組み立ての人件費，製品の輸送コスト，広告宣伝費などが反映されているが，自作することで部品代以外を浮かそうということである。

　そうした「節約派」オーディオマニアをターゲットにしたキット（オーディオ製品を構成する部品を揃えてパッケージにしたもの）を販売する業者も増えた。

5　マランツ7（Marantz 7）はアメリカ・マランツ社のプリアンプ，クオードII（QUAD II）はイギリス・アコースティカル・マニュファクチャリング社のパワーアンプであり，どちらも当時世界最高峰のアンプとされたものである。

たとえば「クリスキット」ブランドでアンプのキットを販売していた桝谷英哉（1925-2000）は，著書の中でオーディオ製品の価格のかなりの部分が宣伝費であることを批判した上で，「最高級のアンプをメーカー製の半額で作れる……作れるのだ。アンプなら自作できる」と主張している（桝谷, 1982）。

　自作のもうひとつの目的が，1970年代にはすでにトランジスタに置き換えられて時代遅れとされていた真空管を用いたアンプの製作である。メーカーはトランジスタの性能はあらゆる面で真空管を凌駕していると主張したが，オーディオマニアの中には真空管アンプの音質がトランジスタアンプよりも優れていると考える人も多かった。しかし真空管アンプを作り続けたメーカーは少なく，それを手に入れるには自作することが現実的な選択になっていったのである。

　1980年代以降はオーディオ製品でも価格競争が進んで自作にコスト的なメリットがなくなったこと，またCDプレーヤーなどのデジタルオーディオ機器の自作は困難だったこともあって，自作を行うオーディオマニアは徐々に減って，現在も残っているのはほとんど真空管アンプの自作だけになっている[6]。これらのことから，1960年代には一定のバランスでオーディオの中での位置を占めていた自作・購入・調整のうち，自作の位置は20世紀の終わりまでにかなり低下して，オーディオマニアの行動は購入と調整に集中することになっている。

オーディオ機器の購入——ブランドと物語

　オーディオ機器の購入という面においても，1970年代までの姿は現在よりもはるかにシンプルだった。当時はオーディオ機器の性能は発展途上で，旧式の機器や安価な機器は測定してはっきりわかるほどノイズや歪みが多かったり，動作が安定しなかったりすることが多く，より新型の機器，より高価な機器に買い換えることはテクノロジー的な側面で確実な改善をもたらした

6　最近ではポータブルオーディオに接続したイヤフォンやヘッドフォンをよりよい音で鳴らすためのヘッドフォンアンプの自作や改造が一部のファンの間で楽しまれているが，そうした人々と伝統的なオーディオマニアはほとんど重ならない。

し，それは心理学的現象として体験される「音質」も大きく改善させるものだった。筆者の世代も親に買ってもらった数千円のプラスチック製の電蓄から3万円くらいの一体型のモジュラーステレオ，数万円の機器をいくつか組み合わせたコンポーネントステレオへと「グレードアップ」していくにつれて確実に音質が改善されることを経験し，もっといい機器を買えばもっといい音が聴ける，と心を躍らせたのである。

　こうした価格と音質の幸せな関係が変化したのも1980年代である。オーディオ機器の大量生産，価格低下が進むにつれて，安価な機器でも高級機と測定で明確な差が出るほど音質や性能が劣ることは珍しくなった。そうした傾向はデジタルメディアの時代にはますます進行して，今ではコンピュータでもスマホでも技術的には「十分に良質な音」が再生されるようになった。不思議なことに，こうした傾向の進行と，CDプレーヤーやアンプが1台100万円，200万円もするような「ハイエンドオーディオ」の登場は，おおよそ連動している。ローコストなオーディオでも十分いい音が聴ける時代になったら，超高価なオーディオ製品を購入するオーディオマニアが増えていったのである。

　ハイエンドオーディオはローコストのオーディオよりほんとうに「いい音」なのか，というのは極めて複雑な問題である。もちろん，ハイエンドオーディオは回路の設計や部品だけでなく，機器の筐体（ボディ）や電源など，音質に大きく影響するといわれる要素に十分な配慮をして作られているが，それらによる差の多くは測定器が感知できるようなものではない。テクノロジー的にはハイエンドオーディオとローコストなオーディオの音の違いはないか，あるとしても測定限界以下なのである。

　いっぽうで，ハイエンドオーディオは心理学的現象としての音質に影響する要素を多く持つが，それにはまず機器の外見が挙げられる。食べ物の味がその見た目に大きく影響されることは誰もが知ることだが，オーディオにおいても機器の外見は個人が感じる音質に大きく影響する。物理的な特性がいかに優れていようが外見が気に入らない機器は部屋に置きたくないし，音質も劣って聴こえる。逆に，機器の外見が魅力的であれば見ていても楽しいし，

音質もよく感じられる。ハイエンド機器はその点で，魅力的な外見を備えていることが多い。

　また，そうした外見的魅力は機器を製造販売するブランドと結びついていることも多い。マランツやJBLなどの老舗メーカー，ゴールドムンド，リンなど比較的新しいメーカーはそれぞれに，ブランドのポリシーや歴史を体現した外見を演出していて，それも音質の心理学的な要素に結びつく。数年前に海外某オーディオメーカーが販売している140万円のDVDプレーヤーの機構部分が2万円程度で売られている日本製のDVDプレーヤーと同一であると騒がれ，メーカーもそれを認めたことがあったが，機構部分は同じでもそのDVDプレーヤーはハイエンドオーディオのボディと外見をまとい，電源部や他の機器との接続部分などに音質を重視した改良が施されていた。そのプレーヤーが再生する音が2万円のプレーヤーとはまったく違って聴こえても不思議はないし，それが趣味のオーディオなのである。

　ヴィンテージオーディオの購入についても事情は類似している。前述のハイエンドオーディオがローコストなオーディオと比較してとくに「いい音」ではないとしてもローコストな機器より劣るということもないのに対して，往年の真空管アンプなどはきちんと整備されていたとしても技術的にも古く，また経年による劣化もあって，測定などで技術的に見たときには最新のローコストなオーディオより明らかに劣っていることも多い。それがオーディオマニアの耳に「いい音」に聴こえるのは，もちろん現代のアンプが失ってしまったテクノロジー的な特性がヴィンテージオーディオに存在するからかもしれないが，例によってそれは測定不能である。しかしヴィンテージオーディオには往年の銘ブランドと調和した外見や，モノとしての質感があり，それが心理学的な音質に与える影響は大きいだろう。それに加えてヴィンテージオーディオにはそれが作られ売られた時代，そこから今までその機器が捨てられずに生き延びてきた歴史や，それに付随する「物語」があ

る。マランツ7やクオードⅡ，ガラード301，タンノイ・オートグラフ[7]など
が奏でる音を聴くとき，われわれはそれらの機器の歴史や物語を一緒に「聴
いて」いるのである。

オーディオ機器の調整という儀式

　オーディオマニアに特有の行動の残りひとつ，オーディオ機器の調整につ
いても，時代による変化は大きい。1960年代までのオーディオ機器には個体
差や動作の不安定な部分が大きく，日常的にユーザーが調整をして正常な動
作を維持する必要があった。真空管アンプであればバイアスの調整[8]，劣化し
た真空管の交換などがユーザーに求められており，その調整の影響は客観的
な測定で明らかになるほど大きかったが，多くのオーディオマニアはそうし
た調整を苦にしてはおらず，むしろ趣味の一環として楽しんでさえいた。し
かし1970年代に入るまでにオーディオアンプのほとんどがトランジスター化
されたことで，アンプにはユーザーが調整する余地がなくなっていく。

　それでもユーザーによる調整の必要性が根強く残ったのがレコードプレー
ヤーである。レコードプレーヤーでレコードをきちんと再生するためには少
なくともトーンアームのゼロバランスを取って針圧を正しく印加する必要が
あったし，より精密にはアームの高さ調整や水平調整，カートリッジのト
ラッキングエラーの修正など，時間をかけて調整すべき要素がたくさんあっ
たし，それらが適切に調整されていないとレコード再生の音質はすぐに歪ん
だ（図4.2）。また，一度調整してもしばらくすると狂ってくるので，定期的な
調整を繰り返す必要があった。そして，完全に調整されたレコードプレー
ヤーでレコードをかける前には，レコードの埃を拭い，レコード針の先を掃
除することになっていた。こうした一連の調整の手続きを，多くのオーディ

7　ガラード301はイギリス・ガラード社のレコードプレーヤー（ターンテーブル），タンノイ・オー
　　トグラフもイギリス・タンノイ社のモニタースピーカー（レコード会社や放送局で音声チェック
　　に用いる目的で作られたスピーカー）であり，いずれもヴィンテージオーディオとして高値で取
　　引されているものである。

8　バイアスの調整とは無信号時に真空管のプレートに流れる電流を所定の値にするためにバイアス
　　電圧を調整するもので，この調整がされないと真空管の動作が不安定になった。

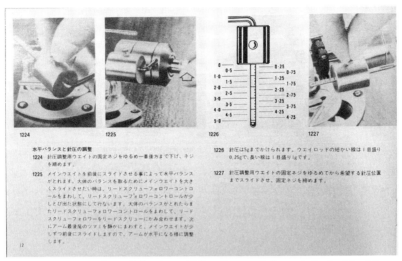

図4.2　トーンアーム（レコードプレーヤーの部品）の取扱説明書（ハーマンインターナショナル，1980）。レコード再生のための調整方法が詳細に説明されている

オマニアはまるで「儀式」のように厳粛に執り行っていたのである。

　しかし，1980年代に入ってCDプレーヤーが出現すると，CDを聴くために
こうした調整や「儀式」はまったく必要なくなり，トレイにCDを入れて
PLAYボタンを押すだけで完全な音が再生されるようになった。このように
オーディオ機器本体にユーザーが調整する余地が消滅していくにつれて，
オーディオマニアが行う調整はオーディオ機器に付け加えることで音質を改
善する「オーディオアクセサリー」へと移っていく。

オーディオアクセサリーとオカルト

　そうした傾向が最初に現れたのはケーブル（電線）である。1970年代まで
のオーディオマニアは機器を相互に接続したりアンプとスピーカーとを接続
したりするケーブルの品質や，それが音質に与える影響には無頓着で，たい
ていは機器に付属している1メートルあたり100円以下のローコストなケー
ブルを使って満足していた。それが80年代に入ると，まずスピーカーケーブ
ルによる音質の違いが喧伝され始め，オーディオ各社から1メートルあたり

1000円を超えるようなスピーカーケーブルが発売されるようになった。

　ケーブルによってほんとうに音が変わるのか，というのもまた複雑な問題で，ケーブルによる差が測定可能なほどになるのは何十メートルもの長さで接続するような場合だけであり，家庭で使う範囲ではどのケーブルでも電気的な特性には測定可能な差はない。しかし多くのオーディオファンはケーブルによる音の違いを感じ取り，ケーブルに投資するようになる。この傾向はすぐに機器間を接続するケーブル（インターコネクトケーブル）や電源ケーブルにも広がって，数千円から数万円するケーブルが各種販売されるようになっていった。最近ではメーカーのほうもそういった高級ケーブルが使用できるように機器の電源ケーブルを取り外し可能にするなどして，高級ケーブルはオーディオメーカーの重要な収入源になり，オーディオ機器本体よりも高価なケーブルまで売られている。

　いっぽう，ユーザーによる調整の余地のなくなったオーディオ機器に何かを付け加えて音質の改善を図るオーディオアクセサリーも，1980年代以降に市場を広げた。とくにオーディオ機器と棚板の間に置くと「振動を吸収して音がよくなる」インシュレーター，機器の天板に貼ると「振動を吸収して音がよくなる」ブチルゴム，機器のボディに貼り付けるだけで音がよくなる振動調整グッズなど，「振動を整える」系のアクセサリーはほとんどがテクノロジー的な根拠を持たず，とくに「測定屋」志向のオーディオマニアからはオカルトと非難されることすらあるが，多くのオーディオマニアがそれらの音質改善効果を認めている（Perlman, 2014）。

　こういった調整という行為は，オーディオ機器が音楽を奏でることへのユーザーの「参加」と見ることができる。そして，そうした行為を通じた参加の感覚が心理学的現象としての音質の向上につながるのであれば，そこでたしかに音はよくなっているのである。それだけに，デジタル時代にかけて機器本体に調整の余地がなくなると，オーディオマニアたちはケーブルやアクセサリーを通じて音楽に「参加」する新たな道を見出していったのだろう。

4. オーディオのアポリア（難問）

　ここまで見てきたように，オーディオマニアにとっての「音質」はオーディオ機器が発する音の物理的・工学的な特性だけでなく，その機器の外見や質感，ブランドとその歴史や物語，オーディオ機器の動作への自分自身の参加など，多様な変数が絡み合って生成される心理学的な現象である。その意味で，オーディオマニアが聴いているのは物理的な音だけでなく，その音や機器にまつわる，あるいは自分自身に関わる「物語」でもあるということができる。その点で，オーディオマニアに関する社会学的な研究がしばしばオーディオマニア個人の生活史に注目することは当然だろう（溝尻, 2015）。

　本稿の最後に，オーディオマニアとオーディオ機器，その音質との関係を考える上で重要だが，ここまで触れることのできなかった 2 つの難問について述べる。

デジタルとアナログ

　繰り返し述べているように CD の出現（1982）でオーディオはデジタルの時代に入った。デジタルメディアはそれまでの LP レコード（現在でいうアナログレコード）やテープ録音が宿命的に持っていたノイズや歪み，回転ムラなどの音質劣化要素を排除して，誰もが気軽に優れた音質で音楽を聴くことができる技術革新だとされた。いっぽうで，古くからのオーディオマニアからは CD の音に対して否定的な評価が多く，とくに CD がそのサンプリング周波数との関係で 20KHz 以上の周波数をカットしているのに対して，アナログレコードは 40KHz 前後までの音を再生できることに，その原因を求めようとする人が多かった。しかし，われわれの耳はふつう 20KHz 以上の音を聴くことはできないし，加齢に伴ってその上限は人により 10KHz 以下まで低下する。また，アナログのオーディオ機器でも 20KHz 以上の周波数帯域をきちんと再生できるものはこれまで極めて少なかったので，われわれがオーディオでそうした高い周波数を含む音とそうでない音を区別できるかどうかは疑問視さ

れてきた。

　いっぽうで，可聴範囲外の高い周波数の音を含む楽器の音をそのまま聞かせるのと，高い周波数の音をカットして聞かせるのとを比較すると，聴覚の対応する脳の部位の活動に差が見られると同時に，主観的にも高い周波数を含む音のほうが心地よく聞こえることが報告されていて（Oohashi et al.,2000），こうした可聴範囲外の高い周波数の音が人間に与える影響は「ハイパーソニック効果」と呼ばれる。こうした効果がオーディオの再生音についても生じるなら，CDよりもアナログレコードの音のほうが心地よく聞こえることがあるかもしれない。もっとも，音楽再生の場合「ハイパーソニック効果」を引き起こす高い周波数の音は必ずしも楽音でなくてもいいようで，CDの音に合わせて高い周波数帯のピンクノイズ（雑音）を付加することで再生音の「雰囲気感」を改善する機器も発売されている。

　最近ではCDよりも高いサンプリング周波数でデジタル化され，可聴範囲を超えた周波数まで再生できる「ハイレゾ（high resolution）」音源が，音楽ファイルとして入手できるようになるとともに，そうした音源の再生に対応するために周波数特性を改善したオーディオ機器も発売されている。山本ら（2013）によると，27名の被験者が2回ずつCDとハイレゾ音を比較して評価したところ，57.4％の試行でCD再生音よりハイレゾ音を「いい音」と感じたという。われわれはなんらかの経路で可聴範囲外の音も「聴いている」ようである。

　しかし，オーディオマニアの中にはハイレゾであってもやはりデジタルはアナログより音が悪い，レコードのほうが音がよい，と感じる人も多い。そこではふたたび，音の物理的な特性以外のことが「音のよさ」の知覚に影響している可能性がある。Enstroem & Schmaltz（2022）は，mp3圧縮のデジタル再生音とアナログレコードの再生音を，それぞれデジタル音源だと教示して聴かせた時とアナログ音源だと教示して聴かせたときに，その音質の評価にどのような差が生じるかを調べた。その結果，被験者はもともと「明確（clarity）」と「スムース（smoothness）」の評価ではデジタル音源を，「充実（fullness）」と「全般（overall）」の評価ではアナログ音源を高く評価する傾向

があったが，デジタル音源をアナログ音源だと教示して聴かせると評価のパターンはアナログ音源の傾向に近づいた。このことから Enstroem らは，オーディオ再生音の音質評価には事前の期待が大きく影響しているとした。

　また，Lepa & Tritakis（2016）は，再生音への感動や陶酔などの情動的喚起にレコードプレーヤーやレコードジャケットに触れる「感覚的経験」と「ノスタルジー」，そして被験者の年齢が与える影響を実験的に検討した。その結果，被験者は全体としてデジタル音よりアナログ音によって情動的に喚起されるが，デジタル音でも再生前にアナログレコードに触れる感覚的経験を与えると喚起が高まること，情動的喚起はアナログレコードをよく知っている中高年では「ノスタルジー」と相関することがわかった。また，若い世代では自分が知らない時代のアナログレコードやアナログ機器に触れることが「アウラ体験」[9]を生み出して，音楽による情動的喚起が促進されていることが示唆された。ここでも，アナログとデジタルの音質評価は再生音の物理的な性質以外のことに影響されていることがわかる。

　いっぽう，CD の登場直後にその音が否定的に受け取られた理由のひとつには，当時のオーディオマニアのオーディオ機器が，もともと低音域が緩くなりやすい LP レコードに合わせて低域を引き締めて硬い音にするよう調整されていて，フラットな CD プレーヤーの音が硬くてキンキンに聴こえた，ということもあった。CD が主流になってマニアたちが自分のオーディオを CD に合わせたフラットな音に調整し直すと，そうした批判は徐々に弱まっていき，CD でもいい音で再生できると考えるマニアが増えた。面白いことに，アナログ復権でレコードに目を向けた新しいファンたちが「アナログの暖かい音」と言っているのは「フラットな CD 用に調整されたオーディオでレコードが出す低音域の緩い音」なのである。アナログ再生を意識してきちんと調整されたオーディオが出すアナログの音はけっして暖かいだけのものではないし，むしろ CD の音とはっきりとは区別しにくいものになりがちである。

9　芸術作品に触れたときに喚起される，その作品に特有で一回性の情動的な体験をベンヤミン（Benjamin, 1935）は「アウラ（aura，オーラ）」と呼び，そうしたアウラを伴わないことを映画やレコードなど機械的に複製される芸術の特徴とした。

いずれにせよ，デジタル・アナログ論争も心理学的な現象としての音質と深く関係するもので，オーディオマニア一人ひとりの経験や歴史，その物語が色濃く反映されるものだろう。先に挙げた「日本最初のオーディオマニア」上司小剣も，電気録音になって高音質になった SP レコードの音を好まず，古い機械録音の音のほうがよかったと苦言していたとされる（Hosokawa & Matsuoka, 2008）。

「原音再生」の幻想

さて，オーディオ機器の音を評価するときに「生の音そのもの」だと言ったり，オーディオ機器の広告が「原音再生」を謳ったりすることはよくある。オーディオのよい音とは再生されている音楽が生で演奏されたときの音，つまり原音に近い音である，という考え方は比較的自然に多くのオーディオマニアに共有されているといえる。しかしここでいう「原音」とはいったいどこにあるどの音なのか。

そもそも，われわれが「生」で聴くことができる音楽と，それがメディアに刻まれてオーディオで再生されたときの音を聴き比べることができる機会はほとんどない。その意味でわれわれが「生の音」や「原音」を知っていることはまずないのだから，オーディオから再生された音が生そのままかどうか，原音を再生しているかどうかなど判断のしようがないだろう。「まるで生そのままの音」というときの生の音や原音は「想像されるもの」であって，現実のものではないのである。

原音を想像するとしても，クラシック音楽のようにホールでの演奏を比較的そのまま録音再生する場合ならまだしも，ロックやポップスなど，スタジオで録音された音にイコライジング（音質調整）や編集を加えて作られる音楽の場合，どの時点の音が原音なのだろうか。スタジオで演奏しているときの音なのか，それとも調整や編集を終えて「完パケ」となった時点の音なのか[10]。

10　ロックやポップスのレコード収集で，その音楽が作られた本国で最初に出たレコード，つまりオリジナル盤を収集し珍重している人々にとっては，オリジナル盤に刻まれた音が「原音」ということになるのだろう（渡邊, 2020）。

何度も書いたように，オーディオマニアが聴くオーディオの音質というのは物理的・テクノロジー的な事実以外にもたくさんのものの状況を受けた心理学的な現象なのだが，そこで体験される音質の良し悪しの評価基準としての「原音」もまた心理学的な現象であり，あるいは想像の産物であり，そして物語なのである。

5. おわりに

　オーディオマニアが聴いている音は，機械としてのオーディオ機器が発する物理的な空気の振動と，オーディオマニアをとりまく状況や文脈，彼らの感情や期待，思考，そしてオーディオ機器に彼らが帰属させる物語とが相互作用して生み出される心理学的な現象である。そして，そこに映し出されている物語はオーディオ機器が持つものだけでなく，オーディオマニア自身の物語でもあり，そうした物語は自らがたどってきた自作，購入，調整の経験によって作られる。その意味でオーディオマニアの部屋で鳴っている音は彼の人生そのものなのであり，オーディオマニアが使わなくなった古い機器を処分しないで倉庫に積み上げておきがちなのも，それが自分の人生の記録だからなのだろう。

　　人は，それぞれの再生装置で好みの曲を掛けて，結局は自分の一生を鳴らしている。曲を通じておのれの人生を聴いている。人生をよくするために，せめて音をよくしているのがオーディオ・マニアだろうとおもう。切ない話だ。今更あらためようのないものを，せめて，聴覚の体験であらためようとしているのだから。そういう悔いを知っているのが本当のオーディオ愛好家だと，近頃私は思うようになっている。（五味，1980b）

引用文献

Benjamin,W. (1935). *The Work of Art in the Age of Mechanical Reproduction.* ［W. ベンヤミン

（著）川村二郎・高木久雄・高原宏平・野村修（訳）（1970）．複製技術時代の芸術　晶文社]

Enstroem, R. & Schmaltz, R. (2022). Vinyl as Fine Wine: The Role of Expectation on the Perception of Music Format. *Frontiers in Psychology*. 13:873517. doi:10.3389/fpsyg.2022.873517

五味康祐（1980a）．オーディオと人生（新潮文庫『五味康祐オーディオ遍歴』1982, pp.8-17 に所収）

五味康祐（1980b）．フランク《ヴァイオリン・ソナタ》（新潮文庫『五味康祐音楽巡礼』1981, pp.110-118 に所収）

ハーマンインターナショナル株式会社（1980）．SME 3012R/3010R/3009R 取り扱い説明書

Hosokawa, S. & Matsuoka, H. (2008). On the Fetish Character of Sound and the Progression of Technology: Theorizing Japanese Audiophiles. In Bloustien, G., Peters, M., & Susan Luckman, S.(Eds.) *Sonic Synergies: Music, Technology, Community, Identity*. London, Routledge

Lepa, S. & Tritakis, V. (2016). Not Every Vinyl Retromaniac is a Nostalgic: A social experiment on the pleasures of record listening in the digital age. *Medien & Zeit*, 31, 16-30.

桝谷英哉（1982）．オーディオマニアが頼りにする本　青年書館

溝尻真也（2010）．ラジオ自作のメディア史──戦前／戦後期日本におけるメディアと 技術をめぐる経験の変容　マス・コミュニケーション研究 , *76*, 139-156.

溝尻真也（2015）．オーディオマニアの生活史──〈媒介〉としてのメディア技術をめぐる語り　現代風俗学研究 , *16*, 42-53.

長岡鉄男（1993）．長岡鉄男の日本オーディオ史 1950-82　音楽の友社

Oohashi, T., Nishina, E., Honda, M., Yonekura, Y., Fuwamoto, Y., Kawai, N., Maekawa, T., Nakamura, S., Fukuyama, H., & Shibasaki, H. (2000). Inaudible high-frequency sounds affect brain activity: hypersonic effect. *J Neurophysiol*. *83*(6), 3548-58. doi:10.1152/jn.2000.83.6.3548

Perlman, M.(2003). Consuming audio: An introduction to Tweak Theory. *TMG Journal for Media History*, *6*, 117–128.

Perlman, M. (2004). Golden Ears and Meter Readers: The Contest for Epistemic Authority in Audiophilia. *Social Studies of Science*, 34, 783-807.

杉山昂平（2019）．レジャースタディーズにおけるシリアスレジャー研究の動向──日本での導入に向けて　余暇ツーリズム学会誌 , *6*, 73-82

渡邊芳之（2020）．レコードコレクター　山岡重行（編著）サブカルチャーの心理学　福村出版, 146-164.

5章

ギャル——「女っぽさ」の反乱

山岡重行

> 1974 年，アメリカのジーンズメーカーであるラングラーが「Gals」という
> 女性用ジーンズを発売した。1979 年，当時人気絶頂だった歌手沢田研二は
> 女性用のメイクアップとネイルを施し『OH! ギャル』という曲を歌った。若
> い女性を意味する英語のスラングである「Gal」は日本語にも定着していっ
> たが，日本語の「ギャル」は単に若い女性を意味するのではない。時代によ
> り流行は変化するが，派手で先鋭的なファッションとメイクで自分の欲望に
> 忠実に生きる若い女性たちが「ギャル」と呼ばれるようになった。ギャルた
> ちは多くの若い女性とファッションの系統が異なるだけでなく，価値観や行
> 動パターンも異なる。ギャルたちはサブカルチャーを形成しているのである。

1. ギャルの登場

　1980 年代，ギャルは女子大生や若い OL が中心だった。マスコミは，ボ
ディコンシャス（略してボディコン）と呼ばれるボディラインを強調したり肌
の露出が多い服装でクラブやディスコなどで遊び回る 20 代女性をギャルとし
て紹介していた。1991 年，東京芝浦にディスコ「ジュリアナ東京」がオープ
ンし，お立ち台で派手なセンスを持って踊るボディコンギャルが社会現象と
して注目された（松谷, 2012）。

　1975 年創刊のファッション誌「JJ」は多くの女子大生モデルを起用して人
気となっていた（松谷, 2012）。東京に住むファッションモデルの女子大生を

主人公に，当時の流行や風俗を描いた田中康夫の小説『なんとなく，クリスタル』が発売されたのは1981年だった。1983年，女子大生を中心にしたフジテレビの深夜番組「オールナイトフジ」が放送開始された。性風俗情報を女子大生が紹介するコーナーもあり，性的存在としての女子大生を印象づけた。1984年にフジテレビ出版から発売された同番組のムック本のタイトルが『私たちはバカじゃない：オールナイトフジで〜す』であることからも分かるように，「流行や風俗を追いかけ遊んでばかりいるバカな女子大生」というイメージが形成され，それがギャルのイメージとオーバーラップしていた。

1984年，現役女子高生を集めた「オールナイト・フジ　女子高生スペシャル」が2回放送され，これをプロトタイプにして女子高生を中心にしたバラエティー番組「夕焼けニャンニャン」が1985年から夕方の帯番組として放送されることになる。出演する女子高生たちは「おニャン子クラブ」と呼ばれ，多くのアイドルとヒット曲が誕生することになる。秋元康作詞のおニャン子クラブのデビュー曲『セーラー服を脱がさないで』には「週刊誌みたいなエッチをしたいけど」「バージンじゃつまらない」という歌詞が登場する。普通の女子高生も性に対して興味津々であることを明るく歌い上げ，おニャン子クラブの代表曲となった。このように，80年代前半の女子大生ブームが80年代後半の女子高生ブームに受け継がれていった。夜遊びしている女子大生から普通の女子高生に焦点が移動したのである。

日本性教育協会は1974年から2017年まで，若者の性行動に関する8回の調査を行っている。女子大生のデート経験率は1974年の第1回調査では74.4％だったものが，2005年の第6回調査の82.4％と次第に増加している。女子大生の性交経験率も1974年の11.0％から2005年の62.2％へと増加している。女子高生に関しても女子大生同様，デート経験率は1974年の57.5％から2005年の62.2％，性交経験率は5.5％から30.3％へと増加している（ちなみに，男女ともに，大学生と高校生のデート経験率と性交経験率は2005年をピークに2011年の第7回調査，2017年の第8回調査と低下している）。

女子大生ブームから女子高生ブームに低年齢化したように，ギャル界にも低年齢化が進行した。「コギャル」の出現である。松谷（2012）によれば「コ

ギャル」は，18歳未満入店禁止だったディスコの黒服（ボーイ）が高校生ギャルを呼ぶ隠語として使われており，マスメディアに登場したのは「週刊SPA！」1993年6月9日号の特集「コギャルの誘惑」が最初だった。夜遊びの低年齢化が進行し，コギャルが誕生したのである。

　前述のように，1980年代から1990年代と女子高生の性行動経験率はじわじわと上昇していた。コギャルという名称が普及する前，1990年代前半「ブルセラ女子高生」という名称が存在した。使用済みのブルマやセーラー服，下着などをブルセラショップに販売して小遣いを稼ぐ女子高生たちの存在が話題になり，彼女たちはブルセラ女子高生と呼ばれたのである。

　「ブルセラ女子高生」と並んで1990年代前半，女子高生の性的逸脱行動として問題になったものが「援助交際」である。援助交際とは，金品と引き換えに一連の性的行動を行うこと（桜庭・松井・福富・成田・上瀬・宇井・菊島, 2001）である。一連の性的行動とは必ずしも性行為を意味するのではなく，喫茶に付き合ったり，デートをするなどの行動も含まれる。桜庭ら（2001）は，首都圏40km圏内の女子高生からランダムサンプリングした960名を対象に，援助交際に関する調査を行っている（有効回答数600名）。桜庭らは，援助交際に寛容な者ほど非行や性行為に寛容であり，援助交際への抵抗感が弱い者ほど親に対する肯定的感情や学校適応感が低く，流行に追従し金銭を最優先に考える傾向が強く，自分以外に対する関心が低く，寂しさを埋め合わせるために他者への接触を求める傾向が強いことを報告している。彼らの調査では援助交際経験者は有効回答数の5.0％であり，援助交際経験者は他者からの賞賛を求める欲求や他者より目立ちたいと思う傾向が顕著に強かったのである（桜庭ら, 2001）。

　90年代のコギャルの典型的な外見イメージは，日焼けサロンで肌を小麦色に焼き，髪を茶色く染め，制服のスカートを短くし，ルーズソックスを履くというものだった。当時のコギャルたちのファッションリーダーだったのが歌手の安室奈美恵である。1992年，15歳でデビューした安室奈美恵はコギャルブームと歩みを同じくしてスターへの階段を駆け上がっていった（松谷, 2012）。

90年代前半のコギャルはポケットベル，90年代後半になると普及する携帯電話によってコミュニケーションをとり，渋谷センター街やファッションビル109に集い，渋谷はギャルの聖地と呼ばれた。109にはコギャル人気の高いショップが多く入り，各ショップのカリスマ定員もコギャルたちのファッションリーダーとなっていった。

2. ギャル雑誌の創刊とギャル文化の顕在化

　学習研究社の「東京ストリートニュース！」が発行されたのは1995年5月だった。同紙は「有名高校生」のスナップ写真やライフスタイル情報が中心だったという（難波, 2007）。1995年8月には主婦の友社の「Cawaii!」，ミリオン出版の「egg」などギャル雑誌が創刊された。難波（2007）によると，「egg」は男性向け雑誌だったが，街で目立つ女性たちのスナップ写真コーナーに女性読者が反応したところから女性誌に路線変更しギャル雑誌になっていったという。ファッションと性行動の低年齢化を背景に，ポケットベルや携帯電話といった，当時目新しかった通信機器を使った夜遊び仲間とのコミュニケーションとライフスタイルが，ギャル雑誌を通してストリートから発信されていった。読者モデルからプロのモデルや俳優になる者も現れ，高校生を中心とした若者のロールモデルとなっていった。全国の女子高生のスカートが短くなり足下はルーズソックスに覆われ，髪は茶色くなり，化粧をすることも当たり前になっていった。化粧やルーズソックスを禁止されている学校の女子高生たちは，遊びに行く途中の電車内で化粧をしたりルーズソックスに履き替えたりしていた。

　佐藤（2002）は，1999年に東京都杉並区と静岡県浜松市の女子高生2000名をランダムサンプリングして，マスコミが発信する「女子高生イメージ」について調査を行っている（有効回答数は杉並区589名，浜松市512名）。佐藤はギャル系雑誌「egg」「Popteen」「Cawaii!」購読者（256名）と非購読者の意識の違いを報告している。注意すべきは，ギャル系雑誌購読者が必ずしもギャルではない，ということだ。浜松市では「東京の女子高生の情報源」と

して，杉並区では「知り合いが出ているかもしれないので」ギャル系雑誌を購読している回答者も多かったのである。ギャルか非ギャルかではなく，1990年代末のギャル系文化情報への接触頻度の違いと見るべきだろう。佐藤は「父親のような中年男性との『援助交際』で気軽に金を稼ぐ女子高生が急増中」「大馬鹿者か，抜け目ない天使か。女子高生の心理『パンチラ』1回5000円，『ウリ』なら2万5千円」という女子高生の援助交際に関する記事の見出しを見せて，「このような女子高生が周りにいると思うか」と質問した。その結果「たくさんいる」と「1〜2人いる」を合わせた回答率は「援助交際」でギャル系雑誌購読者の40.2％に対し非購読者では11.6％，「パンチラ」で購読者24.6％に対し非購読者7.4％であり，χ^2検定の結果，ともに有意水準0.1％で有意にギャル系雑誌購読者の方が，マスコミで報道されるような援助交際をしている女子高生が周りにいると回答している。

　佐藤（2002）は自由記述の回答や「成人男性との接触が多い女子高生」に対するインタビューから，1990年代末の女子高生の意識を分析しギャルについて以下のように考察している。

　「ギャル」とは思春期の少女たちが自分たちに与えられていると感じる自由と力の象徴である。90年代，メディアは女子高生に消費文化のリーダーとしての役割を期待し「強く自由な女子高生像」を描き続けた。ギャル系雑誌の読者はそのイメージを支える価値観（自由であること，自己主張できること，個性的であること，注目を集めること）に強くアイデンティファイし，その価値観をファッションや行動により表現することで「強く自由なセルフイメージ」を強化するのである。ただし，自分たちの強さや自由は女子高生に対する社会の許容性に依存した期限付きのものであることを彼女たちも明確に自覚しているのである。

　成人男性が性的関心を示すことが「強く自由な女子高生」イメージを強化する一因ともなっていた（佐藤, 2002）し，「ギャルのボーイフレンドにふさわしい風貌」のギャル男たちが登場した。そんな風潮の中，男ウケを一切考慮しない「ガングロ」「ヤマンバ」（図5.1）と呼ばれる一群が登場したのは1999年頃であった（難波, 2007）。ダーク系ファンデーションで顔を黒く塗り白い

図 5.1 ヤマンバ（左）と 2000 年頃のギャル。
（出所：Wikipedia, CC-BY-2.0 by Glam）

アイシャドウや口紅，髪も極端に脱色し超ミニスカートと 10 センチ以上の厚底靴を履いた「ヤマンバ」たちについて当時の「egg」編集長は，「ギャルファッションはある種の武装であり，社会への反抗，『女の子はこうでなくちゃいかん』という大人の価値観をひっくり返している」と述べている（難波, 2007）。松谷（2012）は，ヤマンバは男にモテないスタイルを自覚的にやっていたのであり，援助交際イメージが強かったギャルがガングロになることで男性の性的対象から外れると同時に，ヤマンバギャルたちの結束を強めたことを指摘している。

　顔を極端に黒く塗ったヤマンバたちも 1 年ほどで姿を消し，美白ブームで少女たちの肌の色はすっかりおとなしくなり，髪の色にも黒みが戻った（佐藤, 2002）。ガングロブームが退潮したのは 2000 年 2 月号の「egg」一時休刊と，1998 年に安室奈美恵が産休に入り，ギャルの新たなカリスマとして浜崎あゆみがブレイクした影響も大きかった（松谷, 2012）。日焼けした肌に茶髪で 90 年代ギャル系雑誌の読者モデルとして人気だった押切もえは，2001 年「CanCam」専属モデルとなり白い肌にギャル的なスタイルを強調し，同世代の元コギャル層を取り込んだ（松谷, 2012）。2000 年代に入り，黒ギャルから白ギャルへとギャルの外見が変化したのである。

　2005 年 10 月ギャル系雑誌「Happie nuts」増刊として「小悪魔＆nuts」が創刊され，2006 年 6 月「小悪魔 ageha」に誌名変更し瞬く間に 30 万部を発行する人気ファッション誌となった。「小悪魔 ageha」はキャバクラ嬢の教科書とも見なされ，巻き髪や盛り髪といった派手なヘアメイクと目力を強調したメイクに重点を置き，現役キャバ嬢をモデルに起用した。「age モ・age 嬢」と呼ばれたキャバ嬢モデルは人気を博し，それまで日陰者と見なされて

いたキャバクラ嬢を表舞台に立たせることとなった（松谷, 2012）。このキャバ嬢モデルたちは 20 代が中心であり、再び大人のギャルが注目されるようになったのである。

　2010 年代以降、出版不況も重なり、ギャル系雑誌の売り上げは低迷し休刊が相次いだ。SNS が普及し、個人が自分のファッションをインターネットに発信することが気軽にできるようになった。ボディコンギャル、コギャル、ヤマンバギャル、白ギャル、age 嬢とモードチェンジを繰り返しギャルは注目を集めてきたが、2010 年代以降は特徴的なギャルモードが誕生しなかった。その一方で、派手な外見的特徴よりも、ヤンキー文化やマイルドヤンキーとの関連でギャルが論じられることが多くなっていった。

　酒井（2009）は、メガヒットにはヤンキー受けするセンス、すなわち「下品で安っぽくセンスが悪くてクールじゃなくて情に訴えるセンス」が共通してあり、それは端的には過剰装飾に現れると主張している。age 嬢たちの縦方向にものすごくボリュームを持たせてセットした盛り髪、アイラインで隈取った目に尋常ではない長さの付け睫毛、盛りまくった長いネイル、ヤマンバギャルたちの日焼けを通り越して黒人用のファンデーションを塗って黒くしたガングロ、コギャルたちの極端に短いスカートや肥大したルーズソックス、さらに身体だけでなく携帯電話やスマホ、鏡などの持ち物もラインストーンなどで過剰に装飾してデコるなど、ギャルたちの流行はそのまま女性の過剰装飾の歴史ともいえる。Wikipedia の項目「ギャル」によれば、ヤンキーファッションも社会的アンチテーゼが強くギャルの金髪や濃いメイクなどと共通する点が多く、ギャルファッションの流行過程でヤンキー系からギャル系に変移した者が多かったとある。前述の「egg」編集長は、「10 年前ならヤンキーになっていた層がヤマンバギャルに合流した」と述べている（難波, 2007）。1980 年代のツッパリ・ヤンキー文化的なテイストは、1990 年代以降のギャル文化にも脈々と受け継がれているのである。

　ヤンキーとは不良青少年を意味する俗語である。イギリス労働者階級の不良青少年は学校文化には適応せず、在学中から労働者階級の大人の男性文化の中に身を置き、その行動や価値観を学習していく（Willis, 1977）。日本のヤ

ンキーも，在学中は学校での勉強は軽視し地元のヤンキーグループに身を置き，卒業後はグループ OB の地元の先輩のつてで職人系の職業に就き，地元の経済を支える一員になっていくのである。ヤンキーは先輩後輩を含めた地元の仲間を大切にし，強さや勇敢さなどの男らしさを重視し，職業上の技術は重視するが知性や教養は軽視する傾向が強いことが指摘されている（例えば斉藤, 2012）。ギャルはそのヤンキーの恋人，あるいは恋人候補として地元のヤンキーグループの一員となる。そのためギャルも地元志向が強く，職人系の職業や男らしさを高く評価し男尊女卑的な価値観を持つことが指摘されている。本研究の目的はこのようなギャルに関する指摘が正しいのか検討することである。調査1ではギャルの価値観について検討する。調査2ではギャルが求める女性像について検討する。

3. 調査1：ギャルの価値観

1）方法

調査対象者　首都圏四年生私立大学2校の大学生とギャル系女子大生のギャル系友人合計303名（男性92名，女性210名，記入無し1名）。平均年齢22.07歳（*SD*=6.441）。

ギャル系価値観尺度の作成　ギャルを自認する女子大生に対し面接調査を行い，ギャルに特徴的な考え方について回答を求めた。その結果，恋愛に積極的，地元志向が強い，学校の勉強に価値を認めていない，友人との関係を大切にする，地元の先輩との関係を大切にする，職人系の男性に魅力を感じる，男性の面子を立てる，などの回答が得られた。得られた回答を整理し，ギャル系価値観尺度の質問項目を作成した。

「恋愛には積極的だ」「魅力を感じる異性には自分から積極的にアピールする」「異性から魅力的だと思われたい」の3項目を恋愛積極性の項目とした。

「大人しい服装じゃつまらない」「地味な服装には魅力を感じない」「メイクが濃い人と遊ぶときは自分も濃いメイクをする（女性）」「気合の入った服装をしてくる奴と遊ぶときは，自分も気合を入れた服装で遊びにいく（男性）」の

3項目を派手好きの項目とした。

「地元に相談に乗ってくれる頼れる先輩がいる」「自分の進路や将来を考えるとき，お手本になる先輩がいる」「進路を相談できる大人が地元にいる」の3項目を地元の先輩の項目とした。

「地元を大切に思う」「地元の仲間が一番大事だと思う」「自分の仲間をバカにされるのは許せない」の3項目を地元の仲間の項目とした。

「知識人は口先ばかりで信用できない」「高学歴の人は他人を見下している人が多いと思う」「汗水流して成し遂げた仕事にこそ価値があると思う」「知識人は労働者をだまして搾取しようとしている」「文化人は適当なことを言うだけのいい加減な奴らだと思う」の5項目を知識人嫌いの項目とした。

女性は「職人など自分の力と技術を生かして働く男性に魅力を感じる」，「汗水垂らして一生懸命働いている男性に魅力を感じる」の2項目，男性は「職人など自分の力と技術を生かして働く男はかっこいいと思う」「汗水垂らして一生懸命働く男はかっこいいと思う」の2項目を仕事意識の項目とした。

女性は「外では自分の彼氏を立てている」「お会計は彼氏に任せている」「露出の多い服装をして男性に対して性的なアピールをしている」の3項目，男性は「少なくとも友人の前では彼女に自分に従っていてほしい」「彼女の会計は絶対自分が払うことにしている」「女性に対して男らしさをアピールしている」の3項目を性役割意識の項目とした。

「男と男の約束は絶対に守らなければならないと思う」「仲間を大切にできない男はクズだと思う」「恋よりも友情を大切にする男はカッコイイと思う」「人生の価値は金より友情で決まると思う」「男同士の友情には特別なものがあると思う」「男同士の友情の絆の中に女は入っていけないと思う」「親友や仲間のいない男は信用できない」の7項目を男の友情の項目とした。

回答方法は，「1：全く当てはまらない〜5：とてもよく当てはまる」の5件法である。

調査対象者のギャル度の測度として，「あなたの友人にギャル系はどの程度いますか」と女性には「あなた自身はどの程度ギャル系ですか」，男性には「あなた自身はどの程度ギャル系の女性が好きですか」の2つの質問を設定し

た。「ギャル系友人」に関しては「1：全くいない，2：少しいる，3：わりとい
る，4：たくさんいる，5：ほとんどがギャル系」の5件法で回答を求めた。女
性の「自分自身のギャル度」に関しては「1：全くギャル系ではない，2：少
しギャル系，3：わりとギャル系，4：かなりギャル系，5：完全なギャル系」の
5件法で回答を求めた。男性の「ギャルへの好意度」に関しては「1：全く
ギャル系は好きではない，2：少しギャル系好き，3：わりとギャル系好き，4：
かなりギャル系好き，5：ギャル系大好き」の5件法で回答を求めた。

手続 通常の授業時間の一部を利用して質問紙調査を行った。調査は2015
年9月から10月にかけて実施した。

2）結果と考察

　ギャル系価値観尺度の8つの下位尺度に主成分分析を行った（男女で項目
が異なる項目は男女別に分析）。いずれも得られた成分は1つだけであり，.541
から.923の高い負荷量を示した。信頼性分析を行ったところ信頼性係数は，
恋愛積極性が α =.720，派手好きは女性 α =.704・男性 α =.764，地元の先輩
は α =.751，地元の仲間は α =.709，知識人嫌いは α =.761，仕事意識は女性
α =.826・男性 α =.813，性役割意識は女性 α =.702・男性 α =.582，男の友情
は α =.826だった。いずれも尺度として使用可能な内的一貫性があると判断
できる。各下位尺度の得点を合計し項目数で割ったものを下位尺度得点とし，
本研究の従属変数とした。

　ギャル度に関する2つの質問の平均値をギャル得点とした。ギャル得点の
平均点で調査対象者を二分し，平均点以上をギャル群，平均点以下を一般群
とした。

　各従属変数に対して，調査対象者の性別とギャル度の個人差を独立変数と
した2要因分散分析を行った。各従属変数の平均と標準偏差を表5.1に示し
た。

　恋愛積極性では，ギャル群の方が一般群よりも，また男性の方が女性より
も恋愛積極性が高いことを示すギャル度の主効果（$F(1, 279)$=10.869，$p<.001$）
と性別の主効果（$F(1, 279)$=4.531，$p<.05$）が認められた（図5.2）。

表 5.1　ギャル系価値観尺度の平均と標準偏差

下位尺度	群	平均	標準偏差	度数
恋愛積極性	一般男性	2.844	0.887	49
	一般女性	2.626	0.965	165
	ギャル好き男性	3.353	0.724	34
	ギャル	3.000	0.929	35
派手好き	一般男性	2.567	1.035	50
	一般女性	2.399	0.932	167
	ギャル好き男性	2.944	1.019	36
	ギャル	3.088	1.047	38
地元の先輩	一般男性	2.693	1.091	51
	一般女性	2.587	1.106	167
	ギャル好き男性	3.036	0.936	37
	ギャル	3.137	1.201	39
地元の仲間	一般男性	3.261	1.005	51
	一般女性	3.626	0.877	165
	ギャル好き男性	3.703	0.958	37
	ギャル	3.570	0.952	38
知識人嫌い	一般男性	2.804	0.794	50
	一般女性	3.107	0.738	170
	ギャル好き男性	3.353	0.838	38
	ギャル	3.079	0.838	38
仕事意識	一般男性	3.853	1.101	51
	一般女性	3.744	0.933	170
	ギャル好き男性	4.092	1.045	38
	ギャル	3.385	1.227	39
性役割意識	一般男性	2.506	0.712	52
	一般女性	2.024	0.739	167
	ギャル好き男性	2.872	1.002	39
	ギャル	2.553	0.860	38
男の友情	一般男性	2.891	0.911	50
	一般女性	3.298	0.737	170
	ギャル好き男性	3.106	0.945	39
	ギャル	3.110	0.850	39

　派手好きではギャル群の方が一般群よりも派手好きであることを示すギャル度の主効果（$F(1, 287)=14.900, p<.001$）が認められた（図5.3）。

　地元の先輩でもギャル群の方が一般群よりも平均点が高いことを示すギャル度の主効果（$F(1, 287)=14.900, p<.001$）が認められた（図5.4）。

　地元の仲間では，男性一般群が他の3群よりも平均点が低いことを示す交互作用傾向（$F(1, 287)=3.693, p<.10$）が認められた（図5.5）。

知識人嫌いではギャル群の方が一般群よりも平均点が高いことを示すギャル度の主効果（$F(1, 292)=5.760, p<.05$）と，ギャル度の主効果は男性では認められるが女性では認められないことを示す交互作用（$F(1, 292)=7.072, p<.01$）が認められた（図5.6）。

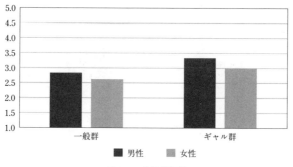

図 5.2　恋愛積極性

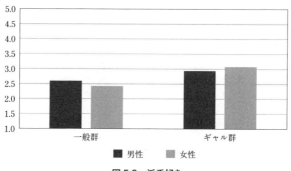

図 5.3　派手好き

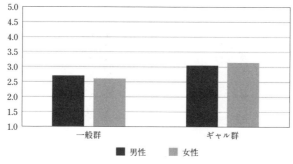

図 5.4　地元の先輩

仕事意識では男性の方が女性よりも平均点が高いことを示す性別の主効果（$F(1, 294)=8.282, p<.01$）と，その性別の主効果は一般群では認められずギャル群に顕著であることを示す交互作用（$F(1, 294)=4.455, p<.05$）が認められた（図5.7）。

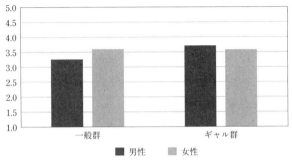

図 5.5　地元の仲間

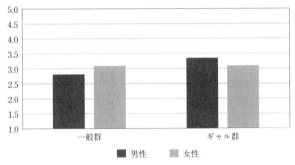

図 5.6　知識人嫌い

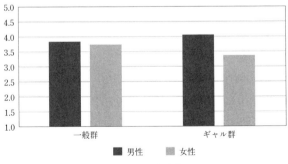

図 5.7　仕事意識

性役割意識ではギャル群の方が一般群よりも平均点が高いことを示すギャル度の主効果（$F(1, 292)=16.619, p<.001$）と男性の方が女性よりも平均点が高いことを示す性別の主効果（$F(1, 292)=13.360, p<.001$）が認められた（図5.8）。

男の友情では男性よりも女性の方が平均点が高いことを示唆する性別の主効果傾向（$F(1, 294)=3.314, p<.10$）と，その性別の主効果はギャル群では認められず一般群に顕著であることを示す交互作用傾向（$F(1, 294)=3.197, p<.10$）が認められた（図5.9）。

ギャル群の方が一般群よりも恋愛に積極的という結果が認められた。ただしギャル以上にギャル好き男性の方が恋愛に積極的であることが分かる。

ギャル群の方が派手な外見を好むことが明らかになった。ギャルとギャル好き男子にとってのオシャレは，派手な外見で目立つことで高揚感をもたらすものである。他者から注目を集めることでユニークネス欲求（Snyder &

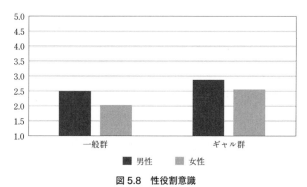

図 5.8　性役割意識

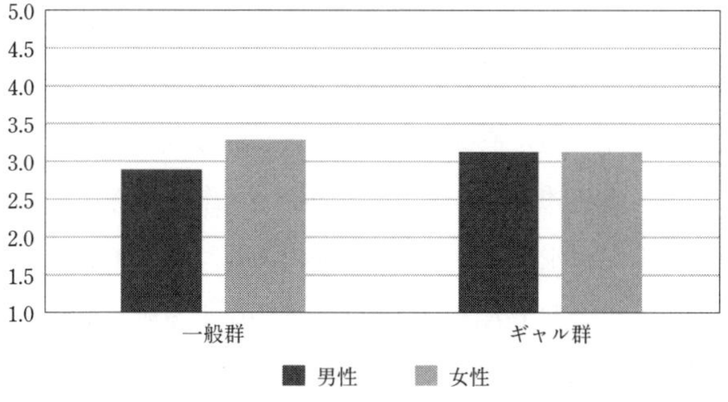

図 5.9　男の友情

Fromkin,1977；山岡，1994）を満たし他者に差をつけ自尊感情を高めるのである。仲間と遊ぶときに気合を入れてオシャレをすることで仲間内でバカにされないように面子を保つと同時に，それが遊び仲間に対する敬意の表明にもなるのである。このようにして，お互いに気合を入れた派手な外見の仲間と遊ぶことで一般人に差をつけると同時に，ギャルやギャル好き男性の仲間意識や連帯感を強める効果をもたらすものと解釈できる。

　ギャルとギャル好き男性は一般群よりも，地元に生き方のモデルとなるような信頼できる先輩がいると回答している。ギャル群の地元の先輩は，現在進行形の人間関係の中での先輩なのである。それに対して，一般群にとっての地元の先輩とは出身高校での部活動の先輩であろう。部活動の先輩では最大でも2歳上でしかない。大学生になり新たな人間関係を形成している一般群にとって，出身高校の部活動の先輩の存在感は，ギャル群と比較すると相対的に低下していると解釈できる。

　大山（1998）は茨城県の地方都市A市の祭りにおける暴走族のダンスについて紹介している。祭りの歩行者天国でフィフティーズのロックンロールに合わせて暴走族は集団でダンスを披露する。このダンスは祭りの主催者公認のフォーマルな活動ではないために警察ともめたりもするが，彼らが祭りから排除されることはない。これは，祭りのフォーマルな担い手の中に暴走族OBの先輩が参加しているからである。神輿の担ぎ手として祭りに参加し，地域社会に戻り「まともな職業」に就いて社会生活を送る先輩の存在は，現役暴走族メンバーにとってロールモデルとなり，地域社会へ戻るルートを示しているのである（阿部，2009）。これはヤンキー文化の原形を保ちながら地域社会に根付き生き残っている希有な例である。調査1のデータには，ギャル系女子大生が地元である千葉県木更津市近辺の友人に依頼した調査データが含まれている。木更津はヤンキー系ロックバンド氣志團の地元であり，こもヤンキー系文化が生き残っている地域である。ギャル群の地元の先輩得点の高さは，ギャル系女子大生の友人データの影響も強いものと解釈できる。このギャル系女子大生によれば，木更津は先輩のつてで後輩の働き口を紹介してもらえるというような地元経済が今でも残っている地域であり，現にこ

の女子大生は就職活動わずか1日で先輩のつてで就職している。暴走行為などによって学校社会からドロップアウトしても，地域経済の一員として地元経済を支える社会人となった先輩が，やんちゃな後輩の社会復帰の手助けをしてくれるのである。

2000年6月，大規模小売店舗の出店を規制していた大店法（大規模小売店舗における小売業の事業活動の調整に関する法律）が日本市場へのアメリカ企業進出を後押しするアメリカ政府からの外圧により廃止された。大型ショッピングセンターが各地方都市に増え，地方と東京の消費面での差異が小さくなった。インターネットの普及により情報格差も，通信販売により地方と東京の消費格差もさらに解消されていった。これは地方文化の希薄化と郊外の風景の均質化をもたらしたといわれる（松谷, 2012）。地方に住む若者は，近場のショッピングモールで，仲間と一緒に楽しい時間を過ごすようになった。仲間は大事にするが仲間以外は眼中にないように振る舞う。その行動パターンは明らかにヤンキーやギャルと共通するものである。

平均点から考えると，地元の仲間を大事にする傾向はどの群も強いが，一般男性だけその傾向がやや弱い。男性の調査対象者は，全国的に有名な私立大学の1・2年生が中心である。一般男性にとっては，地元の仲間も大事だけれど大学の人間関係の方が今は重要度が高いため，一般男性の得点が低くなったと解釈できる。

知識人嫌いに関して，女性ではギャルと一般群に差が認められないが，ギャル好き男性は一般男性よりも知識人嫌いが高かった。また，ギャル好き男性は一般男性よりも職人系の肉体労働に高い価値を置くが，ギャル群は一般女子よりもその傾向が低かった。これは，学校では勉強が苦手で自己肯定感や承認欲求を満たすことができないが，仲間とやんちゃした後，職人系の仕事について社会の一員になるというヤンキー系の価値観をギャル好き男性が受け継いでいることを表す結果である。例えば建築業では技能の非熟練化が進み賃金の上昇が抑えられ，職人としての腕の良さよりも他の業者とのコミュニケーション能力が重視されるようになってきている（阿部, 2009）。ギャル群が職人系の肉体労働の価値を一般群よりも相対的に低く見ているのは，

職人系肉体労働の将来性について冷静に見ているためだと解釈できる。

　ギャル好き男性が「男らしさ」をアピールし，自分を立ててくれるように女性に求め，ギャル群もそれに対応した性役割意識を持っていることが分かった。男性の性役割規範はタフであることである。精神的にも肉体的にも経済的にもタフであることが男らしさと見なされる。ヤンキーは「舐められないこと」を重視し，自分の面子を大切にする。舐めたまねをした相手には，暴力を振るってでもその態度を撤回させるのである。ギャル好き男子が知識人を嫌いなのは，知識人が自分を馬鹿にし見下していると感じているためなのだろう。また，前述の通りヤンキー系は職人系肉体労働に従事することが多い。それは男性中心の職場であり，男らしさに価値を置いている。男らしさを強調し面子を大切にするヤンキー男子に対応した価値観を，ギャル群も形成しているのである。

　男の友情に関して，最も平均値が高かったのは一般女子だった。ギャル群もギャル好き男性も異性にアピールし恋愛に積極的であり，男だけの集団を形成しているわけではない。もちろん，仲間との付き合いを大事にするが，女性を排除するわけではない。その現実を知らない一般女子が男性の友人関係を美化し「男だけの特別な絆」があると思っているのだろう。

4. 調査2：ギャルが求める女性像

　ギャルは女性としての魅力を強調するが，いわゆる「女らしさ」とは方向性が異なるように思われる。調査2ではギャルが求める女性像を検討する。

1) 方法
被調査者　首都圏私立大学2校の女子大学生222名。平均年齢19.82歳（$SD=3.506$）。

使用した尺度　ギャル度判定は調査1と同様に，「あなたの友人にギャル系はどの程度いますか」と「あなた自身はどの程度ギャル系ですか」の2問にどちらも5件法で回答を求めた。また，よく見るファッション雑誌とチェック

しているファッション・ブランドに関して質問した。

「女らしい女性」「女っぽい女性」「自分自身」のイメージを以下の13の形容詞対で評定を求めた。「自然な−作為的な」「上品−下品」「おとなしい−騒がしい」「可愛い−セクシー」「控えめ−開放的」「天使っぽい−小悪魔っぽい」「清楚−派手」「ゆるい−きつい」「優雅−がさつ」「従順−頑固」「優しい−クール」「華奢−グラマラス」「草食−肉食」。左側の形容詞に「よく当てはまる」を1,「当てはまる」を2,「やや当てはまる」を3,「どちらともいえない」を4,右側の形容詞に「やや当てはまる」を5,「当てはまる」を6,「よく当てはまる」を7とした評定尺度上で該当する数字に○をつけて評定を求めた。

手続 2018年6月から7月の通常の授業時間の一部を利用して質問紙調査を実施した。

2) 結果と考察

ギャル度判定の2問の回答を合計したところ,平均点は2.87であった。ギャル得点4点以上,もしくは3点でもギャル雑誌・ブランドを好む者をギャル度高群,ギャル得点3点でギャル雑誌・ブランドを好まない者をギャル度中群,2点以下の者をギャル度低群とした。

群ごとに,「女らしい女性」「女っぽい女性」「自分自身」を繰り返し要因とする各印象評定値の1要因分散分析を行った。どの群のどの形容詞対でも有意な主効果（F=4.705-132.071,ギャル度高群の「華奢−グラマラス」以外は $p<.001$,ギャル度高群の「華奢−グラマラス」は $p=.012$）が認められ,Bonferroni 法多重比較の結果「女らしい女性」と「女っぽい女性」の間にはギャル度高群の「華奢−グラマラス」と「ゆるい−きつい」以外全て $p<.001$ で有意差が認められた（ギャル度高群の「華奢−グラマラス」は $p=.049$,「ゆるい−きつい」は $p=.002$）。「女らしい女性」イメージと「女っぽい女性」イメージに関してギャル度の違いを独立変数にした1要因分散分析を行ったところ有意な主効果は認められず,「女らしい女性」と「女っぽい女性」は調査対象者のギャル度とは無関係にそれぞれ共通するイメージが形成されており,かつこの2つは明確

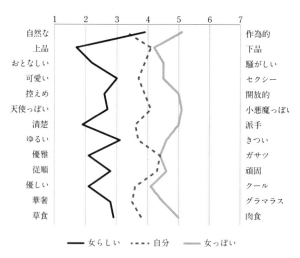

図 5.10　ギャル度低群の自己イメージ

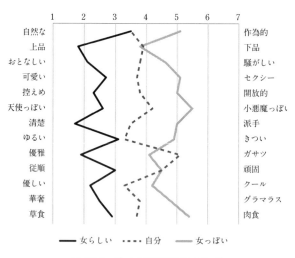

図 5.11　ギャル度中群の自己イメージ

に異なるイメージが形成されていることが分かる。ただし、「女っぽい女性」の「可愛い−セクシー」と「天使っぽい−小悪魔っぽい」では主効果傾向が認められており、「女らしい女性」イメージに較べると「女っぽい女性」イメージの共通性はやや低いといえる。

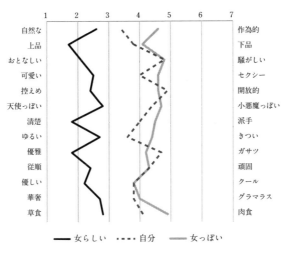

図5.12　ギャル度高群の自己イメージ

　「女らしい女性」は形容詞対の左側の形容詞でイメージされ，「自然で上品，おとなしく可愛く控えめで天使っぽく清楚，ゆるく優雅で従順で優しく華奢な草食系」なのである。「女らしい女性」イメージは「清く正しく美しく」といういわゆる大和撫子的な古典的な女性らしさ，あるいは男性中心社会で理想化された女性像と表現することができるだろう。

　それに対して「女っぽい女性」は形容詞対の右側の形容詞でイメージされ，「作為的で下品，騒がしくセクシーで開放的で小悪魔っぽく派手，きつくがさつで頑固でクール，グラマラスな肉食系」なのである。「女っぽい女性」イメージは性的な魅力と生命力で男を翻弄するファム・ファタール的な女性像寄りと表現することができる。「女らしい女性」が男性にとって都合の良い女性像であるのに対し，「女っぽい女性」は男性の思い通りにならない強く自由で魅力的な女性像である。

　その「女らしい女性」「女っぽい女性」イメージと自己イメージの関係である。いくつかの例外はあるがギャル度低群と中群の自己イメージはほぼ両者の中間に位置している（図5.10，図5.11）。ギャル度低群の自己イメージは「自然な−作為的な」と「ゆるい−きつい」では「女らしい女性」イメージと

有意差なし，「上品－下品」「おとなしい－騒がしい」「優雅－ガサツ」「従順－頑固」「優しい－クール」では「女っぽい女性」イメージと有意差なしだった。ギャル度中群の自己イメージは「ゆるい－きつい」では「女らしい女性」イメージと有意差なし，「上品－下品」「従順－頑固」では「女っぽい女性」イメージと有意差なしだった。このようにギャル度低群と中群の自己イメージは「女らしい女性」イメージと「女っぽい女性」イメージのほぼ中間に位置しているが，ギャル度高群の自己イメージは明らかに「女っぽい女性」寄りである（図5.12）。ギャル度高群では13の形容詞対全てが「女らしい女性」イメージと有意差があるのに対し，「自然な－作為的な」と「草食－肉食」以外の11の形容詞対で「女っぽい女性」イメージと有意差が認められなかった。つまりギャル度高群の自己イメージは彼女たちの「女っぽい女性」イメージと重なるのである。つまり，ギャル度高群は「女らしい女性」とは明らかに異なる「女っぽい女性」として自己を認識しているのである。

1要因分散分析によりギャル度の違いによる自己イメージを比較したところ，「おとなしい－騒がしい（$F(2, 194)=6.410, p<.01$）」と「控えめ－開放的（$F(2, 195)=9.395, p<.001$）」で有意な主効果が認められ，Bonferroni法多重比較の結果ともにギャル度高群は中群と低群よりも平均値が高いことを示す有意差が認められた。また「清楚－派手（$F(2, 195)=2.669, p<.10$）」と「優しい－クール（$F(2, 197)=2.499, p<.10$）」では主効果傾向が認められており，ともにギャル度高群は中群よりも平均値が高いことが示唆された。

前述の「egg」編集長が指摘した「『女の子はこうでなくちゃいかん』という大人の価値観」が「女らしい女性」イメージなのだろう。ギャルは騒がしく開放的で派手に，そして下品にセクシーなギャルファッションで武装し，男性中心社会の大人たちが若い女性に押しつける価値観をひっくり返しているのだろう。

5. まとめ：「社会が求める女らしさ」への反抗としてのギャル

　ギャルとは「スタイルにおける反抗」である。1950年代，リーゼントにピンクのスーツ，腰を振り足をくねらせる挑発的なステージアクションと黒人のボーカルスタイルで白人が歌うロックンロールのスタイルは，性的な表現をタブー視し黒人差別を正当化していた当時のアメリカの「良識ある白人の大人たち」に対する強烈な反抗だった（山岡, 2020）。ギャルも，良識ある大人たちが若い女性に求める清く正しく美しい「女らしい女性イメージ」に対するスタイルにおける反抗なのである。

　ファッションとしてのギャルスタイルが確立されていくにつれて，他のファッションスタイルとの差別化が進行し，それがギャル集団の仲間意識を強化する。Deutsch & Gerard（1955）は，同調行動を情報的影響と規範的影響の観点から説明している。情報的影響とは，集団内で正しく反応するために，他者の反応を情報として利用することで影響を受け同調することである。ギャル雑誌を通して拡散されたギャルのファッションや行動パターンに影響され同調することで，ギャルとしての自己イメージが形成される。規範的影響とは，メンバーに共有される思考や行動の準拠枠である集団規範の影響である。一緒に遊んでいるギャル集団から承認され賞賛されるように，ギャルのスタイルは過激化していく。1990年代，日焼けした小麦色の肌を魅力的と感じたギャルたちは日焼けサロンに通い日焼けを競い，日焼けよりも手っ取り早く肌を黒くするために黒人用ファンデーションを塗ってガングロのヤマンバギャルに進化した。2000年代，アイラインを強調したギャルメイクはカラーコンタクトに過剰な付け睫毛へと進化し，キャバ嬢たちのヘアスタイルはどんどん縦方向に肥大化していった。このようなギャルの過剰装飾は集団内の同調から集団極性化によって生み出されたものである。

　集団極性化とは，集団としての態度がメンバー各個人の態度よりも，極端なものになることである。安全策を好むメンバーが話し合って出した結論は個々のメンバーの結論よりも慎重で安全を重視したものになる（コーシャスシ

フト：cautious shift）。逆に，リスクをいとわないメンバーが話し合って出した結論は個々のメンバーの結論よりも過激で危険なものになる（リスキーシフト：risky shift）のである。日焼けした黒い肌がカッコイイと思うギャルたちの間で日焼け競争が起こり，ガングロメイクへと極性化し，盛り髪，睫，ネイルはどんどん大げさな過剰装飾へと進化していったのである。身近なギャル仲間やあるいはギャル雑誌を情報源に，ギャルたちにはお互いにスタイルの過剰さを強め合う「エコーチェンバー効果（10章参照）」が生じる。このエコーチェンバー効果も集団極性化を促進し，ギャルたちのスタイルを極端な方向に導いたのだと解釈できる。

そしてこのスタイルにおける極性化を肯定してくれるギャル仲間やギャル好き男性，ヤンキー系男性を含めた地元の仲間がいれば，「他者に差をつけた個性的な自分」を確認し，自尊感情を高めるような他者との差異への欲求であるユニークネス欲求（Snyder & Fromkin, 1977；山岡, 1994）を満たすことができるのである。ギャル仲間やギャル好き男性，ヤンキー系男性といった地元の仲間＝準拠集団からの承認と賞賛があれば，ギャルは「自由で個性的な強い自分」として楽しく生きていけるのである。

知識人が嫌いで地元の人間関係を大切にし，職人・肉体労働系の仕事をかっこいいと思い，男の面子にこだわるヤンキー系ギャル好き男性に対応した価値観をギャルは形成している。それは男性に媚びるというよりも，ヤンキー系ギャル好き男性と補完し合いながら日本のサブカルチャーを形成している。

メインカルチャーの評価基準は数字である。経済社会の評価基準は，経済効率や生産高あるいは株価，収益や給与の額などの数字である。学校での評価基準は，テストの点数や成績あるいは部活動の成績などの数字である。学校では勉強やスポーツが苦手で，数字での肯定感や承認欲求を満たすことができなかったヤンキー男性は，学校文化からドロップアウトした後，職人系の仕事について社会の一員としてのアイデンティティを形成していく。ギャルも，勉強ができないことを背景にした自信のなさからアイデンティティを回復する実践がギャルになることだ（上間, 2002）という指摘がある。ヤン

キー男性が職人としての技術でアイデンティティを回復するのに対し，ギャルは自らの「女っぽい魅力」を武器に，ギャル雑誌が強調していた「自由で個性的な強い自分」というアイデンティティを獲得していく。それが「下品で安っぽく悪趣味な過剰装飾」と一般人から見られても，そんな批判などは気にしないのである。そのような批判を無効化する武装がギャルファッションなのである。ギャル文化の中では，「下品で安っぽく悪趣味な過剰装飾」こそが正当な価値を持つ。社会の中で日陰者扱いされていたキャバクラ嬢が表舞台に立ち，女性たちが憧れる存在になったように，サブカルチャーによる価値の逆転現象が起こるのである。良識ある大人たちが好む「女らしい女性ファッション」の女性よりも，「女っぽい女性性」を強調したギャルファッションで武装した自分たちの方が，はるかにカッコイイ存在となるのだ。

　そして2020年代，ギャルはスタイルではなくマインドで語られるようになった。2022年10月22日の朝日新聞に「『不自由』なSNS時代 ギャルマインド，共感する若者」という記事が掲載されていた。現代の若者は当時のギャルを，モテること（他人ウケ）を気にせずに「自分」を表現する存在と認識し，自分らしさを貫いている人を「『ギャルマインド』ある」と表するという（金沢, 2022）。

　吉田（2022）は，進化した現代ギャルはマインドで生きており，ギャルとは生き方そのものだと主張している。吉田はギャルマインドを次のように定義している。①デザインは誰かのためにするのではなく自分ウケのため，②周りの目は気にしない，③"個性的"ではなく"自分らしく"する，④制限があってもグレーゾーンで精一杯の工夫をする，⑤モチベーションが上がればそれで良い。

　他者に押しつけられた女性らしさではなく，自分にとっての快を指針とし，自分を肯定し自由にポジティブに生きる。それが現代のギャルなのである。

引用文献

阿部真大（2009）．ヤンキーたちは地域に戻ることができるのか――労働世界の変化と逸脱集団の社会化　五十嵐太郎（編）ヤンキー文化論序説　河出書房新社, 174-184.

Deutsch, M. & Gerard, H. B.（1955）．A study of normative and informational social influence upon individual judgment. *Journal of Abnormal and Social Psychology*, *51*, 629-636.

金沢ひかり（2022）.「不自由」な SNS 時代 ギャルマインド，共感する若者　2022 年 10 月 22 日朝日新聞朝刊 メディア空間考

松谷創一朗（2012）. ギャルと不思議ちゃん論――女の子たちの三十年戦争　原書房

難波功士（2007）. 族の系譜学――ユース・サブカルチャーズの戦後史　青弓社

大山昌彦（2009）. 暴走族文化の継承――祭り・改造車・ロックンロール　五十嵐太郎（編）ヤンキー文化論序説　河出書房新社, 185-201.

大山昌彦（1998）. ダンシング・イン・ザ・ストリート――茨城県 A 市におけるロックンロールをめぐる民族誌　社会人類学年報 24 号, 東京都立大学社会人類学会

斉藤環（2012）. 世界が土曜の夜の夢なら――ヤンキーと精神分析　角川書店

酒井順子（2009）. 女子のヤンキー魂――歌舞伎・ツッパリ・アゲ嬢　五十嵐太郎（編）ヤンキー文化論序説　河出書房新社, 52-63.

櫻庭隆浩・松井豊・福富護・成田健一・上瀬由美子・宇井美代子・菊島充子（2001）. 女子高校生における『援助交際』の背景要因　教育心理学研究, *49*, 167-172

佐藤（佐久間）りか（2002）.「ギャル系」が意味するもの――＜女子高生＞をめぐるメディア環境と思春期女子のセルフイメージについて　国立女性教育会館研究紀要第 6 号, 45-57.

Snyder ,C. R., & Fromkin, H. L.（1977）The development and validation of a scale measuring need For uniqueness. *Journal of Abnormal Psychology*, *86*, 518-527.

上間陽子（2002）. 現代女子高校生のアイデンティティ形成　教育学研究, *69*（3）, 67-378.

Willis, P. E.（1977）. Learning to labour: Hou working class kids get working class jobs（熊沢誠・山田順（訳）（1985）ハマータウンの野郎ども――学校への反抗・労働への順応　筑摩書房）

山岡重行（1994）. ユニークネス尺度の作成と信頼性・妥当性の検討　社会心理学研究, *9*, 181-194.

山岡重行（2020）. サブカルチャーと若者文化　山岡重行（編著）サブカルチャーの心理学　福村出版, 10-28.

吉田梨桜（2022）. ギャルマインドの定義とデザインへの影響――ギャルのマインドを持つことによって社会に訴えられる行為のデザイン　日本デザイン学会研究発表大会概要集, *69*（0）, 54-55.

6章
女子力──「女らしさ」の逆襲

山岡重行

かつて「女らしさ」は女性の必修科目だった。女性は女らしくすることが当然視され，女らしさを求める性役割規範に背くことは社会的逸脱行為だった。大日本帝国では，女性には男性を慰安し，国家に貢献する子どもを育てることで国家に間接的に奉仕することを求めた。敗戦後，再出発した日本でもその性役割規範は生き残った。貧しく社会福祉に大きな予算を割くことが難しかった日本では，育児・看護・介護は家族に対する義務として女性に押しつけられた。国家によって押しつけられた「女性らしさ」の性役割規範は，フェミニストたちの攻撃対象となった。しかしフェミニストたちを逸脱者と見なすことで，「女性らしさ」の性役割規範は生き残ってきた。1990 年代から 2000 年代はギャル文化が花開いた時代だった。マスコミで注目を集めたギャル文化は「女っぽさ」を強調した「女らしさへ」の反乱だった。

　2000 年代以降，ギャルとは別の文脈で「女子」という言葉が多用されるようになった。女性だけのお茶会や呑み会を「女子会」と称するようになった。「女子力」という言葉が生まれたのも 2000 年代以降である。本章では女子力をキーワードに，「女らしさ」を巡る女性文化について考えてみたい。

1. 女子力！

「女子力」とは，安野モヨコ（2001）のイラスト＆エッセイ作品である『美人画報 ハイパー』（講談社）内で生み出された造語であり，その場で自分を可愛く見せる格好をしたり，身だしなみや美しさを考えて行動したりするとい

う意味で使用されていた。2009年には流行語大賞にノミネートされたが，そのときの女子力とは「『きれいになりたいと願い，行動する力』という意味で使われるが，最近ではその意味はさらに広くなり，女性であることを楽しむ積極性や，女性特有の魅力を高めていく前向きな姿勢を指すようになった」と説明されていた。小学館『大辞泉』によると「きらきらと輝いた生き方をしている女性の持つ力。女性が自らの生き方を演出する力。また，女性が自分の綺麗さ，センスの良さを目立たせて存在を示す力」とされている。いずれにしても，「女子力」とは厳密に定義された概念ではなく，使用者によって内容やニュアンスが異なっている。

　では具体的に現代の女子大生にとって，どのような言動が「女子力が高い」と見なされるのであろうか。女子大生が「女子力」をどのようなものとして捉えているのか明確にするために，首都圏4年制私立女子大学の女子大生83名を対象に予備調査を実施した。

　「女子力を高くしたいと思うか」について，「はい・いいえ」の2件法で回答を求めた。「どのような人を女子力が高いと感じるか」「回答者自身が女子力が高いと言われた経験と内容」「回答者自身が女子力を高めるためにしていること」「どのような人を女子力が低いと感じるか」「回答者自身が女子力が低いと言われた経験と内容」の5項目についてはそれぞれ自由記述，複数回答可で回答を求めた。

　「女子力を高くしたいと思うか」について，調査対象者83名中65名（78.31%）が女子力を高くしたいと回答した。「どのような人を女子力が高いと感じるか」については「オシャレな人，毎日化粧をしている人，気遣いが上手い人」などの回答が得られた。「回答者自身が女子力が高いと言われた経験と内容」については，「手作りのお菓子を振る舞った，可愛い服を着ていた，大人数でご飯を食べる際に料理を取り分けてあげた」などの回答が得られた。「回答者自身が女子力を高めるためにしていること」については，「毎日化粧を欠かさない，肌の手入れをする，ヘアアレンジをする」などの回答が得られた。「どのような人を女子力が低いと感じるか」については，「清潔感がない人，がさつな人，すっぴんで出かける人」などの回答が得られた。「回答者

自身が女子力が低いと言われた経験と内容」については，「料理ができない，寝癖があったとき，言葉遣いが悪い」などの回答が得られた。

「女子力」の自由記述回答で最も多かったのは，「オシャレに気を遣う」「毎日メイクをする」などオシャレや美容に関する記述で，99 の回答が得られた。次に多かったのは「料理ができる」「家事が得意」など家事に関する記述で，69 の回答が得られた。3 番目に多かったのは「常に笑顔」「気配りができる」など日常的な心がけや社会的スキルに関する記述で，50 の回答が得られた。予備調査の回答から判断すると，女子大生たちは「周囲の人に好感を与える女性らしい言動」を女子力と捉えていると言うことができるだろう。

2. 調査 1：オタクは女子力が低いのか?

「オタクは外見の魅力が低い」というステレオタイプがある。山岡（2016）は，外見の不満や体形の不満について腐女子とオタクと一般女子を比較して 3 群に差が認められないことから，このような否定的ステレオタイプは現代のオタクや腐女子には当てはまらないと主張している。しかし，腐女子やオタク女子は自分のオタク趣味にお金を使うために，オシャレや美容に使うお金が一般女子よりも少なくなると考えられる。一方，お金とは無関係な「笑顔」や「気配り」など日常的な心がけや社会的スキルに関する女子力は，腐女子やオタク女子と一般女子に差はないと考えられる。調査 1 では腐女子やオタク女子の女子力について検討する。

1) 方法

調査対象者 首都圏 4 年制私立大学 2 校の女子大学生 392 名。平均年齢 19.98 歳（SD=2.443）。

使用した質問項目 予備調査の自由記述から得られた回答を整理し，女子力尺度の 50 の質問項目を作成した。以下の質問項目がどの程度自分自身にあてはまるかを，「1：あてはまらない，2：あまりあてはまらない，3：どちらともいえない，4：ややあてはまる，5：あてはまる」の 5 件法で回答を求めた。

調査手続 通常の授業時間の一部を利用して，オタク度尺度と腐女子度尺度（山岡, 2016）と上記の女子力尺度の質問項目を用いて質問紙調査を行った。調査は 2014 年と 2015 年に実施した。

2）結果と考察

50 の女子力項目の評定値に主因子法プロマックス回転の因子分析を行った。結果の解釈のしやすさから 8 因子モデルを採用した（表 6.1）。

第 1 因子は「メイクやファッションの知識が高いと思う」「オシャレだ，と人からよく言われる」「ファッションの流行に敏感だ」「美容に労力を惜しまない」などの 15 項目に負荷量が高かった。これらはオシャレでカワイイ自分になるための努力と，その結果として他者からオシャレでカワイイと評価されることに関する項目であると解釈できる。15 項目の信頼性係数を算出したところ，α =.916 で尺度として使用可能な高い内的一貫性があると判断できる。そこで 15 項目の平均値をオシャレ・カワイイ得点とした。

第 2 因子は「整理整頓が得意だ」「掃除が得意だ」「綺麗好きだ」「今の自分の部屋は人に見せられないくらい汚い（逆転項目）」などの 6 項目に負荷量が高かった。これらは身の回りを綺麗にしておくことに関する因子であると解釈できる。6 項目の信頼性係数を算出したところ，α =.836 で尺度として使用可能な内的一貫性があると判断できる。そこで 6 項目の平均値をキレイ好き得点とした。

第 3 因子は「いつもティッシュを持ち歩いている」「いつも絆創膏を持ち歩いている」「いつもハンカチを持ち歩いている」などの 7 項目に負荷量が高く，これらは女子の持ち物に関する因子であると解釈できる。7 項目の信頼性係数を算出したところ，α =.751 で尺度としての使用に耐え得る内的一貫性があると判断できる。そこで 7 項目の平均値を女子の持ち物得点とした。

第 4 因子は「おしとやかだとよく言われる」「普段あまり大きな声で話さない」「ふんわり系，癒し系だとよく言われる」などの 6 項目に負荷量が高かった。これらは柔らかく優しい雰囲気に関連した因子であると解釈できる。6 項目の信頼性係数を算出したところ，α =.722 で尺度としての使用に耐え得る

表 6.1　女子力尺度の因子分析結果（主因子法プロマックス回転）

	因子1	因子2	因子3	因子4	因子5	因子6	因子7	因子8
メイクやファッションの知識が高いと思う	**0.841**	-0.096	-0.095	-0.021	-0.112	0.143	0.018	-0.047
オシャレだ，と人からよく言われる	**0.822**	0.087	0.003	-0.053	0.074	-0.063	-0.295	0.005
ファッションの流行に敏感だ	**0.815**	-0.008	-0.111	0.049	-0.072	-0.098	-0.009	-0.046
美容に労力を惜しまない	**0.801**	0.033	-0.125	-0.043	-0.030	0.034	0.100	-0.025
服やコスメにお金をかけていると思う	**0.784**	-0.054	-0.055	0.023	-0.117	0.020	0.099	-0.042
服装が可愛い，とよく言われる	**0.752**	-0.028	0.139	0.105	0.107	-0.113	-0.290	-0.004
普段から服装や髪形に手を抜かない	**0.697**	-0.051	-0.090	0.086	-0.040	0.080	0.122	0.019
可愛くなるために何かしら努力をしている	**0.650**	0.097	-0.060	-0.119	0.186	-0.014	0.027	0.018
毎日朝早くても外に出るときは必ず化粧をする	**0.600**	-0.017	-0.059	0.006	-0.101	-0.061	0.282	-0.003
いつもメイク道具を持ち歩いている	**0.566**	-0.123	0.137	-0.100	-0.037	0.023	0.184	0.085
持ち物が可愛い，とよく言われる	**0.557**	-0.029	0.185	0.209	0.108	0.004	-0.180	0.011
肌の手入れを怠らない	**0.532**	0.065	0.040	0.019	-0.043	-0.003	0.249	-0.092
ヘアアレンジやパーマ，カラーリングをしている	**0.518**	-0.066	-0.075	-0.161	0.167	0.057	0.090	0.107
いい香りがする，とよく言われる	**0.475**	0.146	0.003	-0.009	0.032	0.068	0.015	0.074
ハンドクリームをよく使う	**0.316**	-0.060	0.232	0.122	-0.056	0.037	0.144	-0.091
整理整頓が得意だ	-0.096	**0.913**	-0.008	0.004	0.002	0.027	-0.020	-0.018
掃除が得意だ	-0.036	**0.895**	-0.006	-0.063	-0.050	0.119	-0.061	-0.070
綺麗好きだ	-0.013	**0.718**	-0.026	0.082	-0.002	-0.038	0.057	0.035
今の自分の部屋は人に見せられないくらい汚い（逆転）	0.021	**0.675**	0.060	-0.087	-0.062	-0.060	-0.038	0.036
何かとまめなほうだ	0.107	**0.415**	-0.018	0.078	0.064	0.153	0.034	0.053
清潔感がある，とよく言われる	0.179	**0.312**	0.012	0.191	0.165	-0.054	0.043	0.028
いつもティッシュを持ち歩いている	-0.140	0.046	**0.729**	-0.021	-0.036	-0.059	0.003	0.030
いつも絆創膏を持ち歩いている	-0.040	0.093	**0.725**	-0.113	-0.116	0.032	-0.058	-0.066
いつもハンカチを持ち歩いている	-0.092	-0.002	**0.611**	0.007	0.088	-0.052	0.125	-0.003
いつもウェットティッシュを持ち歩いている	-0.142	-0.047	**0.501**	0.093	0.016	0.180	0.008	-0.057
いつも櫛（くし）を持ち歩いている	0.198	0.023	**0.445**	0.039	-0.091	-0.061	0.136	0.070
いつも鏡を持ち歩いている	0.301	-0.023	**0.442**	-0.092	-0.038	-0.016	0.112	0.053
いつもナプキンを持ち歩いている	-0.083	-0.115	**0.363**	0.129	-0.017	0.102	0.024	-0.009

（続く）

おしとやかだとよく言われる	0.049	-0.029	-0.054	**0.758**	-0.114	0.056	0.006	-0.010
普段あまり大きな声で話さない	-0.027	0.137	-0.007	**0.649**	-0.292	-0.080	0.060	0.025
ふんわり系，癒し系だとよく言われる	0.025	-0.084	-0.071	**0.648**	0.223	-0.053	-0.009	-0.027
言葉遣いが綺麗だ，とよく言われる	0.033	-0.032	0.065	**0.576**	0.007	0.129	0.032	0.027
原色よりパステルカラーが好き	-0.025	0.002	0.069	**0.397**	0.049	-0.096	-0.065	-0.029
悪口を言わないよう心掛けている	-0.221	-0.030	0.022	**0.380**	0.261	-0.011	0.104	0.061
日常生活でよく笑うほうだ	-0.014	-0.088	0.000	-0.168	**0.817**	0.042	-0.011	-0.038
いつも笑顔を心掛けている	0.020	-0.064	-0.126	0.030	**0.807**	-0.003	0.079	-0.066
誰にでも親切にするよう心がけている	-0.097	0.102	-0.042	0.144	**0.572**	-0.034	0.134	-0.003
気配りや気遣いが上手いとよく言われる	0.133	0.034	0.045	0.110	**0.379**	0.135	0.008	0.048
字が綺麗または可愛い，とよく言われる	0.074	0.133	0.127	0.055	**0.294**	0.004	-0.014	-0.013
料理が得意だ	0.067	0.041	-0.054	-0.033	-0.022	**0.823**	-0.022	0.014
お菓子作りが得意だ	0.005	-0.036	0.065	0.025	0.066	**0.808**	-0.052	0.034
裁縫ができる	0.021	0.176	0.118	-0.069	0.017	**0.439**	0.010	-0.066
どんなに眠くても化粧はしっかり落とす	0.128	-0.048	0.052	0.046	-0.012	-0.042	**0.496**	-0.085
乾燥する季節はリップクリームを使う	0.152	-0.048	0.182	-0.122	0.193	-0.024	**0.406**	0.010
ナチュラルメイクを心がけている	0.002	-0.027	0.085	0.092	0.190	-0.072	**0.378**	0.043
少なくとも見える位置のムダ毛はすべて処理する	0.232	0.298	-0.073	-0.063	0.103	-0.121	**0.366**	-0.002
爪をやすり等で整えている	0.193	-0.023	-0.024	0.003	-0.030	0.163	**0.333**	0.011
感情が高ぶると手が出てしまうことがある	0.037	-0.005	-0.006	-0.056	-0.045	-0.039	-0.016	**0.639**
ゲップやおならを人前でしてしまうことがある	0.013	0.017	0.020	0.026	-0.071	-0.015	-0.039	**0.625**
ジャージで外に出ることがある	-0.078	-0.003	-0.068	0.042	-0.019	0.080	-0.040	**0.567**

内的一貫性があると判断できる。そこで6項目の平均値を優しい雰囲気得点とした。

　第5因子は「日常生活でよく笑うほうだ」「いつも笑顔を心がけている」「誰にでも親切にするように心がけている」などの5項目に負荷量が高かった。これらは笑顔で気配りをして周囲の人を快適にする心がけに関連した因子であると解釈できる。5項目の信頼性係数を算出したところ，α =.739で尺度としての使用に耐え得る内的一貫性があると判断できる。そこで5項目の平均値を笑顔気配り得点とした。

　第6因子は「料理が得意だ」「お菓子作りが得意だ」「裁縫ができる」の3項目に負荷量が高かった。これらは料理と裁縫の因子であると解釈できる。3項目の信頼性係数を算出したところ，α =.755で尺度としての使用に耐え得る内的一貫性があると判断できる。そこで3項目の平均値を料理裁縫得点とした。

　第7因子は「どんなに眠くても化粧はしっかり落とす」「乾燥する季節はリップクリームを使う」「ナチュラルメイクを心がけている」などの5項目に負荷量が高かった。オシャレの中でもボディケアに関連した因子であると解釈できる。5項目の信頼性係数を算出したところ，α =.668で尺度としての使用に耐え得る内的一貫性があると判断できる。そこで5項目の平均値をボディケア得点とした。

　第8因子は「感情が高ぶると手が出てしまうことがある」「ゲップやおならを人前でしてしまうことがある」「ジャージで外に出ることがある」の3項目に負荷量が高かった。これらはだらしなさの因子であると解釈できる。3項目の信頼性係数を算出したところ，α =.634で尺度としての使用に耐え得る内的一貫性があると判断できる。そこで3項目の平均値をだらしなさ得点とした。

　調査対象者のうち，オタク度尺度と腐女子度尺度の回答に不備があった者とオタク度が低く腐女子度が高い耽美群（他の3群と統計的に比較するには少数派であるため）合計19名を以下の分析から除外した。腐女子群，女性オタク群，女性一般群の8つの従属変数の平均と標準偏差を表6.2に示した。3群の

表6.2 女子力尺度下位尺度得点の平均値と分散分析結果・調査1

		腐女子	女性オタク	女性一般	分散分析結果
オシャレ・カワイイ得点	M	2.415	2.758	2.960	F=12.438
	SD	0.824	0.952	0.786	df=2/358
	n	96	105	160	p<.001
キレイ好き得点	M	2.670	2.759	3.026	F=5.615
	SD	0.940	0.861	0.895	df=2/362
	n	99	105	161	p<.01
女子の持ち物得点	M	3.042	3.478	3.469	F=8.398
	SD	0.972	0.917	0.824	df=2/362
	n	99	106	160	p<.001
優しい雰囲気得点	M	2.564	2.840	2.777	F=3.607
	SD	0.817	0.676	0.804	df=2/359
	n	99	104	159	p<.05
笑顔気配り得点	M	3.166	3.331	3.455	F=3.746
	SD	0.899	0.890	0.753	df=2/366
	n	101	105	163	p<.05
料理裁縫得点	M	2.470	2.537	2.420	F=0.687
	SD	1.119	1.041	1.055	df=2/362
	n	100	105	158	ns
ボディケア得点	M	3.365	3.547	3.712	F=6.388
	SD	0.798	0.818	0.696	df=2/364
	n	98	106	161	p<.01
だらしなさ得点	M	3.027	3.101	2.912	F=0.397
	SD	1.015	1.161	1.199	df=2/367
	n	100	106	162	ns

平均点を1要因分散分析により比較した。

　オシャレ・カワイイ得点の分散分析の結果，群の違いの有意な主効果が認められた（図6.1）。Bonferroni法多重比較から女性一般群と女性オタク群は腐女子群より，オシャレ・カワイイ得点が有意に高いことを示す有意差が認められた。腐女子群は女性一般群や女性オタク群と比較しても，カワイイ自分になるためにかけるコストが少ないことが窺われる。

　キレイ好き得点の分散分析の結果，群の違いの有意な主効果が認められた（図6.2）。Bonferroni法多重比較から女性一般群は腐女子群よりもキレイ好き

得点が高いことを示す有意差が認められた。

　女子の持ち物得点の分散分析でも群の違いの有意な主効果が認められた（図6.3）。Bonferroni法多重比較から，女性一般群と女性オタク群は腐女子群より女子の持ち物得点が有意に高いことを示す有意差が認められた。どの群の平均値も中点の3.0を超えており，腐女子群の女子の持ち物得点が低いと

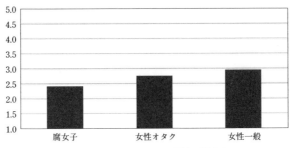

図6.1　オシャレ・カワイイ得点・調査1

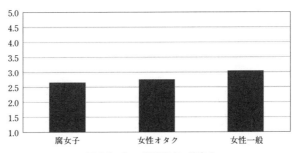

図6.2　キレイ好き得点・調査1

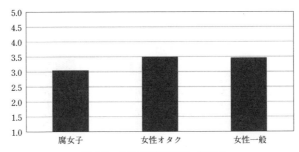

図6.3　女子の持ち物得点・調査1

言うよりも女性一般群と女性オタク群の平均点が高いと言うべきだろう。

　優しい雰囲気得点の分散分析の結果でも群の違いの有意な主効果が認められた（図6.4）。Bonferroni法多重比較から女性オタク群は腐女子群よりも優しい雰囲気得点が高いことを示す有意差が認められた。

　笑顔気配り得点の分散分析でも同様に，群の違いの有意な主効果が認められた（図6.5）。Bonferroni法多重比較から女性一般群は腐女子群よりも笑顔気配り得点が高いことを示す有意差が認められた。これもどの群の平均値も中点の3.0を超えており，腐女子群の笑顔気配り得点が低いと言うよりも一般群の平均点が高いと言うべきだろう。

　料理裁縫得点の分散分析では，群の違いの有意な主効果は認められなかった（図6.6）。どの群の平均値も中点の3.0未満であり，料理や裁縫が得意な女性はどの群にもあまり多くないことが窺われる。

　ボディケア得点の分散分析では群の違いの有意な主効果が認められた（図

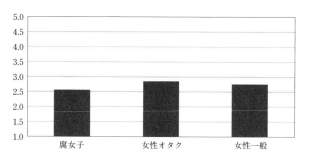

図6.4　優しい雰囲気得点・調査1

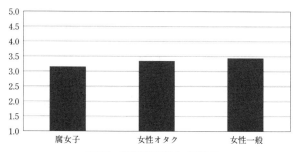

図6.5　笑顔気配り得点・調査1

6.7)。Bonferroni 法多重比較から女性一般群は腐女子群よりもボディケア得点が高いことを示す有意差が認められた。これもどの群の平均値も中点の 3.0 を超えており，腐女子群のボディケア得点が低いと言うよりも一般群の平均点が高いと言うべきだろう。

だらしなさ得点の分散分析では，群の違いの有意な主効果は認められなかった（図 6.8）。どの群の平均値も中点の 3.0 前後であり，どの群も多少だらしないところがあるのが現実のようである。

調査 1 で有意差が認められた女子力尺度の下位尺度では，いずれも腐女子群の女子力が低いことが示された。予想に反して，笑顔気配り得点や優しい雰囲気得点でも腐女子群の得点が低いことを示す有意差が認められた。これらの結果は，女性一般群と比較すると腐女子群は「女性らしい」とされる行動の学習が苦手，あるいは女子力を高めることにより得られる快に高い価値を認めていないことを示している。

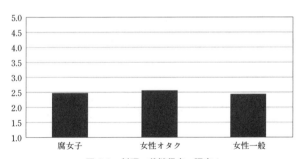

図 6.6　料理・裁縫得点・調査 1

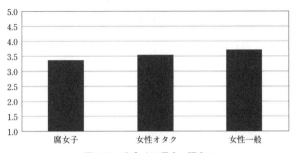

図 6.7　ボディケア得点・調査 1

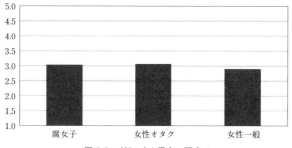

図6.8　だらしなさ得点・調査1

　女子の持ち物得点も，笑顔気配り得点も，ボディケア得点も有意に得点が低かった腐女子群であるが，いずれも平均点は中点の3.0以上である。また，だらしなさ得点に関して腐女子群が高いという有意な結果が得られているわけではない。

　オシャレ・カワイイ得点と優しい雰囲気得点に関しても腐女子群が有意に得点が低かったが，女性オタク群や女性一般群の平均点も中点の3.0未満である。どの群もそんなに平均点が高いわけではないのである。つまり，腐女子群の女子力は現代の大学生世代の女性として許容されるベースラインは維持していると判断できる。

3. 調査2：ギャルは女子力が低いのか？

　前章で検討したように，ギャルの自己イメージは「女っぽい女性」と重なり，「下品で騒がしくセクシーで開放的で小悪魔っぽく派手，がさつで頑固でクール，グラマラス」である。「女らしさ」を強調する女子力とは方向性が異なるのである。であれば，ギャルたちは女子力が低いのだろうか。調査2ではギャルの女子力を検討する。

1）方法
被調査者　首都圏私立大学2校の女子大学生222名。平均年齢19.82歳（*SD*=3.506）。

使用した尺度 ギャル度判定のために，「あなたの友人にギャル系はどの程度いますか」と「あなた自身はどの程度ギャル系ですか」の2問にどちらも5件法で回答を求めた。また，よく見るファッション雑誌とチェックしているファッション・ブランドに関して質問した。

調査1と同様に女子力尺度に回答を求めた。

手続 2018年6月から7月の通常の授業時間の一部を利用して質問紙調査を実施した。

表6.3　女子力尺度下位尺度得点の平均値と分散分析結果・調査2

		ギャル度低群	ギャル度中群	ギャル度高群	分散分析結果
オシャレ・カワイイ得点	M	2.479	2.906	3.377	F=19.197
	SD	0.899	0.803	0.666	df=2/218
	n	90	84	47	p<.001
キレイ好き得点	M	2.815	2.888	2.931	F=0.529
	SD	0.700	0.675	0.590	df=2/218
	n	90	85	46	ns
女子の持ち物得点	M	3.287	3.354	3.286	F=0.147
	SD	0.873	0.897	0.926	df=2/217
	n	90	84	46	ns
優しい雰囲気得点	M	2.570	2.778	2.373	F=4.343
	SD	0.781	0.792	0.699	df=2/218
	n	90	85	46	p<.05
笑顔気配り得点	M	3.408	3.666	3.896	F=6.764
	SD	0.831	0.689	0.743	df=2/218
	n	90	83	48	p<.01
料理裁縫得点	M	2.259	2.595	2.609	F=2.788
	SD	1.032	1.036	1.121	df=2/217
	n	90	84	46	p<.10
ボディケア得点	M	3.333	3.617	3.604	F=3.010
	SD	0.903	0.750	0.829	df=2/219
	n	90	85	47	p<.10
だらしなさ得点	M	2.222	2.075	2.471	F=3.272
	SD	0.876	0.838	0.806	df=2/218
	n	90	85	46	p<.05

2) 結果と考察

　前章の調査2と同じ基準で調査対象者をギャル度高群，中群，低群の3群に分けた。3群の女子力尺度下位尺度得点の平均値と群の違いを独立変数とした一要因分散分析結果を表6.3に示した。

　オシャレ・カワイイ得点では有意な主効果が認められ，Bonferroni法多重

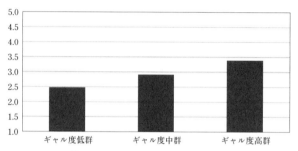

図6.9　オシャレ・カワイイ得点・調査2

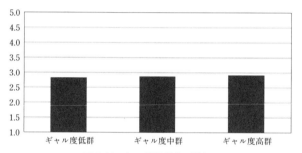

図6.10　キレイ好き得点・調査2

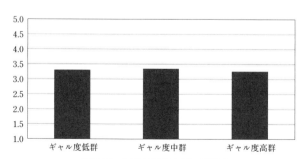

図6.11　女子の持ち物得点・調査2

比較からギャル度高・中・低の順に得点が高いことを示す有意差が認められた（図6.9）。

キレイ好き得点（図6.10），女子の持ち物得点（図6.11）では群の違いの有意な主効果は認められなかった。

優しい雰囲気得点では，群の違いの有意な主効果が認められ，Bonferroni

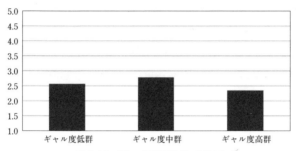

図6.12　優しい雰囲気得点・調査2

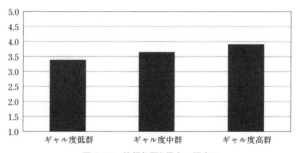

図6.13　笑顔気配り得点・調査2

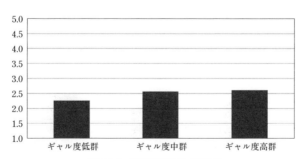

図6.14　料理裁縫得点・調査2

法多重比較からギャル度中群は高群よりも得点が高いことを示す有意差が認められた（図6.12）。

　笑顔気配り得点でも有意な主効果が認められ，Bonferroni法多重比較からギャル度高群は低群よりも得点が高いことを示す有意差が認められた（図6.13）。

　料理裁縫得点では有意傾向の主効果が認められたが，Bonferroni法多重比較では有意差は認められなかった（図6.14）。ボディケア得点でも有意傾向の主効果が認められ，Bonferroni法多重比較からギャル度中群は低群よりも得点が高いことが示唆された（図6.15）。

　だらしなさ得点では有意な主効果が認められ，Bonferroni法多重比較からギャル度高群は中群よりも得点が高いことを示す有意差が認められた（図6.16）。

　ギャル度高群は，オシャレでカワイイ自分になるために努力し，他者からオシャレでカワイイと評価され，笑顔で気配りして周囲の人を快適にするよ

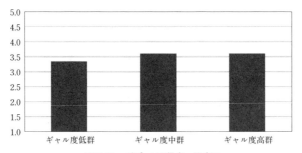

図6.15　ボディケア得点・調査2

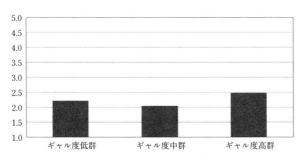

図6.16　だらしなさ得点・調査2

うに心がける一方で，だらしない面があると自己評価する傾向が強いことが
わかった。この「カワイイ」と「気配り」に関しては，世間のギャル・イ
メージと整合しないだろう。また料理裁縫得点では有意差は認められていな
いため，一概にギャルが特別女子力が低いとは言えない。もっとも調査1と
同様に，平均値からするとギャルであるかどうかにかかわらず女子大生の家
事のスキルはあまり高くないようである。

　前章で検討したように，ヤンキーやギャルは地元の先輩や仲間を準拠集団
としている。先輩・後輩関係を重視する準拠集団で，ギャルは同年代の女性
よりも地元の仲間や先輩など年長者と接することが多くなる。その中には機
嫌を損ねると怖い年長者もいるだろう。また，それらの準拠集団の人間関係
においては男らしさや男の対面が重視され，ギャルには男の面子を潰さない
ことが求められる。そのためギャルは同年代の女性よりも気配りなどの社会
的スキルを身につけていくのだと考えられる。ただし，ギャルたちは準拠集
団のメンバーには笑顔で気配りするが，90年代のコギャルたちがオタク女子
に否定的態度をとった（上間，2002）ように，外集団には配慮せずだらしない
部分で雑に対応すると解釈できる。

　ギャルのオシャレ・カワイイ得点が高いことに関して世間のイメージと
ギャップが生じるのは，ギャルの過剰装飾のためであると考えられる。前章
で検討したように，準拠集団内の相互承認と集団極性化により，ギャルのオ
シャレやカワイイの基準が外集団と異なり極端なものになる。ギャルは自分
がカワイイと思う要素を重ねる結果，ギャル系以外には盛りすぎでカワイイ
と思えなくなってしまうのである。ギャルは地元のヤンキーやギャルといっ
た準拠集団に対応した女子力を身につけているのである。

4. 女子力のオプション化

　本研究で女子力として扱った「女性らしい言動」には身だしなみやマナー，
社会的スキルなどのベーシックな部分と，自分をよりオシャレに女性らしく
見せるためのオプショナルな部分に分けることができる。例えば，女子の持

ち物に関してティッシュやハンカチがなかったら日常生活で困ることも多いだろう。ボディケアに関して唇や肌が荒れたりムダ毛が見えたりすると自分でも嫌だし，友人たちからの評価も下がるだろう。笑顔を心がけ周囲の人に気を配り親切にすることは，周囲の人たちとの摩擦を避け良好な関係を維持するために必要な社会的スキルである。これらのベーシックな部分は女性だけでなく，男性にもあてはまる部分も大きい。これらの欠如は社会集団において自分の評価を確実に下げることになるのである。

それに対して服やコスメにお金をかけ美容に労力を惜しまない，朝からばっちり化粧をして服や髪型，肌の手入れに手抜きをしないことは，自分の外見を良くすることに高い価値をおいていなければできない行動である。大きな声で話をしないで綺麗な言葉遣いでおしとやかにしていることも，「女性らしさ」の自己呈示を意図した行動である。女性らしい自分を見せることに高い価値をおき，それにより得られる快，あるいはメリットを求める行動である。これらは，押さえておかないとマイナスが生じるベーシックな女子力というよりも，プラスアルファを求めるオプショナルな女子力である。では，オプショナルな女子力を高めることで得られるプラスアルファとは何だろうか。

「父性主義的騎士道」と呼ばれる考え方がある。デート場面において男性が女性を保護し女性の世話をするべきだという考え方である。男性は女性に奉仕すべきという意味でのレディーファーストである。土肥（1995）は，デート場面で男性は「相手を家に送る，重い荷物を持つ，相手をエスコートする」などの父性主義的騎士道精神を発揮する行動をとることを報告している。オプショナルな女子力を高め高女子力自己呈示をすることで，タフな男性からの保護と世話，女性としての特別扱いを求めているのである。レディーになることで騎士に守ってもらおうとしているのである。

この「父性主義的騎士道」はギャルにあてはめることもできる。ギャルたちはギャル好き男性やヤンキー系男性に守ってもらうために，ギャルとしての雑で下品でセクシーな女子力を身につけるのである。ギャルは上品なレディーになる努力はしないけど，女性として自分を特別扱いして後ろ盾になってくれるヤンキー系男性の面子を立て気配りをするのである。

なぜ，腐女子群はオプショナルな女子力を高め女性としての特別扱いを求める傾向が弱いのだろうか。腐女子群は BL 嗜好を持つオタク女性である。女性オタク群よりもオタク度が高いオタクである（山岡, 2016）。商業誌の BL 作品ではなく，原典では恋愛関係にない男性キャラクターを使った BL 作品は同人誌でしか見ることができない。同人誌は俗に「薄くて高い本」と呼ばれるが，少数製本のために商業誌と比べるとはるかに単価が高くなる。腐女子群は自分の外見を良く見せることよりも，オタク趣味や BL 趣味に高い価値をおいているのである。女子力を高めることにより得られる快よりも，オタク趣味や BL 趣味により得られる快の方が腐女子群にとっては報償としての価値が高いのである。生活するためにマイナスにならないように身だしなみには気をつけるが，それ以上のお金は自分の趣味に回すのである。

5. 総合考察

　女子力とはもともとは「女らしさ」を強調する言葉ではなかったと思われる。安野モヨコ（2001）が提唱した「その場で自分を可愛く見せる格好をしたり，身だしなみや美しさを考えて行動したりする力」である女子力は，女性としての魅力を 100％生かす自己呈示能力という意味だった。その「女性としての魅力」を「女らしさ」の方向にシフトさせたのはサイレントマジョリティーである一般女性たちだったと考えることができる。たしかに「女らしさ」は男性中心社会で男性に都合良く作られた女性の性役割規範だろう（5 章参照）。しかし何世代にもわたり「女らしさ」を教育され，その価値観を内面化していった多くの女性にとって「女らしさ」は行動指針，ジェンダー規範として機能する。女性がジェンダー規範に適合して生きることで幸福感を感じることは悪いことなのだろうか。

　「男性の女性支配を正当化し女性に社会的権力を与えないための好意的行動」は好意的性差別や（保護的）パターナリズムと呼ばれる。前述の「父性主義的騎士道」もその一つだろう。「女らしい女性」として女子力を高め，男性から好意と保護を引き出し，幸福感を感じることは間違いなのだろうか。

男性中心社会を維持するために作られたジェンダー規範に適合した生活に幸福を求めることは女性差別を容認することになるから悪しきことなのだろうか。

奴隷としてアフリカから連れてこられた人々の子孫であるアメリカ黒人は，アメリカ社会の中で差別と闘いアメリカ国民としての権利を獲得し，アメリカ社会に適合して生活している。「アメリカ黒人がアメリカ社会に適合して幸福感を感じることは，黒人差別を容認することになるから悪しきことである」，という主張はアメリカの社会秩序を破壊するものであり，けして容認されるものではないだろう。

「女らしさ」のジェンダー規範に適合して生きてきた多くの女性たちは，自分たちの価値観を性差別の結果として否定するフェミニストの主張に居心地の悪い思いをしてきただろう。「家父長制」とも訳されるパターナリズム（paternalism）とは，「強い立場にある者が，弱い立場にある者の利益のためとして，本人の意志は問わずに介入し干渉し支援すること」である。「女らしさ」を否定するフェミニストの多くは高学歴女性であり，「女らしさ」を価値観として生きる多くの女性にとってフェミニストたちの主張は，まさに上から目線のパターナリズムなのである。フェミニストたちの高圧的な態度は一般女性たちの心理学的リアクタンスを喚起し居心地の悪さを生み出すのである。

ギャルたちは「女っぽさ」を武器に，若い女性に「女らしさ」を求める社会に対して反乱を起こした。「女らしさ」をジェンダー規範とした女性たちにとって，ギャルたちは「女らしさ」カーストの中で自分たちよりも低い階層の存在だった。1990年代から2000年代にかけて，ギャルたちが「女らしさ」のジェンダー規範を無視して傍若無人に振る舞い，それをマスコミが賞賛し若い女性たちがギャル化し勢力を拡大していった。そんなギャルたちの「女っぽさの反乱」に対して，「女らしさ」を価値観として生きる女性たちの静かな逆襲が「女子力」だったではないだろうか。

6. まとめ

「女らしさ」はフェミニストたちからは攻撃され，ギャルたちからはないが

しろにされてきた。その「女らしさ」をジェンダー規範にするサイレントマジョリティである一般女性たちは，「女性としての魅力を強調する自己呈示能力」だった女子力を「女らしさ」の方向にシフトさせた。外見だけじゃなく「女性らしい気配り」や「ソフトで優しい雰囲気」といった「女らしさ」の価値観を女子力の重要な要素とすることに成功したのである。

　このことは女子力による差別化を生み出すとともに，「女らしさ」を女性の必修科目から選択科目へと変化させ，「女子力のオプション化」を生み出した。伝統的な「女らしさ」を志向する多数派の女性たちは女子力を高めることで自己高揚動機を満たすことができる。一方，女らしい自己呈示が苦手な女性は，「私，女子力低いから」ということでエクスキューズできるようになった。またギャルたちは準拠集団にローカライズした女子力を身につけた。

　「女らしさ」が男性中心社会で男性に都合良く作られた女性の性役割規範であったとしても，それは男性だけが作ってきたものではないだろう。「女らしさ」を受容し内面化し，自らの行動規範とし，他の女性に差をつけるために女性たちが競い合ってきたものが「女子力」なのだろう。今後もフェミニストたちからの攻撃や，ギャルのような反乱は起こるだろう。それでも文化的価値観として日本に根付いた「女らしさ」とその発露である「女子力」は，時代に合わせて形を変えながらも生き続けるのではないだろうか。女性たちは「女らしさ」と「女っぽさ」の間でバランスをとって時代に合わせて生きていくのである。

引用文献

安野モヨコ（2001）．美人画報 ハイパー　講談社．

土肥伊都子（1995）．性役割分担志向性・実行度および愛情・好意度に及ぼす性別とジェンダー・パーソナリティの影響　関西学院大学社会学部紀要, *73*, 97-107.

松谷創一朗（2012）．ギャルと不思議ちゃん論――女の子たちの三十年戦争　原書房

上間陽子（2002）．現代女子高校生のアイデンティティ形成　教育学研究, *69*(3), 67-378.

山岡重行（2016）．腐女子の心理学　福村出版

7章
データに見る鉄道オタクの実像

岡田　努

本章では，前著『サブカルチャーの心理学』において述べた鉄道趣味者や鉄道オタクの階層およびその特徴に関する仮説について実証的に検討した研究論文を紹介するとともに，独自の追加分析を行った。その結果，前著で想定された，あるいは従来から考えられてきた鉄道オタクの印象とは異なる姿が浮かび上がってきた。また昨今の鉄道を取り巻く情勢をふまえて，鉄道オタクの将来像についてもあらためて考察を行った。

1. 本章の概要

　本章では，鉄道オタクを含む鉄道趣味を持つ者（ここでは鉄道趣味者と表記する）の心理学的特徴について実証データを中心に検討したい。

　鉄道趣味には撮影（撮り鉄），乗車（乗り鉄），録音，鉄道模型，廃線跡・未成線，グッズ蒐集，時刻表など様々な活動内容があるが，そうした鉄道趣味者についての実証的研究は数少ない。我が国では社会学における実態調査研究がいくつか見られるものの，心理学的変数との関連を実証的に検証した研究はこれまで見られない。

　『サブカルチャーの心理学』では，鉄道を趣味とする人々の実態について，文献のレビューも含めて考察を行い，図7.1のようなモデルを想定した（岡田，2020）。

　最下段は単なる旅行好きとあまり変わらない強いこだわりのない人たちであり，観光などの添え物として鉄道も楽しむ層である。旅先での観光にも積

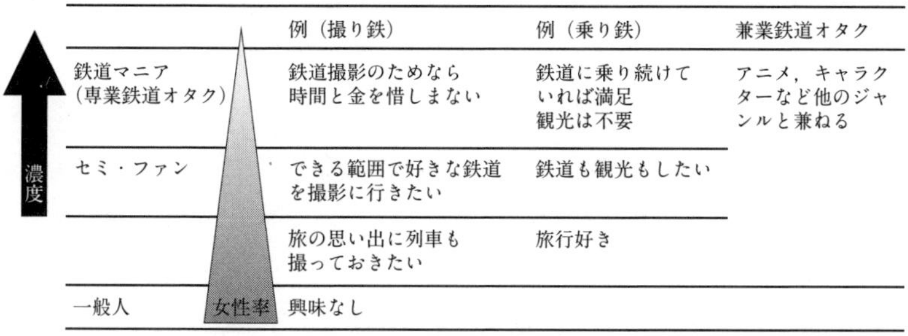

		例（撮り鉄）	例（乗り鉄）	兼業鉄道オタク
↑ 濃度	鉄道マニア（専業鉄道オタク）	鉄道撮影のためなら時間と金を惜しまない	鉄道に乗り続けていれば満足 観光は不要	アニメ、キャラクターなど他のジャンルと兼ねる
	セミ・ファン	できる範囲で好きな鉄道を撮影に行きたい	鉄道も観光もしたい	
		旅の思い出に列車も撮っておきたい	旅行好き	
	一般人　女性率	興味なし		

図 7.1　当初想定された鉄道ファンの「濃度」と女性参入の関係（岡田，2020）

極的で，むしろそちらがメインとなる。中間的な層は「セミ・ファン」と呼ばれる人たちで，できる範囲で鉄道にも関わりつつ観光なども楽しみたい層である。上部に近づくにつれ，鉄道への熱心さが強くなり，最上位層では鉄道に乗車することや撮影することに，人生すべてを賭ける「濃い」層，すなわち鉄道オタク層となる。旅の目的は鉄道そのものであり，鉄道に接することで満足し，観光地などに立ち寄るのは時間の無駄だと考える。ひたすら「乗り続け」「撮り続け」，その間の食事は最低限のものにすませるなど生活面はギリギリまで切り詰める。乗り放題のフリー切符を買えば，有効期間中は列車に乗れるだけ乗り続ける。また鉄道趣味者の多くは男性であり，特に図の上位の「濃い」層になるに従って女性の割合は減っていくと考えられた。

　鉄道趣味者（特に撮り鉄）の特徴として，撮影現場においても互いに挨拶もかわさず，ただ列車を撮影して無言で去って行く（鵜飼，1999），あるいは鉄道サークル・団体への加入にも消極的である（刈谷・辻，2011；辻・刈谷，2011）など，対人関係に消極的で，また自らの対人魅力を低く見積もり，否定的な自己イメージを持つという先行研究が紹介された（鵜飼，1999；辻，2018）。

　菊池（2020）は1990年代後半から2000年代にかけて，アニメやマンガを中心としたおたく市場とそこに参入するオタク層が爆発的に拡大する中で，おたくイメージがポジティブなものへと変容し，表記についてもネガティブなスティグマとしての「おたく」からカタカナの「オタク」へと変化して

いったことを述べている。オタクが多数派になり，また特異な一部の男性だけでなく女性にも深く浸透していくような変化は「オタク・ノーマライゼーション」と呼ばれている（山岡, 2016；辻・岡部, 2014）。しかし鉄道趣味者の自己イメージが否定的であるならば，それは鉄道オタクへの否定的なまなざしの反映であり，オタク・ノーマライゼーションが浸透していない可能性が示唆される。

　さらに，鉄道趣味における，細かな違いを探求する「微視性」や全車両撮影や全線乗り潰しなどすべてを制覇したがる「悉皆性」といった特徴（西野, 2001a; 2001b; 2001c）が，対象や事象への極端な注意や固執といった自閉症スペクトラム（ASD）の特徴（若林, 2016）と共通すること，また臨床ケース報告などにおいても ASD 当事者に鉄道好きが多いことが報告されている（本田, 2009 など）など，鉄道趣味と自閉症スペクトラム傾向との関連の可能性についても述べられた。

　しかし以上の点については，先にも述べたように実証的な心理学的検討はこれまでなされてきていない。

　今回はそうした点について検討した調査研究（岡田, 2021）を取り上げ，その一部について，新たな分析も追加しつつ，一般の読者にも理解できるような形で紹介したい。

2. 研究

(1) 方法

　2020 年 6 月にモニタ型 Web 調査という方法でアンケート調査が行われた。これは調査会社にあらかじめ登録してある回答モニタに対してオンラインでの調査を行うものである。回答者は日本国内全国から集められた 412 名（男性 127 名，女性 285 名，すべて匿名）で，年齢は 15 歳から 29 歳であった。

　なお統計処理に必要な人数の鉄道趣味者のデータを集めるため，下記の①「趣味の内容」で「鉄道」を選ぶ者が 100 名以上に達するまで調査を実施した。

本章に関連した質問内容は以下の通りである。まず以下の質問は全ての回答者に対して実施した。

①趣味の内容　どのような趣味を持つかについて尋ねた。鉄道を含む 10 の趣味領域および「趣味はない」「この中にはない」の 12 の選択肢の中から当てはまるものを，複数回答で選んでもらった。

②自尊感情　ローゼンバーグ（Rosenberg, 1965）が作成し山本・松井・山成（1982）が邦訳した自尊感情尺度から 9 項目を実施した。

③自閉症スペクトラム傾向　「自閉症スペクトラム指標（AQ）」（株式会社三京房）を著作権者の許諾のもとで実施した。これは自閉症スペクトラムに見られる特性や表現型について，定型発達者も含めた個人差を測定することができるものである。

　以下は基本的に「1. 趣味の内容」で「鉄道」を選んだ回答者に対する質問である。

④鉄道趣味者の呼称　自分を表すのに適切と思われる呼称を「鉄道ファン，鉄道マニア，鉄道おたく（オタク），鉄ちゃん，それ以外，特にない」の選択肢の中から複数回答可で選んでもらった。

⑤鉄道趣味活動の内容　鉄道趣味として主にどのような活動を行っているかを 13 の選択肢の中から複数回答可で回答してもらった。選択肢の内容は 1）列車に乗る，2）駅を見る，3）旅行をする，4）列車や車両の撮影をする，5）列車の音を録音する，6）廃線跡や未成線を訪ねる，7）鉄道模型を楽しむ，8）鉄道部品やグッズを収集する，9）時刻表を読む・架空旅行をする，10）鉄道に関する歴史資料などを集めて研究する，11）鉄道業務に関する知識を集める，12）車両工学，建設など技術的な知識を得る，13）その他　であった。

⑥鉄道オタク度　山岡（2016）が作成したマンガ，アニメ，ゲームの分野でのオタク度を測る「オタク度尺度」から，項目を抽出し鉄道趣味向けに改編したものである（表7.1）。このうち項目 6 から 15 は鉄道に限らず趣味一般に通用する内容であるため，「①趣味の内容」で「趣味はない」に答えた回答者を除いた全員を対象に実施した。

表 7.1　鉄道オタク尺度の項目

1. 鉄道が好きである
2. 鉄道趣味のためならば，いくらでもお金をかけてしまうことを厭わない
3. 鉄道の話が聞こえてくると自分も参加したくなる
4. 鉄道について詳しい
5. 鉄道に対する情熱は，なくならないと思う
6. 趣味に対してこだわりがある
7. 自分の好きなものに対して詳しく調べる
8. 趣味に熱中していると嫌なことを忘れる
9. 友達同士で好きなものの話をしているのが楽しい
10. 好きなものに囲まれると幸福感がある
11. 自分の趣味の話で盛り上がりたい
12. 同じ趣味の仲間同士でいると安心感がある
13. 自分の趣味の世界に没頭していたい
14. 自分は他の人と価値観やモノの感じ方に違いがあると思う
15. 自分と同じものを持っている人や同じものが好きな人がいると仲間意識を感じる

岡田努（2021）．「鉄道オタク青年の対人行動と自己に関する探索的検討」金沢大学人間科学系研究
紀要, *13*, 27-44, Table4 に基づいて作成

（2）結果と考察

①鉄道趣味者の内実

　鉄道趣味を選んだ回答者の中で自分を表すのに適切と思う言葉を選んでも
らったところ，大半が「鉄道ファン」を選んでいた。一方「マニア」「オタ
ク」を選ぶ率は低く，評判がよくないようである（表7.2）。

　鉄道趣味者を分類するために，④鉄道趣味者の呼称および⑤趣味活動の内
容に基づいて，潜在クラス分析という手法を用いて分析を行った。これは投
入した変数（ここでは呼称や趣味内容）の値に基づいて似たようなパターンを
示す人たちをグループ化する方法の一つである。分析の結果, 4つのクラス
（グループ）に分類された（図7.2）。第1クラスは，どの呼称に対する選択も
低く，趣味活動としては「旅行をする」のみが高いなど，さほど濃い趣味活
動を行っていないグループと考えられ「緩い旅行派」と名付けられた。図7.1
における裾野に該当するグループと言えよう。第2クラスは「鉄道ファン，
鉄道マニア，鉄道おたく（オタク）」が自分に該当すると考えていて，「列車に

表 7.2　自身を表すのに適切と思う言葉（複数回答可）

	人数	％
鉄道ファン	83	81.4
鉄道マニア	25	24.5
鉄道おたく（オタク）	28	27.5
鉄ちゃん	23	22.5
その他	1	1.0
特にない	8	7.8

岡田努（2021）．『鉄道オタク青年の対人行動と自己に関する探索的検討』金沢大学人間科学系研究紀要, *13*, 27-44, Table3 に基づいて作成

乗る」「駅を見る」「旅行をする」「時刻表を読む・架空旅行を計画する」などに高い活動を示すことから，鉄道への乗車を中心とした熱心な趣味活動を行うグループと考えられ，「乗り鉄オタク」と命名された。第3クラスは，活動の中心は「乗り鉄オタク」（第2クラス）と似ているが，自らを表す呼称としては「鉄道ファン」のみが高く，オタクと呼べるほどの熱心さが見られないことから「乗り鉄ファン」とした。このグループは「乗り鉄オタク」（第2クラス）とは異なり「時刻表を読む・架空旅行を計画する」といった活動への関心が低く，他にも「廃線跡や未成線を訪ねる」「鉄道模型を楽しむ」「鉄道部品やグッズを収集する」などへの関心も第2クラスよりも低く，図7.1では下から2番目あたりのセミ・ファン層に該当しそうである。第4クラスは少数派の「濃い」グループである。「オタク」という呼び方を自己受容しており，またあらゆる活動内容全般に反応が高いことから「鉄道全般オタク」と命名された。鉄道に関する趣味活動には何にでも興味を示す「鉄道命」の群と言える。図7.1の最上位にあたる「鉄道マニア」そのものの層である。

　以上のように，これまで言われてきた鉄道趣味のジャンルと一致するのは「乗り鉄」だけであった。それ以外では特定の活動（たとえば撮影）だけが突出しているグループはなかった。つまり鉄道オタクのうち「撮り鉄」と呼ばれているものは，実際には鉄道全般に興味を持つ層が中心となっている可能性がある。

　潜在クラス分析では各個人は最も顕著な特徴を示す群に分類されるが，実際には各個人は他の群の特徴も併せ持っている可能性がある。（論文では言及しなかったが）各群のメンバーがどれだけ明確にその群に所属しているかを示す「各クラスに対する平均所属確率」は，オタクを自認しない第1，第3クラスがそれぞれ95.8％，95.2％であったのに対し，オタクを自認する第2，第

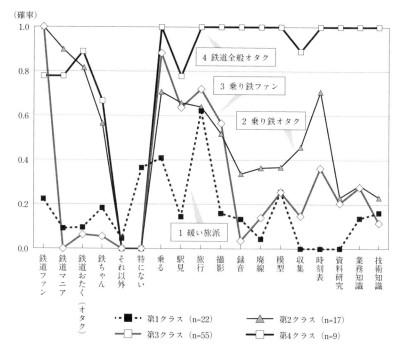

（確率）

凡例：
- ···■··· 第1クラス（n=22）
- ──▲── 第2クラス（n=17）
- ──□── 第3クラス（n=55）
- ──■── 第4クラス（n=9）

図7.2　鉄道趣味者の分類（条件付き応答確率）

岡田努（2021）.『鉄道オタク青年の対人行動と自己に関する探索的検討』金沢大学人間科学系研究紀要, *13*, 27-44, Figure 1 から改変

4クラスはともに100%であった。つまり非オタクな人たちは他の群の特徴も混ざり合った人がいるのに対して，オタクを自認する人たちは所属する群の特徴を明確に示しており「オタク道」を貫徹しているとも言えるだろう。

　鉄道オタク度の水準について各群間で比較したところ表7.3の通りとなった。統計的には，「緩い旅派（第1クラス）」「乗り鉄ファン（第3クラス）」のオタク度が小さく，反対に「鉄道全般オタク（第4クラス）」が最大であり，図7.2に基づいた解釈と一致する結果となった。なお「乗り鉄オタク（第2クラス）」は他のどの群とも有意な差は見られなかった。

②鉄道趣味者は自尊感情が低いのか？

　それでは，こうした鉄道趣味のグループの自尊感情はどうだっただろうか。

表 7.3　鉄道オタク度尺度の得点

	1　緩い旅派	2　乗り鉄オタク	3　乗り鉄ファン	4　鉄道全般オタク
平均	49.58	59.15	54.37	65.50
SD	10.70	6.22	9.97	11.67
N	19	13	52	8

多重比較結果 $F(3, 88)=5.78$, $p<.01$, 偏η^2=.165, 1, 3<4
岡田努（2021）.『鉄道オタク青年の対人行動と自己に関する探索的検討』金沢大学人間科学系研究紀要, *13*, 27-44, Table 9 に基づいて作成

図 7.3 は鉄道趣味以外の人（非鉄）と鉄道を趣味とする回答者全体，および各クラスでの自尊感情の平均値を示したものである。ここに見られるように，鉄道趣味者とそれ以外の間（$F(1, 381)=3.40$, ns）でも，また鉄道趣味者の各クラスの間（$F(3, 88)=.20$, ns）でも，自尊感情の得点には大きな差は見られなかった。鉄道趣味者の自己イメージが否定的で自尊感情が低いというこれまでの言説は，この調査においては支持されなかったと言えよう。

　この結果は，どのように読み解くことができるだろう？　第一に，オタク・ノーマライゼーションが鉄道の世界にも広まってきたという解釈があるだろう。近年では，鉄道好きを標榜するアイドルがメディアに登場したり，鉄道オタクが SNS で脚光を浴びたりするなど，鉄道趣味もメイン・カルチャーと

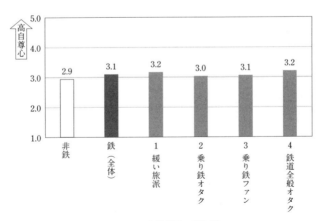

図 7.3　自尊感情の平均値

岡田努（2021）.『鉄道オタク青年の対人行動と自己に関する探索的検討』金沢大学人間科学系研究紀要, *13*, 27-44, Table 6・Table 9 に基づいて作成

次第に接近してきている。鉄道オタクがかつてのように一般社会から見て異質な存在ではなくなり，受け入れられる存在になる過程で，鉄道趣味者自身の自己像も肯定的な方向に変容してきたのかもしれない。

　本書では，追加分析として，鉄道に限定されない一般的なオタク度（鉄道オタク尺度のうち項目6から15）と自尊感情との相関も求めた。その結果，$r=.122$（$p<.05$）とわずかながら正の相関関係が見られた。すなわち，鉄道に限らず一般的に趣味的活動に熱中する人ほど自尊感情は高い傾向こそあれ，自尊感情の低さとは結びつかないと言えよう。このこともオタク・ノーマライゼーションのあらわれと言えるだろう。

　もう一つの視点として，自尊感情の内実に関する問題が挙げられる。自尊感情には，「とてもよい（very good）」と「これでよい（good enough）」という2つの要素があるとされている（Rosenberg, 1965）。「とてもよい」という自尊感情は，他者と比較したときに自分が優れているという評価にともなう「優越性」「完全性」といった感情と結びついている。それに対して「これでよい」という自尊感情は，自分自身の基準に基づいて自分を受け入れられるかどうかという感情を意味している。今回の調査で用いられた自尊感情尺度は「これでよい」という側面を主に測っていると作成者である Rosenberg（1965）は述べている。

　一方，これまで社会学などから指摘されてきた鉄道オタクの自己肯定感の低さの根拠は，（男性ファンが）「女性にモテない」「ダサい」など，いわばモテる男性に比べて自分が劣っているという他者との比較に基づく評価であった。こうした「とてもよい」という次元における自尊感情は，異なる様相を示す可能性もありうる。

　しかし鉄道に限らずオタクにとって「とてもよい」自尊感情の源泉は，「モテる」といった性愛的なものだけではなく，知識量や活動，経験量などをオタク同士で比較し競うといった社会的比較もあるだろう。この場合，より濃いオタク層の方が高い自尊感情を示すことが考えられる。この点についてはさらなる検討が必要となるであろう。

③自閉症スペクトラム傾向との関係

　非鉄層，鉄道趣味者全体および各群での自閉症スペクトラム傾向（AQ 得点）の平均値の比較を図 7.4 に示した。自尊感情と同様，鉄道趣味を持たない「非鉄」に比べ鉄道趣味者の自閉症スペクトラム傾向が高い傾向（$F(1, 381)=3.40$, ns）も，濃いオタク層がより自閉症スペクトラム傾向が高い傾向（$F(3, 88)=0.00$, ns）も見られなかった。すなわち鉄道趣味そのものと ASD 傾向の関連は見られず，宮本（2016）の主張に沿った結果であると言えよう。さらに本書の追加分析として，一般的なオタク度（鉄道オタク尺度のうち項目 6 から 15）と自閉症スペクトラムの相関を求めた。その結果，AQ 尺度の単純な合成得点（採点のために換算する以前の合計点）との相関は -.131（$p<.05$）と弱いながら負の相関が見られた。すなわち，鉄道に限らず，一般的にオタク的に趣味活動に夢中になる人は，自閉症スペクトラム傾向が「高い」とは言えず，むしろ「低い」傾向さえ見られたということである。

　菊地（2020）はオタクの特性を発達障害と安易に重ね合わせるステレオタイプ的な見方に対して警鐘を鳴らしているが，本研究の結果からもそうしたことが裏書きされたと言えるだろう。

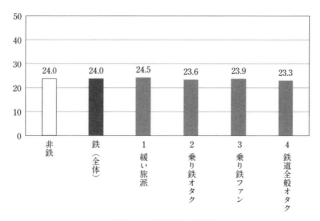

図 7.4　AQ 得点の平均値
岡田努（2021）．『鉄道オタク青年の対人行動と自己に関する探索的検討』金沢大学人間科学系研究紀要, *13*, 27-44, Table 6・Table 9 に基づいて作成

④鉄道オタクと性差：本当に男性の趣味なのか？

　趣味対象として鉄道を選択した割合を性別ごとに集計した結果を表7.4に示す。

　男性では鉄道を選択した者は67%あったのに対して，女性は81%が不選択であり，数の上では鉄道趣味者は圧倒的に男性に偏っている。しかし，鉄道趣味者内で比較した場合，鉄道オタク度の平均値は男女間でほぼ同水準であり，統計的にも有意な差は見られなかった（表7.5）。

　表7.6に性別ごとの「趣味活動の内容」を示す。なお複数回答のため，性別ごとの鉄道を趣味として選んだ総数を分母としている。ここに見られるように10%以上の差があった項目を見ると，女性は「駅を見る」「鉄道模型を楽しむ」「鉄道部品やグッズを収集する」「鉄道に関する歴史資料などを集めて研究する」「車両工学，建設など技術的な知識を得る」が男性より高く，反対に，「時刻表を読む・架空旅行を計画する」は男性が高かった。このように女性趣味者の熱意が全般的に男性よりも低調ということはなく，「旅行」に限らずいくつかの分野で女性の方が高いことが分かる。

　この結果をより視覚的に示すために，追加の分析として，趣味活動の内容および性別の関係を「多重コレスポンデンス分析」という方法で分析した。これは，それぞれの項目同士（ここでは趣味活動や性別）の回答パターンが類似したものを近くに布置する分析方法である。なお分析では第3軸までを抽出したが，第1軸は活動の「選択」「不選択」を分ける軸であったため，第2，3軸を取り上げ，性別と選択された活動の重心座標をプロットしたものについて解釈を行った。分析結果を図7.5に示す。

　ここに見られるように，原点を

表7.4　鉄道趣味の男女別選択数（（　）内は%）

	男性	女性	計
鉄道選択	69(67.0)	34(33.0)	103(100)
鉄道不選択	58(18.8)	251(81.2)	309(100)

$\chi^2(1)=84.236, p<.01$
岡田努（2021）．『鉄道オタク青年の対人行動と自己に関する探索的検討』金沢大学人間科学系研究紀要，13, 27-44. Table 5 に基づいて作成

表7.5　鉄道オタク度尺度の男女別得点
（追加分析）

	男性	女性
平均	54.42	54.65
SD	9.77	13.58
N	67	34

$t(99)=0.88, p>.05, d=.02$

表 7.6　鉄道趣味活動数（複数回答可）

	男性	女性	計人数
列車に乗る	75.36(52)	76.47(26)	78
<u>駅を見る</u>	50.72(35)	<u>61.76(21)</u>	56
旅行をする	68.12(47)	76.47(26)	73
列車や車両の撮影をする	49.28(34)	52.94(18)	52
列車の音を録音する	17.39(12)	23.53(8)	20
廃線跡や未成線を訪ねる	20.29(14)	29.41(10)	24
<u>鉄道模型を楽しむ</u>	30.43(21)	<u>41.18(14)</u>	35
<u>鉄道部品やグッズを収集する</u>	15.94(11)	<u>38.24(13)</u>	24
<u>時刻表を読む・架空旅行を計画する</u>	<u>44.93(31)</u>	29.41(10)	41
<u>鉄道に関する歴史資料などを集めて研究する</u>	18.84(13)	<u>32.35(11)</u>	24
鉄道業務に関する知識を集める	33.33(23)	26.47(9)	32
<u>車両工学，建設など技術的な知識を得る</u>	17.39(12)	<u>32.35(11)</u>	23
その他	2.90(2)	0.00(0)	2
計人数	69	34	

比率（実数）
比率は性別ごとの鉄道趣味者数を分母にしている。
下線：女性の方が10％以上高いものに実線，男性の方が10％以上高いものに波線
岡田努（2021）．『鉄道オタク青年の対人行動と自己に関する探索的検討』金沢大学人間科学系研究
紀要, *13*, 27-44, Table 2 に基づいて作成

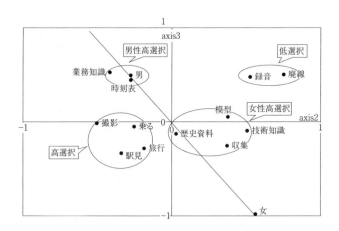

図 7.5　性別と趣味活動内容によるコレスポンテンス分析の布置

中心に右下がりで男女を分ける線が引けるようである。そしてこの線の左上には「鉄道業務に関する知識を集める」「時刻表を読む・架空旅行を計画する」など男性の選択率が比較的高かったものが男性プロット付近にまとまり、右下には「鉄道模型を楽しむ」「車両工学、建設など技術的な知識を得る」「鉄道に関する歴史資料などを集めて研究する」「鉄道部品やグッズを収集する」など女性の選択率が高かったものが女性プロット付近にまとまっていた。技術的な知識のような「理系」的な活動はもっぱら男性に好まれると思われがちだが、そうしたステレオタイプとは異なる傾向が見られたことは新たな発見であろう。

　鉄道趣味は基本的にはその対象を直接所有することが不可能な趣味である。自ら作り出すことによって所有する「模型」、記録という形で記憶を断片的に所有する「撮影や録音」、また鉄道の一部を所有する「部品やグッズの収集」といった活動は、所有できない対象を間接的、部分的にでも所有することによる代償的な満足と捉えることもできる。『サブカルチャーの心理学』（岡田、2020）でも触れたように、ジェンダー論の視点からは、「男らしさ」には「優越志向」「所有志向」「権力志向」の３つの志向性が存在し（伊藤、1993, 1996)、男性鉄道マニアは外見的魅力が低いという自覚を補うためにマニア同士での知識やグッズ収集を通してそうした「男らしさ」を競っているという言説がある（鵜飼、1999)。しかし、本研究では「所有」を志向するような趣味活動は性別にかかわらず広がりが見られ、「男らしさの誇示」としての「鉄道オタク」を支持する結果は得られなかった。

　その他「列車や車両の撮影をする」「列車に乗る」「駅を見る」「旅行をする」などは、男女ともに選択率が高い活動がまとまっている。これらの活動は鉄道趣味の王道として多くのファンが共通に行うものであり、図7.2についての分析と同様、ここでも「撮り鉄」のような撮影に特化し突出した「鉄オタ」がいるというイメージとは異なることが分かる。また、「列車の音を録音する」「廃線跡や未成線を訪ねる」といった活動はやや特異的な活動と言えそうである。

　最後に、鉄道趣味のグループごとの男女比を図7.6に示す。ここに見られ

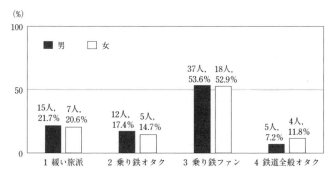

図 7.6　各クラスの構成人数の男女比

岡田努（2021）.『鉄道オタク青年の対人行動と自己に関する探索的検討』金沢大学人間科学系研究紀要, *13*, 27-44, Table 8 に基づいて作成

るように，それぞれのグループでの男女差はほとんどないことが分かる。つまり当初想定していたような，女性が比較的緩い趣味層に集中し，より「鉄分の濃い」オタク層は男性に偏るといった傾向はなく，どのグループでも同程度の水準で男女が分布していることが分かる。

　塩見（2012）は，大学の鉄道研究会の女性会員への聞き取り調査において，女性鉄道ファンを意味する「鉄子」という呼称について「にわかな印象がある」（傍点筆者）として抵抗感を示す事例を示している。今回のデータにおいても「にわか」ではない一定以上の知識や経験を持った女性鉄道趣味者の存在が推察される。

3. 展望

(1) 研究データの展望

　今回のデータから分かったことをまとめると，以下のようになるだろう。

　鉄道趣味者の自尊感情は，非趣味者（非鉄）と比べて決して低いとは言えない。また趣味者の中でもいわゆる「鉄分」の濃いオタク層の者ほど自尊感情が低いこともない。自閉症スペクトラム傾向との関係についても同様で，鉄道趣味者とそれ以外の差も，鉄分の濃さとの関係も見られなかった。女子の鉄道趣味者が少ない傾向は見られたが，「濃さ」による層の構成人数につい

て男女差は見られなかった。以上のように鉄道趣味者，鉄道オタクについて
これまで抱かれてきた印象と実態とは若干異なっていた。ただし今回の研究
は，調査人数も少なく，一般化した議論を行うには，さらに大規模な調査が
必要となる。

　また，鉄道以外のジャンルのオタクとの共通点と相違点についても，今後
検討が必要となる。

　アニメやアイドルなどのオタクは，その対象自体が一つの作品，創作性を
持っており，主題や物語性が存在している。オタクはその物語に（制作者の意
図とは異なる読み方をするにせよ）共感し寄り添う形で活動を続ける。

　一方，鉄道を含めた乗り物，軍事，さらに鉄塔やマンホールなどのオタク
の場合，対象はあくまで物語性のない実用目的のものであって，オタクが一
方的に自分の物語を投影しているにすぎない。オタクが妄想する「物語」は，
対象物そのものではなく対象に関与するオタク自身の活動の中で発生する。
たとえば子ども時代の家族旅行で見た鉄道の思い出に対して郷愁を感じるな
ど，個々人に固有の内的世界への眼差と言うことができる。つまりこうした
ジャンルへの愛は対象愛であるとともに，ある種（雑ぱくではあるが）自己愛
的な性質が含まれているとも言える。

　もちろん，そうしたオタクの対象になることに着目して敢えて物語性を付
加したもの＝キャラクター性のある車両なども登場しているが，それらはあ
くまで後づけ的なものでしかない。

　このように対象に対する寄り添い方，自己の投影の仕方が基本的に異なっ
ているオタクのあり方が，感情やパーソナリティなども含めた広義の「行
動」においてどのような違いを持つのかも今後の研究課題となるであろう。

(2) 鉄道オタクの未来

　鉄道オタクは，この先どのように変わっていくのだろう。

　鉄道オタクの世界でもオタク・ノーマライゼーションが進む中で，女性の
趣味者はこれからも増え続けていくだろう。その結果「鉄子」に代表される
ような緩いファン層だけでなく，これまで隠れていた「濃い」オタク層の女

性も表に出てきやすくなるだろう。実際，濃いオタクばかりが集まるような撮影現場にも，女性の姿が少しずつ見られるようになってきた。また女性ファンの増加とともに，アニメなど他のジャンルとの融合も進み，「ダサい」「おしゃれではない」といったイメージが払拭されていくことも考えられる。マンガ『鉄子の旅』では主人公が女性との関わりを持ちたい一心から鉄道好きな女性を増やして，鉄道界のアイドル（レールクイーン）を育成する願望を語っていた（菊地・横見，2005）。しかし，現代では，テレビ番組でも鉄道を主題にしたものがたびたび放映されるようになり，鉄道好きを標榜するアイドルタレントがそうした番組に登場することも多くなってきた。鉄道事業者も，濃いマニア向けだけでなく，子どもやファミリー向けの鉄道企画を盛んに行い，鉄道オタク予備軍を取り込み育てようとするようになってきた。こうした動きは鉄道趣味が一般化し，社会性をおびたものとして「ノーマライゼーション」の道を歩みつつあると言うこともできるだろう。また山岡（2016）はマンガ・アニメ・ゲーム分野でのオタクと非オタクの間で，外見や自己呈示に大きな差がないことを見いだした。鉄道オタクの世界でも「体育会系」や「さわやかな」鉄道オタクが一般的になる日が来るかもしれない。

　一方，鉄道を巡る環境そのものの変化も見逃せない。バス専用道やバスレーンなどを組み合わせ高次の機能を備えたバスシステムである BRT（Bus Rapid Transit）（国土交通省，2013）や，軌道と道路を行き来する DMV（Dual Mode Vehicle）などが赤字ローカル線救済の切り札として注目されたり，リニアモーターカーなど「レール」によらない「鉄道」（図 7.7）が実用化されたりするなど，鉄道趣味の境界線が次第にあいまいになってきた。こうしたことが鉄道趣味と他の趣味領域との相乗りを促進し，さらに広がりを見せていく可能性はある。

　ただし，以前からいた，人付き合いの悪いいかにも「おたく」ステレオタイプ的な「鉄ヲタ」はどこに居場所を求めていくのだろう。世間の動きとは無関係に自分の守備範囲の中でしぶとく生き残るのだろうか？　「撮り鉄の迷惑行為」など鉄道オタクの問題行動がしばしばニュースになる。こうした迷惑行為を行う鉄道趣味者には大きく分けて 2 種類がいると考えられる。一つ

は，何が迷惑行為なのか，また撮影者同士の暗黙のルールは何かなどを十分理解できていない新参のファン（いわゆる「にわか」）であり，もう一つが，自分が狙う「ネタ」を撮るためなら手段を選ばない極端な「濃い」ファンで，こうしたオタクは主にステレオタイプ的な「鉄ヲタ」層に含まれるだろう。両者の特徴の異同についてはさらなる検討が必要と考えるが，少なくとも後者の層は「ノーマライゼーション」に与することはないだろう。

　また迷惑行為を行わないまでも，よりニッチな方向に向かう層も出てくるだろう。

図 7.7　レールによらない「鉄道」：愛知高速交通株式会社（リニモ）

図 7.8　「鉄道趣味」の境界線上の例：工事用に一時的に敷かれたレール（手前）

ロープウェイなどの索道やケーブルカーなどを含めるのか，含めるとしたらどこまでを範囲とするのか（スキー場のリフトや工事運搬用のリフトなどの索道も含めるのか），土木工事や農業用に一時的に敷かれたレールを含めるのか，港湾やドックなどで船を水に浮かべるための船台のレール，工場などにある橋形クレーンの走行レールなど，輸送以外の目的でレールを用いるものは対象になるのかなど（図7.8），境界的な方向で悩む鉄道オタクも見られる。このようなコアなオタクたちは，よりアングラな分野の活動にはまり込み「ノーマライズ」とは無関係に黙々と自分の趣味に没入していくのかもしれない。

引用文献

本田秀夫（2009）．自閉症スペクトラム障害のコミュニティケア・システム　精神神経学雑誌, *111*, 1381-1386.

伊藤公雄（1993）．〈男らしさ〉のゆくえ──男性文化の文化社会学　新曜社

伊藤公雄（1996）．男性学入門　作品社

苅谷寿夫・辻泉（2011）．オンライン・ファンコミュニティの実態に関する研究──鉄道フォーラム・ウェブ・アンケート調査の結果から　松山大学総合研究所報, *68*, 2-132.

菊池直恵・横見浩彦（2005）．鉄子の旅 1 集　小学館

菊池聡（2020）．オタクの系譜学　山岡重行（編著）サブカルチャーの心理学──カウンターカルチャーから「オタク」「オタ」まで　福村出版, 29-56.

国土交通省（2013）．BRT の導入促進等に関する検討会 https://www.mlit.go.jp/jidosha/jidosha_tk1_000011.html

宮本信也（2016）．鉄道好きのそだち　そだちの科学, *26*, 日本評論社, 79-81.

西野保行（2001a）．時評・鉄道＆鉄道趣味（4）　鉄道ピクトリアル, *51*（4），鉄道図書刊行会, 101-103.

西野保行（2001b）．時評・鉄道＆鉄道趣味（6）　鉄道ピクトリアル, *51*（6），鉄道図書刊行会, 78-80.

西野保行（2001c）．時評・鉄道＆鉄道趣味（11）　鉄道ピクトリアル, *51*（11），鉄道図書刊行会, 97-99.

岡田努（2020）．鉄道オタク　山岡重行（編著）サブカルチャーの心理学──カウンターカルチャーから「オタク」「オタ」まで　福村出版, 127-145.

岡田努（2021）．鉄道オタク青年の対人行動と自己に関する探索的検討　金沢大学人間科学系研究紀要, *13*, 27-44. https://doi.org/10.24517/00061717

Rosenberg, M.（1965）. *Society and the adolescent self-image.*　Princeton: Princeton University Press.

塩見翔（2012）．大学鉄道研究会における女性会員にみる移動趣味の〈いま〉──インタビュー調査から見えてきたもの　Zero Carbon Society 研究センター紀要, 1, 関西学院大学, 59-72.

辻泉・苅谷寿夫（2011）．分析・鉄道趣味（2）　鉄道ピクトリアル, *61*（12），鉄道図書刊行会, 106-111.

辻泉・岡部大介（2014）．今こそ，オタクを語るべき時である　辻泉・岡部大介・伊藤瑞子（編）オタク的想像力のリミット──〈歴史・空間・交流〉から問う　筑摩書房, 7-30.

辻泉（2018）．鉄道少年達の時代──想像力の社会史　勁草書房

鵜飼正樹（1999）．鉄道マニアの考現学──「男らしさ」から離脱した男たちの逆説　西川祐子・萩野美穂（編）共同研究 男性論　人文書院, 96-121.

若林明雄（2016）．成人用 AQ 日本語版 自閉症スペクトラム指数使用手引　三京房

山岡重行（2016）．腐女子の心理学――彼女たちはなぜ BL（男性同性愛）を好むのか　福村出版

山本真理子・松井豊・山成由紀子（1982）．認知された自己の諸側面の構造　教育心理学研究, *30*, 64-68. https://doi.org/10.5926/jjep1953.30.1_64

参考文献

岡田努（2020）．鉄道オタク　山岡重行（編著）サブカルチャーの心理学――カウンターカルチャーから「オタク」「オタ」まで　福村出版, 127-145.

岡田努（2021）．鉄道オタク青年の対人行動と自己に関する探索的検討　金沢大学人間科学系研究紀要, *13*, 27-44. https://doi.org/10.24517/00061717

8章
オタクとキャリア

山田智之

本稿は，Super（1980）のライフ・キャリア・レインボーに示された余暇の中で行われる様々な活動を楽しむ役割である「余暇人」が，オタクと総称される人々の活動と深い関係がある考え，オタク自認者に焦点をあて，人のキャリアにおける職業観について検討したものである。その結果，オタクを自認する者は，職業によって社会への貢献や自己実現を図ろうとはせず，余暇の中で社会への貢献や自己実現を図っていることが示唆された。

1. 問題と目的

　Super（1957）は，人のライフステージとキャリア発達を関連づけて考え，キャリアは単に青年期に選択され決定されるのではなく，生涯にわたって発達し変化し続けるものであると考えた。そして，キャリアを成長・探索・確立・維持・衰退の一連のサイクルで捉え，このサイクルの大小が螺旋状に繰り返されることによって発達するとした。このような人のキャリアについて，Super（1980）は，一人の人間が一生の間に果たす役割の組み合わせと順序であると定義している。この役割には，子供・学生・労働者・配偶者・家庭人・親・余暇人・市民・年金生活者といった多くの人が経験する「期待される役割」と，犯罪者などの「あまり一般的ではない役割」があるとし，多次元的なキャリアや各役割への時間的関与などを概念化したライフ・キャリア・レインボー（Life Career Rainbow）を示している（図 8.1）。

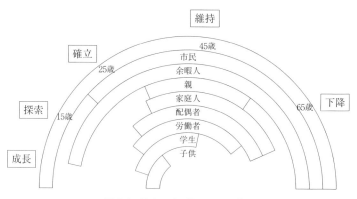

図 8.1 ライフ・キャリア・レインボー

（Super, D. E. (1980). A life-span, life-space approach to career development. *Journal of vocational behavior, 16*(3), 282-298. より，一部改訂）

　その後，Super（1990）は，ライフ・キャリア・レインボーと，個人の興味，適性，価値観等の「個人のパーソナリティ要因」や経済情勢，社会等の「個人に対する外的要因」の関係をアーチモデルに示し，彼自身の様々なキャリア発達に関わる理論をまとめている。

　ここで，注目したいのがライフ・キャリア・レインボーに示された「余暇人」である。「余暇人」とは，余暇を楽しむ人 = leisurite を意味する Super の造語であり，スポーツや文化活動，趣味などをはじめとする余暇の中で行われる様々な活動を楽しむという意味がある。他方，野村総合研究所（2005）は，オタクについて「強くこだわりを持っている分野に趣味や余暇として使える金銭または時間のほとんどすべてを費やし（消費特性），かつ，特有の心理特性を有する生活者」と定義している。このことから考えるとオタクと総称される人々の活動と，Super（1990）が示した「余暇人」は，非常に深い関係があると考えられる。

　「オタク」という名称が登場したのは，月刊誌「漫画ブリッコ」1983 年 6 月号に掲載された「おたくの研究　街には『おたく』がいっぱい」（中森, 1983）であると言われており，その内容はオタクを蔑視するものであった。オタクに対するステレオタイプを，決定的にネガティブなものと印象づける出来事として，菊池（2020）は 1988 年から 89 年にかけて幼女 4 人が連続して誘拐

殺害された警察庁広域重要指定第 117 号・連続幼女誘拐殺人事件をあげている。菊池（2020）はこの事件について，89 年に宮﨑勤容疑者（2008 年に死刑執行）が逮捕され，殺到したマスコミによって宮﨑の個室の様子がメディアに報じられ，その情景が社会に衝撃を与え，「おたく」の異常なイメージが形成されることになったと述べている。そして，自分の殻に閉じこもって，マンガやビデオゲームに没頭する「おたく青年」は，社会性がなく現実の異性と人間関係が結べず，フィクションと現実の区別がつかない異常な犯罪を平然と犯すことができるようになったといった安易なストーリーがメディアを席巻したと指摘している。

　1991 年 3 月にバブル経済が崩壊すると，日本企業の収益は大きく低下し景気が後退する。日本企業は，新規の採用活動を手控え，正規雇用を非正規雇用に置き換え，年功序列型賃金を見直して成果主義を導入する企業が急増する（児美川, 2007）。しかし，「オタクの祭典」とも言われるコミックマーケットの参加者数は 1991 年 8 月以降 20 万人を超え，景気後退期の中でも参加者数は伸び続け，その購買力は揺るがないものがあった。このような中「オタク」市場が経済的に注目されるようになる。このことについて，菊池（2020）は，野村総合研究所（NRI）が 2005 年に発表した『オタク市場の研究』というレポートにおいて「強くこだわりを持っている分野に趣味や余暇として使える金銭または時間のほとんどすべてを費やし（消費特性），かつ，特有の心理特性を有する生活者」とオタクを定義し，自分の趣味に躊躇なく金銭をつぎ込める者と評されていることを指摘している。

　そして，1995 年にウィンドウズ 95 の発売を契機に一般家庭にインターネットが普及しコミュニケーションの在り方が大きく変わり，オタクを取り巻く環境も急速に変化する。このことについて，岡田（2021）はインターネットを介してそれまで孤立していたオタクコミュニティが結びつき「ライト」なオタクが広がるなど，おたく（オタク）文化とその価値観の多様化が進んだと述べている。そして，2007 年に外務省が海外への漫画文化の普及と漫画を通じた国際文化交流に貢献した漫画作家を顕彰する目的で創設した「日本国際漫画賞」などに代表されるポップカルチャーの文化外交，2011 年の内閣府知的

財産戦略本部による「クールジャパン推進に関するアクションプラン」など，近年では「オタク」は独自の価値観を持った新しい文化の担い手として捉えられるようになったのである。

　ところで，近年の「オタク」のカテゴリーは非常に幅広いものとなっている。野村総合研究所（2005）は，そのカテゴリーを21種（コミック［まんが］オタク，アニメオタク，芸能人オタク，プラモデルオタク，ゲームオタク，ネットオタク，組立PCオタク，ロボットオタク，クルマオタク，自転車オタク，AV機器オタク，映画オタク，ITガジェットオタク，文房具オタク，旅行オタク，ファッションオタク，ミステリーオタク，カメラオタク，鉄道オタク，飛行機オタク，切手オタク）に分類している。このように，近年は様々なオタク像があり，肯定的に捉えられているものがある一方で，中森（1983）の「オタクの研究」に代表されるようなオタクを蔑視する傾向も存在する。このことについて，菊池（2000）は，オタクについてのステレオタイプは，「差別語としての負のステレオタイプ」と「知のエリートとしてのステレオタイプ」の2つの面が存在していることを指摘している。

　オタクについて，野村総合研究所（2005）のオタク市場の研究をはじめ，様々な研究がなされるようになった。しかし，オタクに関わる研究はマーケティング的な視点からの研究が多く，充実した余暇を過ごすオタク個人のキャリアや職業観等に関する研究はほとんど行われていない。例えば，オタクが「強くこだわりを持っている分野に趣味や余暇として使える金銭または時間のほとんどすべてを費やし（消費特性），かつ，特有の心理特性を有する生活者（野村総合研究所，2005）」であるためには，消費者としての支出ができる購買力が必要であり，その背景に職業や労働があると考えられる。また，「独自の価値観を持った新しい文化の担い手」であることから考えると，働くことにも独自の価値観を持っていることが考えられる。そこで，本研究は，オタクと職業観との関係等について明らかにすることを目的に，「研究1：オタク自認が職業観に与える影響」を行った。

　また，オタクが蔑視されていた時代から「オタク」のポジティブな面を再評価する動きがみられるようになった30年間の変遷をみると，蔑視されてい

た状況を乗り越えられるレジリエンスを獲得したことが推測される。レジリエンスとは，困難な出来事を克服し，その経験を自己の成長の糧として受け入れる状態に導く，個人の潜在的な回復性（Grotberg, 2003）のことであり，職業や労働には不可欠なものと考えられる。オタクのレジリエンスの獲得に影響を与えたものとして，一般家庭へのインターネットの普及があり，個別に自己の文化領域を追求していたオタクが，地理的・時間的制約を超えてつながり，互いの感情や気持ちを共感できるような環境が整ったことが考えられる。

　そこで，本研究では「オタク」の他者への感情や気持ちに共感する力に着目する。そして，オタク自認者と非自認者の特性を明らかにすることを目的に，「研究2：オタク自認者とオタク非自認者の共感力がレジリエンスに与える影響」を行った。

　なお，「オタク」については「おたく」「ヲタク」などの表記もあるが，本稿では引用部分以外は「オタク」に統一する。

2. 研究1：オタク自認が職業観に与える影響

1）方法

(1) 調査対象と調査方法

　関東甲信越の大学生・大学院生を対象に，2019年1月〜6月の間にREAS（リアルタイム評価システム）を活用したWEBによる集合調査を実施し237名から回答を得た。具体的には，授業の前後に調査票を配布し，個人の所有するスマートフォンやPC等を用いて調査を実施した。このうちすべての項目に回答のあった196名（男子学生：116名，女子学生：80名）を分析対象とした（有効回答率：82.7%）。調査対象者の属性は，教育学系統，人文科学系統，社会科学系統の学部・学科系統に分布していた。また，「出身地」においても東京都・神奈川県・埼玉県・千葉県等の関東圏，長野県・新潟県等の甲信越圏，富山県・石川県等の北陸圏地域を中心に，全国に分布しており，おおむね十分なサンプルの代表性が確保された。

(2) 調査内容

調査票は「オタク自認」「オタクのイメージ」をはじめ職業観尺度（山田, 2018）によって構成した。当該の尺度は，職業人としての労働に対する価値観を，昇進や出世（昇進因子）・家庭や家族（家庭因子）・組織や社会（経営参画因子）・夢や自己実現（自己実現因子）・収入や家庭経済（収入因子）・社会構築（社会への貢献因子）・趣味や余暇（余暇因子）といった7因子によって測定する尺度である。「人は，何のために働くのだと思いますか？」という教示文に対して，表8.1で示された項目に5件法（あてはまらない：1点〜あてはまる：5点）で回答するものである。

2）結果

（1）オタク自認とオタクのイメージ

オタク自認の有無は，図8.2に示すように「オタクだと思う」（以降「オタク自認者」と表記）は28名（14%），「どちらかといえばオタクだと思う」（以降「オタク弱自認者」と表記）は53名（27%），「どちらともいえない」は32名（16%），「どちらかといえばオタクだとは思わない」（以降「非オタク弱自認者」と表記）は29名（15%），「オタクだと思わない」（以降「非オタク自認

表8.1　職業観尺度（山田, 2018）

昇進因子	収入因子
・昇進するため	・経済的な不安を取り除くため
・出世するため	・収入を得るため
・高い地位につくため	・経済的に豊かな生活をおくるため
家庭因子	社会への貢献因子
・家族の生活のため	・平和な社会を築くため
・家族を支えるため	・豊かな社会を築くため
・家族の安定のため	・幸福な社会を築くため
経営参画因子	余暇因子
・あたえられた使命を全うするため	・自分の趣味や好きなことに打ち込むため
・社会の一員としての義務を果たすため	・楽しく余暇を過ごすため
・組織の一員として働くため	・ゆっくりと休みをとるため
自己実現因子	
・自分の夢を追求するため	
・自己実現を図るため	
・自分の能力を発揮するため	

者」と表記）は 54 名（28%）であった。また，オタクのイメージは，図 8.3 に示すようにポジティブが 38 名（19%），ネガティブが 41 名（21%），ニュートラルが 117 名（60%）であった。また，オタクのカテゴリー 21 種（野村総合研究所, 2005）ごとのイメージの相違を検討したところ，アニメオタク，ネットオタクについてはネガティブなイメージが有意に高く，芸能人オタク，クルマオタク，自転車オタク，AV 機器オタク，映画オタク，文房具オタク，旅行オタク，ファッションオタク，カメラオタクについてはポジティブな傾向が有意に高かった（表 8.2）。

（2）オタク自認が職業観に与える影響

次にオタク自認が職業観に与える影響について検討するために，オタク自

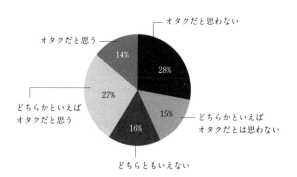

図 8.2　オタク自認の有無

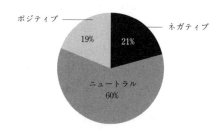

図 8.3　オタクに対するイメージ

表 8.2　オタクのカテゴリーごとのイメージの相違

オタクのカテゴリー	N	ポジティブなイメージ	ネガティブなイメージ	χ^2	
1 コミック（まんが）オタク	196	71	66	.126	*n.s.*
2 アニメオタク	196	64	102	15.754	***
3 芸能人オタク	196	69	46	4.610	*
4 プラモデルオタク	196	41	48	.444	*n.s.*
5 ゲームオタク	196	59	72	1.231	*n.s.*
6 ネットオタク	196	35	75	14.625	***
7 組立 PC オタク	196	33	29	.155	*n.s.*
8 ロボットオタク	196	39	30	1.016	*n.s.*
9 クルマオタク	196	77	19	34.564	***
10 自転車オタク	196	58	12	29.779	***
11 AV 機器オタク	196	40	22	4.983	*
12 映画オタク	196	97	9	74.206	***
13 IT ガジェットオタク	196	30	20	1.688	*n.s.*
14 文房具オタク	196	55	13	26.266	***
15 旅行オタク	196	101	5	86.779	***
16 ファッションオタク	196	92	12	62.410	***
17 ミステリーオタク	196	36	31	.254	*n.s.*
18 カメラオタク	196	62	23	17.398	***
19 鉄道オタク	196	59	76	2.016	*n.s.*
20 飛行機オタク	196	40	24	3.629	*n.s.*
21 切手オタク	196	38	24	2.914	*n.s.*

Notes 1. ＊ $p < .05$, ＊＊ $p < .01$, ＊＊＊ $p < .001$
Notes 2. 各カテゴリーの *df* =1

認（ダミー変数：非オタク自認＝ 54 名，非オタク弱自認＝ 29 名，どちらともいえない＝ 32 名，オタク弱自認＝ 53 名，オタク自認＝ 23 名）のうち，どちらともいえないを除外した 4 つのダミー変数を独立変数，職業観の 7 つの下位尺度（家庭因子，昇進因子，社会への貢献因子，収入因子，経営参画因子，余暇因子，自己実現因子）を従属変数とする強制投入法による重回帰分析を行った。その結果，オタク自認が社会への貢献因子に有意な負の影響を与えていた。また，オタク弱自認，オタク自認が自己実現因子に有意な負の影響を与えていた。また，本分析における多重共線性は認められなかった（表 8.3）。

表 8.3　オタク自認の有無が職業観に及ぼす影響

従属変数	職業観													
	家庭因子		昇進因子		社会への貢献因子		収入因子		経営参画因子		余暇因子		自己実現因子	
分散分析	F	p	F	p	F	p	F	p	F	p	F	p	F	p
	.951	n.s.	.678	n.s.	2.457	*	1.799	n.s.	1.229	n.s.	1.957	n.s.	3.444	**
R^2	.020		.014		.049		.036		.025		.039		.067	
独立変数	標準偏回帰係数													
	β	p	β	p	β	p	β	p	β	p	β	p	β	p
非オタク　自認	.094	n.s.	-.110	n.s.	-.136	n.s.	.086	n.s.	.009	n.s.	-.118	n.s.	.011	n.s.
非オタク　弱自認	.078	n.s.	-.047	n.s.	-.049	n.s.	.161	n.s.	.017	n.s.	.060	n.s.	.018	n.s.
オタク　弱自認	-.038	n.s.	-.056	n.s.	-.186	n.s.	.045	n.s.	-.098	n.s.	.008	n.s.	-.193	*
オタク　自認	.087	n.s.	.038	n.s.	-.257	**	.196	*	-.138	n.s.	.117	n.s.	-.210	*

Notes.　　*$p<.$05，**$p<.$01，***$p<.$001

3）考察

(1) オタク自認とオタクのイメージ

　オタク自認者（14%）とオタク弱自認者（27%）を合計すると自分をオタクだと考えている大学生は41%であり，非オタク弱自認者15%とオタク非自認者を合計すると自分をオタクだと考えていない大学生は43%とほぼ同率であり，両者とも4割を超えていた。また，オタクに対してポジティブなイメージを持つ大学生は19%，ネガティブなイメージを持つものは21%とほぼ同率であり，ニュートラルなイメージを持つものが60%であった。これらのことから，現代の大学生は多様なイメージでオタクを捉えていることが明らかになった。このような結果となった理由として，本研究の調査対象である大学生・大学院生が生まれ育った1990年代以降の時代は，オタクについて「こだわりを持った消費者」「独自の価値観を持った新しい文化の担い手」といった捉え方もなされるようになった時代であることや，2000年以降オタク層の裾野が広がり，否定的に評価されることが少なくなり「オタク・ノーマライゼーション」が進んだこと（山岡，2016）などが密接に関係していることが考えられる。

（2）オタクのカテゴリーによるイメージの相違

　オタクのカテゴリーによるイメージの相違については，アニメオタク，ネットオタクについてネガティブなイメージが有意に高かった。アニメオタクは，幅広い年齢層に分布し，オタクという言葉が生まれた1983年頃から存在するカテゴリーである。一方，ネットオタクはインターネットが普及しつつあった1990年代前後から存在したカテゴリーである。これらのオタクは1980年代中頃の蔑視の対象とする捉え方をしていた時代から存在したカテゴリーであることを考えると，当時のネガティブなイメージが現在においても少なからず存在し，菊池（2000）の指摘する「差別語としての負のステレオタイプ」につながっていると考えられる。また，山岡（2016）は「オタク・ノーマライゼーション」が進んだ2015年現在でも，オタクはどちらかと言うと否定的にイメージされていることを指摘しており，本研究の結果はこれを支持していると考えられる。

　他方，旅行オタク，芸能人オタク，映画オタク，AV機器オタク，クルマオタク，ファッションオタク，カメラオタク，文房具オタクについてはポジティブな傾向が有意に高かった。これらのカテゴリーのオタクは「こだわりを持った消費者」，「独自の価値観を持った新しい文化の担い手」といったポジティブなオタクのイメージとつながり，「負のステレオタイプ」を解消させるきっかけとなったと考えられる。

　以上，オタクのカテゴリーが広がったことで，オタクの割合が急増し「オタク・ノーマライゼーション」が一般化する中で，オタクのネガティブなイメージが緩和され，ポジティブな側面を評価しようという変化がみられるようになったものの，オタクのイメージはカテゴリーごとに異なり，「オタク」としてひとまとめにして捉えることは難しい面があると考えられる。

　なお，本研究ではオタクのカテゴリーについて，従属変数が経済活動にもつながる職業観であったことから，野村総合研究所（2005）のカテゴリーを用いた。しかし，その分類は多種・多様であり，使用場面によって適宜使い分けていく必要がある。

(3) オタク自認が職業観に与える影響

　本研究の結果から，オタクとしての自認がある場合，職業観の下位尺度である社会への貢献因子，自己実現因子に負の影響を与えることから，オタクを自認する者は，職業によって社会への貢献や自己実現を図ろうとはしない傾向があると考えられる。しかしながら，これはあくまで職業という範疇でのみの結果であり，オタクを自認する者が社会への貢献や自己実現を図ろうとしていないということではない。オタクたちが独自の価値観を持って新しい文化の担い手となっている現実から考えれば，ポップカルチャーやサブカルチャーの普及，発展は彼らの社会貢献と自己実現の結果に他ならないからである。

　このことから，前述のような結果になった理由を考えると「オタクであることから，職業において社会貢献や自己実現を図ることができない」といった消極的な意識に伴う結果とは考えにくい。逆に「職業において社会貢献や自己実現を図るのではなく，職業以外の場面で社会貢献や自己実現を図る」といった積極的な意識に伴うものと考えることができる。これを Nevill & Super（1986）が示したライフ・キャリア・レインボーの「余暇人」に照らし合わせて考えると，職業ではなく，余暇の中で行われる様々な活動を楽しむ役割を果たしていると考えられる。例えば，オタクを自認する者は，余暇の中で行われるオタク活動によって社会貢献や自己実現を図り，そのための収入を得る手段と割り切って職業を捉えるといった職業観を持っていることも考えられる。

　平成29年3月に小・中学校の学習指導要領が告示，翌平成30年3月に高等学校学習指導要領が告示され，小・中学校の学習指導要領においては「キャリア教育」という文言が初めて示された。これらの学習指導要領では，第一章総則において「児童が，学ぶことと自己の将来とのつながりを見通しながら，社会的・職業的自立に向けて必要な基盤となる資質・能力を身に付けていくことができるよう，特別活動を要としつつ各教科等の特質に応じて，キャリア教育の充実を図ること」と示され，キャリア教育を展開することの重要性を指摘している。ここで述べられている「社会的・職業的自立」に根

差した実践を鑑みると「余暇人」といった視点で取り組まれた事例は非常に少ない。本研究の結果は，新たなキャリア教育の展開に向けて多くの示唆を与えていると考えられる。

3. 研究2：オタク自認者・非自認者の共感力がレジリエンスに与える影響

1）方法

（1）調査対象と調査方法

関東甲信越の大学生・大学院生を対象に，2019年8月〜2020年12月の間にREAS（リアルタイム評価システム）を活用したWEBによる集合調査を実施し379名から回答を得た。具体的には，授業の前後に調査票を配布し，個人の所有するスマートフォンやPC等を用いて調査を実施した。このうちすべての項目に回答のあった327名（男子学生：187名，女子学生：140名）を分析対象とした（有効回答率：86.3％）。調査対象者の属性は，社会科学系統，教育系統，理学系統，人文科学系統の学部・学科系統に分布していた。また，「出身地」においては，東京都・神奈川県・埼玉県・千葉県等の関東圏，長野県・新潟県等の甲信越圏，愛知県・岐阜県等の東海圏，富山県・石川県等の北陸圏地域を中心に，全国に分布しており，おおむね十分なサンプルの代表性が確保された。

（2）調査内容

調査票は「オタク自認」をはじめ，簡易版現実共感力尺度（上東・坂部・山崎, 2016)（表8.4参照），ネット共感力尺度（上東・坂部・山崎, 2016）（表8.5参照），レジリエンス尺度（山田, 2021）（表8.6参照）によって構成した。

簡易版現実共感力尺度（上東・坂部・山崎, 2016）は，対面での対話機会を想定した現実生活の場面において，他者の心理状態に意識を向け，その情動を理解し共有する能力を，相手の感情や気持ちを理解できる力（現実認知的共感力）・相手の感情や気持ちを感じる力（現実情動的共感力）・相手の気持ちに

表 8.4　簡易版現実共感力尺度（上東・坂部・山崎, 2016）

現実認知的共感力
・人の気持ちに敏感である方だ
・相手が何をしてほしいかが察知できる方だ
・相手の様子やしぐさから，相手の感情や気持ちを読み取れる方だ

現実情動的共感力
・気持ちが沈んでいる人を見ても，自分はどう感じるということもない＊
・周りで問題が発生していても，自分に直接関係しなければ気にしない＊
・周りの人たちが悩んだり苦しんだりしていても気にならない＊

現実共感動機
・人々の気持ちを理解しようと心がけている
・人付き合いでは相手の気持ちをよく考えるようにしている
・他者の態度や表情に気を付けるようにしている

（＊は逆転項目）

表 8.5　ネット共感力尺度（上東・坂部・山崎, 2016）

ネット認知的共感力
・ネット上で相手の感情や気持ちを読み取れる方だ
・ネット上で相手の感情の変化に敏感である方だ
・ネット上（パソコン，スマートフォンやタブレット）でのやり取りで，相手が何をしてほしいのかが察知できる方だ

ネット情動的共感力
・ネット上で不幸な出来事の記事や投稿があっても，自分に直接関係しなければ気にしない＊
・ネット上で気持ちが沈んでいる投稿を見ても自分はどう感じるということもない＊
・ネット上で周りの人たちが悩んだり苦しんでいる投稿があっても気にならない＊

ネット共感動機
・ネット上で相手の気持ちを理解しようと心がけている
・ネット上で相手の気持ちをよく考えるようにしている
・ネット上で他人の投稿やコメントに気を付けるようにしている

（＊は逆転項目）

表 8.6　レジリエンス尺度（山田, 2021）

相談者因子	自己決定因子
・困ったときに，話をきいてくれる人がいる。 ・困ったときに，相談相手になってくれる人がいる。 ・困ったときに，助けてくれる人がいる。	・自分のことは自分で決める。 ・他人の意見に流されない。 ・自分の意見に責任を持っている。
援助要請因子	楽観性因子
・困難な状況に直面したときは，人に相談をする。 ・困難な状況に直面したときは，人に話をきいてもらう。 ・困難な状況に直面したときは，人に助けを求める。	・自分はくよくよと悩まないタイプだ。 ・自分は楽観的に物事を考えるタイプだ。 ・自分は柔軟に物事を考えるタイプだ。

問題解決展望因子
・いかに困難な状況でも乗り越えることができると思う。
・いかに困難な状況でも何とかなると思う。
・いかに困難な状況でも解決策はあると思う。

共感しようとする力（現実共感動機）といった３因子によって測定する尺度である。「自分にあてはまるものを一つだけ選んでください」という教示文に対して，表8.4で示された項目に５件法（あてはまらない：１点〜あてはまる：５点）で回答するものである。

　ネット共感力尺度（上東・坂部・山崎, 2016）は，インターネットという環境下での対話機会を想定した場面において，他者の心理状態に意識を向け，その情動を理解し共有する能力を，相手の感情や気持ちを理解できる力（ネット認知的共感力）・相手の感情や気持ちを感じる力（ネット情動的共感力）・相手の感情や気持ちを感じる力（ネット共感動機）といった３因子によって測定する尺度である。「自分にあてはまるものを一つだけ選んでください。」という教示文に対して，表8.5で示された項目に５件法（あてはまらない：１点〜あてはまる：５点）で回答するものである。

　レジリエンス尺度（山田, 2021）は，直面している困難や脅威にうまく対応できる能力を，相談者の存在（相談者因子），他者に援助を求めることへの意思（援助要請因子），問題解決への展望（問題解決展望因子），物事を楽観的捉える特性（楽観性因子），自分のことは自分で決めるといった意思（自己決定因子）といった５因子によって測定する尺度である。「自分にあてはまるものを一つだけ選んでください。」という教示文に対して，表8.6で示された項目に５件法（そう思わない：１点〜そう思う：５点）で回答するものである。

２）結果

　次に現実共感力，およびネット共感力がレジリエンスに与える影響について検討するために，オタク自認者（n=90, 27.5%）とオタク弱自認者（n=77, 23.5%），オタク弱非自認者（n=44, 13.5%）と非オタク自認者（n=75, 22.9%）ごとに，現実共感力及びネット共感力を独立変数，レジリエンスの５つの下位尺度を従属変数とする強制投入法による重回帰分析をおこなった。

　その結果，オタク自認者においては，ネット認知的共感力が援助要請因子に負の影響を与えていた。

　また，オタク弱自認者とオタク弱非自認者においては，現実共感力とネッ

表 8.7　現実共感力，ネット共感力がレジリエンスに及ぼす影響（オタク自認者・非自認者）

独立変数 \ 従属変数		相談者因子		援助要請因子		問題解決展望因子		楽観性因子		自己決定因子	
レジリエンス											
オタク自認者 N=90	分散分析	F	p	F	p	F	p	F	p	F	p
		1.141	n.s.	2.342	*	.743	n.s.	2.018	n.s.	1.447	n.s.
	R^2	.076		.145		.051		.127		.095	
独立変数		β	p	β	p	β	p	β	p	β	p
ネット認知的共感力		.085	n.s.	-.261	*	.128	n.s.	-.025	n.s.	.108	n.s.
非オタク自認者 N=75	分散分析	F	p	F	p	F	p	F	p	F	p
		3.956	**	1.046	n.s.	5.100	***	5.012	***	3.654	**
	R^2	.259		.084		.310		.307		.244	
独立変数		β	p	β	p	β	p	β	p	β	p
現実認知的共感力		.231	n.s.	-.126	n.s.	.186	n.s.	.114	n.s.	.628	***
現実共感動機		.230	n.s.	.087	n.s.	.256	n.s.	-.034	n.s.	-.376	**
ネット認知的共感力		-.009	n.s.	.256	n.s.	-.089	n.s.	.364	**	-.017	n.s.
ネット共感動機		-.105	n.s.	.075	n.s.	.304	*	.111	n.s.	-.230	n.s.

Notes.　$*p<.05$，$**p<.01$，$***p<.001$

ト共感力のすべての因子はレジリエンスに影響を与えていなかった。

　また，非オタク自認者においては，現実認知的共感力が自己決定因子に正の影響を与え，現実共感動機が自己決定因子に負の影響を与え，ネット認知的共感力が楽観性因子に正の影響を与え，ネット共感動機が問題解決展望因子に正の影響を与えていた（表8.7）。

4.　考察

　分析の結果，オタク自認者，オタク弱自認者，オタク弱非自認者，非オタク自認者によって，「現実認知的共感力」「現実共感動機」「ネット認知的共感力」「ネット共感動機」は，レジリエンスに対して異なる影響を与えていた。

　オタク自認者は，インターネットという環境下において，相手の感情や気持ちに共感する力である「ネット認知的共感力」が人に助けを求めることにつながる「援助要請因子」を低下させる影響を与えていた。他方，認知的共

感力以外のネット情動的共感力，ネット共感動機は，レジリエンスの下位因子に全く影響を与えていなかった。「ネット認知的共感力」が「援助要請因子」を低下させる影響を与えていたことについては，ネットを通じた認知的共感力が高くなると，直接の対面を伴わないネット上であっても意思疎通が可能となり相手の気持ちを察知することができるようになることから，援助要請の必要性を感じなくなることが考えられる。また，本研究が大学生・大学院生といった若い世代を調査対象としていることから，生まれた時からインターネットという環境がある社会で育ったことや，オタクが蔑視される存在であった時代を認識していないことも影響し，オタク自認者であっても蔑視という状況を乗り越えるレジリエンスを獲得する必要性を感じていないのではないかと考えられる。

　他方，山岡（2016）が指摘するように，社会的に高く評価されない趣味，同じ趣味の仲間以外にとっては無価値な趣味に熱中しているのがオタクであり，お互いに熱く濃い話をするためにオタクはオタクと付き合う方が楽であり，楽しい関係をつくることができると考えると，インターネットという環境下において同質オタクが集まり，エコーチェンバーやフィルターバブルと言った閉じた情報環境が形成され，心理的安全性が確保された状況の中で援助要請の必要性を感じなくなっていることが考えられる。心理的安全性とは，チームにおいて自分の発言に対して他のメンバーが拒絶したり，罰を与えたりしないという確信を持っている状態であり，当該のチームでは対人関係のなかでリスクのある行動をとったとしても安全であるという信念がメンバー間で共有された状態のことである（Edmondson, 1999）。さらに，ネットリテラシーの高いオタクは相手をブロックしたりミュートしたりして葛藤を回避し，ネット上で援助要請の必要のないコミュニティを意図的に形成していることも考えられる。

　ここで考えておきたいのが，オタク自認者は「援助要請をしないのか」それとも「援助要請をできないのか」といった視点である。山岡（2019）は，人間の自己高揚欲求と自己防衛欲求といった視点から，オタクが，オタクを自称する際の判断基準と他者をオタクと呼ぶ場合の判断基準が異なっている

ことを指摘し，オタクを自称する場合は，自分の熱中度の高さや専門性の高さ，あるいはコレクション等で判断し，他者をおたくと呼ぶ場合は，自分に理解できるか否かで判断する傾向があると述べている。このことから考えると，オタクは他のオタクに「援助要請をしない」のではないかと考えられる。また，「オタク・ノーマライゼーション」が進んだ現在でも，オタクはどちらかというと否定的にイメージされ，マイナーなマンガやアニメ，ゲームなどに過剰に熱中している人，異質な趣味を持つ少数派として蔑視されている状況があること（山岡, 2016）から考えると，オタクは他者に「援助要請をできない」側面もあるのではないかと考えられる。

　オタク弱自認者においては，現実共感力とネット共感力のすべての因子がレジリエンスに影響を与えていなかった。このような結果となった理由として，オタク弱自認者はオタク自認者ほど強い心理特性や行動特性がないと推測され，レジリエンスに影響を与えなかったのではないかと考えられる。

　例えば，山岡（2020）は，コンテンツとしてのサブカルチャーが成立するための条件の一つに，社会の主流文化を担う層からは歓迎されないコンテンツを愛好する消費者の価値観と，その価値観を共有するコンテンツの供給者の存在に着目し，コンテンツの供給者に憧れ，消費者から供給者になるものの出現によって，カルチャーシーンが活性化し，主流文化のサブカルチャーに対する否定と接近が生じると述べている。ここで述べられたコンテンツの供給者に憧れている者が，オタク弱自認者につながると考えると，オタク自認者ほど強い心理特性や行動特性がないと考えられる。しかしながら，オタク弱自認者もサブカルチャー発展にとって重要な消費行動等の役割を果たしており，やがては供給者としてサブカルチャーを支える存在となることもあると考えると重要な存在であることは言うまでもない。

　次に，オタク弱非自認者においては，現実共感力とネット共感力のすべての因子はレジリエンスに影響を与えていなかった。このような結果となった理由として，オタク弱非自認者はオタク非自認者ほど強い心理特性や行動特性がないと推測され，レジリエンスに影響を与えなかったのではないかと考えられる。

例えば，山岡（2016）は，単に世間でカッコイイと評価されることに熱中している人はオタクと呼ばれないと述べている。また，社会的に高く評価される趣味と異なり，オタク趣味にはどうしても「オタクの本質的カッコ悪さ」が付きまとうと論考している（山岡, 2019）。このことから考えるとオタク弱非自認者はカッコイイと評価されることに傾注している存在であり，オタクの存在を肯定的に捉えてはいるものの「オタクの本質的カッコ悪さ」を受け入れられない面があると推測され，オタク非自認者ほど強い心理特性や行動特性がないことから，レジリエンスに影響を与えなかったのではないかと考えられる。

　非オタク自認者においては，現実場面で相手の感情や気持ちに共感する力である「現実認知的共感力」が，自分のことは自分で決めるという意識につながる「自己決定因子」を向上させる影響を与えていた。他方，現実場面で相手の気持ちを理解しようという力である「現実共感動機」が，「自己決定因子」を低下させる影響を与えていた。このような結果となった理由として，共感と理解の違いがあると考えられる。例えば，「理解をしても共感はできないこと」「共感できなくても理解できること」といったことはよくあることであるが，非オタクは現実の対人関係の比重が大きいことから，相手の感情や気持ちに共感する力である「現実認知的共感力」と，相手の気持ちを理解しようという力である「現実共感動機」の影響の仕方の違いが明確になったと考えられる。

　また，非オタク自認者においては，インターネットという環境下で，相手の感情や気持ちに共感する力である「ネット認知的共感力」が柔軟で楽観的に物事を考える「楽観性因子」に影響を与えていた。他方，インターネットという環境下において，相手の気持ちを理解しようという力である「ネット共感動機」が，何とかなるという意識につながる「問題解決展望因子」を向

1　スポーツや音楽などのパフォーマンス系の趣味や，絵画や料理などの創作系の趣味は，他者に快や感動を与えることができる。それに対し，消費するだけのオタクは他者に快を与えることがなく，他者からカッコイイと評価されることがない。山岡（2019）はこのことを「オタクの本質的カッコ悪さ」と表現している。

上させる影響を与えていた。このような結果となった理由として，非オタク
は現実の対人関係に加え，インターネットという環境下においても対人関係
があるのではないかと考えられる。そして，インターネットを通じて相手に
共感する力が高くなることは楽観的に物事を考える思考に影響を与えたと考
えられる。また，相手の気持ちを理解しようという力が高くなることは，何
とかなるという意識につながる問題解決に向けた意識に影響を与えたと考え
られる。非オタク自認者の結果を概観するとキャリア発達にとって重要な
「自立」につながるレジリエンスである「自己決定因子」には，現実場面で共
感する力である「現実認知的共感力」が影響を与え，問題解決のための思考
につながる「楽観性因子」や「問題解決展望因子」には，ネット環境下にお
ける「ネット認知的共感力」と「ネット共感動機」が影響を与えていたこと
から，非オタク自認者は，現実場面とネット場面を使い分けて，自らのレジリ
エンスをコントロールしようとしていることが考えられる。

5. まとめ

　本稿ではオタクのキャリア形成について，職業観とレジリエンスの視点か
ら検討を行った。

　研究1の結果から，オタクを自認する者は，職業によって社会への貢献や
自己実現を図ろうとはせず，余暇の中で社会への貢献や自己実現を図ってい
ることが示唆された。このようなオタク特有の職業観を明らかにできたこと
は，余暇をどのように生きるかといった，新たなキャリア教育を検討する上
で貴重な手がかりを得ることができたと考える。

　ライフスタイルや労働者の価値観の多様化により，人のキャリアへの意識
も大きく変化し，理想とするライフスタイルを実現するための要件に対する
関心が高まり，ワーク・ライフ・バランスが注目されるようなった。ワーク・
ライフ・バランスとは，充実した人生を送るうえで欠かすことができない仕
事と生活のバランスのことであり，余暇などプライベートの時間も含めて考
えるものである。図8.1を見てもわかるように，人はそのキャリアにおいて余

暇人としての役割を7歳頃〜死に至るまでの非常に長い期間にわたってつとめることから考えると，人生100年時代と言われるようになった現代において，余暇人としてのオタクライフは，労働者としての期間のみならず豊かな老後生活を含め，より充実した人生を過ごすために非常に重要なものと考えられる。

　また，研究2の結果から，「オタク・ノーマライゼーション」が進行し，オタクのネガティブなイメージが緩和される中で，オタクたちはレジリエンスを獲得する必要性を感じなくなっていることが考えられる。しかし，オタクのイメージはカテゴリーごとに異なり，「オタク」としてひとまとめにして捉えることは難しい面があり，それぞれの「オタク」に対するイメージが異なることから考えると，同質オタクが集まり，エコーチェンバーやフィルターバブルといった閉じた情報環境が形成され，心理的安全性が確保された閉じた状況の中でレジリエンスを獲得する必要性を感じなくなっていることも考えられる。

　山岡（2020）は，日本のオタク系文化は，欧米のサブカルチャーと異なり「差別される少数派の下位文化」ではなく，高級な文化であるハイカルチャーに対する大衆文化，低級文化としてのサブカルチャーであると述べている。オタクたちは，今後も様々なオタク活動を展開し，新たなオタクが生まれ，日本のサブカルチャーの担い手として，自らのキャリアを形成していくものと考えられる。しかしながら，エコーチェンバーやフィルターバブルなどによるサブカルチャーの蛸壺化が，様々な領域のオタクの連携を妨げ，メインカルチャーに対抗する大きな力に発展することを阻害していると考えられる。

　これからの社会をより豊かなものへと発展させるためには，あらゆる疎外要因を乗り越え，メインカルチャーとサブカルチャーの力動関係による相互作用を働かせることが極めて重要である。山岡（2020）は，コンテンツとしてのサブカルチャーが成立するための条件として，「社会がある程度平和で安定し，様々な遊びを許容する寛容さを持つこと」「コンテンツやグッズを購入し消費する経済力を持つ層の存在」「社会の主流文化を担う層からは歓迎されないコンテンツを愛好する消費者の価値観と，その価値観を共有するコンテン

ツの供給者の存在」の３つをあげている。そして，主流文化がサブカル
チャーのマイルドな部分を受容し，サブカルチャーの大衆化が生じる。その
一方で大衆化に対しサブカルチャーの極性化も生じる。このような過程を繰
り返すことで，サブカルチャーは行動レパートリーとして定着し，若者文化
のジャンルとなると述べている。

　これらの条件を満たし，社会をより豊かなものへと発展させるためには，
サブカルチャーのさらなる発展と教育の充実にほかならないと考える。

引用文献

Edmondson, A. C. (1999). Psychological safety and learning behavior in work teams. *Governmental Science Quarterly*, *44*, 350–383.

Grotberg, E. H. (2003). What is resilience? In E. H. Grotberg (Ed.), *Resilience for Today: Gaining Strength From Adversity*. Westport, Connecticut: Praeger Publishers. pp. 1-29.

菊池聡 (2000).「おたく」ステレオタイプと社会的スキルに関する分析　信州大学人文科学論集 人間情報学科編, *34*, 63-78.

菊池聡 (2020).　おたくの系譜学　山岡重行 (編著) サブカルチャーの心理学――カウンターカルチャーから「オタク」「オタ」まで　福村出版, 29-56.

児美川孝一郎 (2007).　権利としてのキャリア教育　明石書店

文部科学省 (2011).　中央教育審議会答申「今後の学校におけるキャリア教育・職業教育の在り方について」

中森明夫 (1983).『おたく』の研究①―― 街には『おたく』がいっぱい　漫画ブリッコ６月号　セルフ出版, 200-201.

野村総合研究所 (2005).　オタク市場の研究　東洋経済新報社

岡田努 (2021).　鉄道オタク青年の対人行動と自己に関する探索的検討　金沢大学人間科学系研究紀要, 13, 27-44.

Super, D. E. (1957). *The psychology of careers*. New York: Harper & Row.s

Super, D. E. (1980). A life-span, life-space approach to career development. *Journal of Vocational Behavior*, *16*(3), 282-298.

Super, D. E. (1990). A life-span, life-space approach to career development. In D. Brown, & L. Brooks (Eds.), *Career choice and development* (2nd ed.). San Francisco: Jossey–Bass.

上東伸洋・坂部創一・山崎秀夫 (2016). SNS 交流と共感力との関係性　環境情報科学学術研究論文集, *30*, 273-278.

山田智之 (2018).　中学校での職場体験が大学生の職業観に与える影響　日本キャリア教育学会第

40 回研究大会研究発表論文集, 80-81.

山田智之（2021）. 共感力がレジリエンスに与える影響──オタク自認者とオタク非自認者に着目して　教育大学研究紀要, *40*(2), 473-482.

山岡重行（2016）. 腐女子の心理学 ──彼女たちはなぜ BL（男性同性愛）を好むのか？　福村出版

山岡重行（2019）. 腐女子の心理学 2 ──彼女たちのジェンダー意識とフェミニズム　福村出版

山岡重行（2020）. サブカルチャーと若者文化　山岡重行（編著）サブカルチャーの心理学──カウンターカルチャーから「オタク」「オタ」まで　福村出版, 10-28.

有限会社コミケット（2022）. コミックマーケット公式サイトへようこそ！［最終更新日：2022 年 2 月 14 日］https://www.comiket.co.jp/（最終閲覧日：2022 年 6 月 1 日）

column 2 ｜ ロックと冷戦の終結 　　　　　　　　　　山岡重行

　冷戦末期の1987年6月6日，イギリスのロッ
クミュージシャン，デビッド・ボウイはベルリン
を東西に分断していた壁を背にした西ベルリン側
の広場で野外コンサートを行った。会場に設置さ
れたスピーカーの1/4は西ベルリンの観客とは反
対の東側に向けられていた。「今夜は壁の向こう
側の友人たちの幸せを祈ろう」，ボウイは観客に
ドイツ語で語りかけた。このとき壁の向こう側の
東ベルリンには約5000人の若者たちが詰めかけ，

**図1　西ベルリンで録音された
アルバム "HEROES"**

ボウイのコンサートの音に熱狂していた。ボウイは，ベルリンの壁のそば，銃弾の
下でキスをする恋人たちを描いた "Heroes" を歌った（図1）。コンサート終了後，
東ベルリンの若者たちは警察の退去指示に従わず逮捕される者も出た。当時の東ド
イツは秘密警察が国民を監視し支配する社会主義国家であり，国民が警察の指示に
従わないことなど考えられないことだった。

　コンサート開始前，続々と集まる東ドイツの若者の中にモヒカンに革ジャンのパ
ンクスの姿があった。西側の若者文化が東側に伝わっていたのである。当時の東ベ
ルリンでは西側のロックミュージックのレコードを買うことは可能だったが，非常
に高価で市民が入手することは事実上不可能だった。しかし西ベルリンのラジオ番
組，BBC，米軍放送，西ベルリン米軍占領地区放送局，自由ベルリン放送などのラ
ジオ番組を東ベルリン市民は受信することができた。西側の音楽をカセットテープ
に録音し楽しむことも，録音した西側の音楽に合わせてディスコティックで合法的
に踊ることもできた。しかし，楽器もアンプも市場に出回っておらず，入手できた
としても当局による演奏許可が必要であり，バンドを組んで人前で演奏することも
事実上不可能だった。

　デビッド・ボウイのベルリン移住に影響され1978年からベルリンに移住したイ
ギリスの音楽プロデューサー，マーク・リーダーによると，パンクは資本主義の欠
陥である失業が原因とされ，労働者の国である東ドイツには存在しない人種であり，
ディスコでもパンクを流すことは禁止だった。リーダーは西側のロックをカセット
に録音し東ベルリンに何度も密輸した。リーダーが密輸したカセットはダビングさ

れ拡散されていった。リーダーは西ベルリンのパンクバンドを密輸し，教会のホールでの違法ライブを実現させた。秘密警察は西側と通じる者をあぶり出すため市民を監視していた。西側のミュージシャンのファッションを真似しているだけで，危険思想の持ち主と見なされマークされていた時代だった。

しかし，1985年ソヴィエト連邦のゴルバチョフ書記長は改革開放政策ペレストロイカに着手した。ソ連の衛星国でも人々の自由を求める声は次第に大きくなり，当局にも抑えきれないものとなった。そしてボウイのコンサートから2年後の1989年11月9日，ベルリンの壁は崩壊した。

その1週間後，隣国チェコスロバキアでは学生たちによる民主化デモが国民を巻き込んだ民主化運動に発展し，共産党政権が崩壊した。1968年，ソ連軍の戦車によって民主化政策「プラハの春」を潰されて以来21年，自由を求め続けた人々の力により無血革命が成し遂げられ，ビロード（ヴェルヴェット）革命と呼ばれた。プラハの春以来の民主化運動の中心人物だった劇作家のヴァーツラフ・ハベルがチェコスロバキアの大統領に就任した。後にハベルはこう語っている。

「1968年，私はニューヨークからヴェルヴェット・アンダーグラウンド (VU) のレコードを持ち帰りました。そのレコードはPPU（注：VUに触発されたバンド）という自由に満ちた若者たちを生み，彼らの逮捕から憲章77の人権運動が始まりました。音楽だけでは世界は変わりません。しかし，人々の魂を呼び覚ますものとして，音楽は世界を変えることに大きく貢献できるのです。」

2016年1月，デビッド・ボウイが亡くなったとき，ドイツ外務省は次のようにツイートしている。「さようならデビッド・ボウイ。今あなたは英雄たちの一人だ。壁の崩壊を助けてくれてありがとう。」

サブカルチャーであるロックは世界を変えることに大きく貢献したのである。

参考資料

アナザーストーリーズ　運命の分岐点「ロックが壊したベルリンの壁」（NHK）

映像の世紀　バタフライエフェクト「ロックが壊した冷戦の壁」（NHK）

マーク・リーダー (2017).「『ベルリンの壁をすり抜けた"音楽密輸人"』鋼鉄の東にブツ（パンク）を運んだ男，マーク・リーダーの回想録」 https://heapsmag.com/series-mark-reeder-berlin-days-smuggle-music-punk-underground-culture-from-west-to-east-germany-berlin-wall-episode-1

III
──
陰謀論の心理学

9章

陰謀論の本質
—— その心理・文化・歴史

菊池　聡

> 社会にひとたび混乱が起こると，世の中には「陰謀論」がまことしやかにさ
> さやかれてきた。こうした陰謀論を個々に見ると，オカルトや疑似科学のギ
> ミックが色濃くうかがえる点が興味深い。しかし，陰謀論が深刻な事態を引
> き起こす歴史は繰り返されている。陰謀論の本質はどこにあり，何が人を突
> き動かしてきたのか。これらを明らかにすることは，現代社会の重要な課題
> となりうる。

1. 現代社会に浸透する陰謀論

　2020年前後から「陰謀論」（conspiracy theory）という言葉が一般向けメ
ディアでも語られるようになってきた。これらの中では，特定の陰謀の存在
を信じることを陰謀論と表現する例も散見されるが，陰謀論は個別の謀略や
陰謀などの案件に依存するものではない。人を欺く謀を仕組む陰謀事件はご
くありふれた行為であって，広告代理店の会議室でも，夜更けの居酒屋でも，
日夜練られている（と思う）。こうした謀略としての陰謀自体は，暴露された
ものもあれば，ある程度蓋然性が高いと推測されているもの，そして非合理
的で荒唐無稽なものまで，さまざまにあるだろう。

　本稿のテーマとしての「陰謀論」は，身の回りから政治経済まで，あらゆ
る事象は偶然によって起こっているのでなく，何者かの陰謀によって必然的
に操られているという解釈スタイルであり，そうした陰謀の主体として悪意
を持った陰の存在が暗躍していること，そして自分とその同類だけがそれに

気がついていること，などなどを特徴とする高次の信念（belief）である（11章参照）。

　この手の陰謀論は，一部のオカルト・オタクや，歴史マニアなどにはおなじみだったが，おおよそ堅気の一般社会の目には入っていなかったものだ。それが，にわかに知れわたるようになったきっかけは，おおよそ二つあると思われる。一つは，新型コロナ感染症（COVID-19）の世界的流行と，そのワクチンをめぐる陰謀論であり，もう一つは2020年アメリカ大統領選挙と「Qアノン」陰謀論がアメリカ社会を混乱に陥れた事件である。

　新型コロナウィルスの由来には疑惑を招く未解明な点が多くあり，またワクチンの副反応には不安や危惧があってしかるべきものだろう。しかし，これらに対して客観的データにもとづく議論を超えた反ワクチンを謳う陰謀論が，世界中の出版物やネットメディアを席巻した。いわく，コロナワクチンは人口を減らすために作られた殺人兵器である，ワクチン接種で不妊になる，打てば5年で死ぬ，マイクロチップが埋め込まれて5Gの電波で操られる，などなど。そして，その裏には邪悪な権力の意図があるとする点も共通している。こうしたワクチン陰謀論を真に受けた人が皆さんの身の回りにおられるかもしれない。家族や知り合いがYouTubeで陰謀論動画にハマってしまって，「ワクチンは殺人兵器」「マインド・コントロールされる」などと急に言い出し，周囲をただただ困惑させる事態がたびたび報じられた。もともと欧米ではコロナ以前から，ワクチンを自然の営みに反するものとして忌避したり，接種義務が個人の自由侵害と考えたりする根強い反ワクチン運動の伝統がある。日本においては，後述のように陰謀論の文化的基盤が希薄なため，陰謀論からの反ワクチン運動は限定的であったが，地方議員や企業経営者，医師やジャーナリストなどが反ワクチン陰謀論情報を積極的に発信し，広く日本社会に知られるようになった。

　もうひとつ，アメリカで深刻な問題を引き起こしたのが大統領選挙と「Qアノン」をめぐる数々の事件である。2020年にバイデン氏が選ばれたアメリカ大統領選挙は，対立候補のトランプ氏を陥れる不正の訴えが選挙後まで社会を騒然とさせた。そして2021年1月6日バイデン氏を大統領に認定しよう

としていた合衆国連邦議会議事堂を，約 800 人の群衆が襲撃して 5 人が死亡した事件が起こった。日本の報道では，この事件は一部の過激なトランプ支持者による暴発と報じられ，あまり関心は引かなかった印象がある。しかし，仮に日本になぞらえてみれば，選挙で負けた政党の支持者が暴力で選挙結果を覆そうと集団で国会議事堂を占拠し，多数の死傷者を出すことに相当する。こう考えると，この襲撃は民主主義への脅威となる一大事件であった。

　これらの混乱の背景に Q アノン陰謀論がある。その中心にある考え方では，合衆国政府は，影の政府ディープ・ステートによる支配を受けており，そこでは悪魔崇拝の闇のネットワークがあるとしている。そこでは小児性愛・児童売春が行われており，その中心人物としてヒラリーやオバマなど民主党政治家，ユダヤ系金融資本，ビジネスリーダー，ハリウッドのセレブがいる。そして，この闇の勢力が少数のエリートが人類を支配・救済する世界新秩序 (New World Order) を打ち立てようとしている。この陰謀に対して Q アノン信奉者たちはトランプを支持して戦いを挑んでいる——これが，この陰謀論のおおよその枠組みである（詳細は 10 章参照）。Q アノンは 2017 年にインターネット上の掲示板への投稿から始まったが，こうした政財界の一部をターゲットとした荒唐無稽な陰謀論は，Q アノンの書き込み以前からアメリカ社会に根を張っていた。2016 年には民主党政治家が関わる児童売春や人身売買の拠点としてネット上で暗示（もちろんデマ）されたワシントン DC のピザレストランにライフルを持った男が乱入したピザゲート事件が起こっている。

　ただし，「社会的な事件の裏に陰謀あり」は，現在に限った話ではなく，それこそ西欧の近現代史の中で何度も繰り返されてる。1890 年〜 2010 年まで 1 世紀以上にわたるニューヨークタイムス紙の投書を分析した Uscinski & Parent (2014) は，いつの時期でも，その時々の事件や政治的な動きの背景に，政治家や情報機関，大企業，共産主義者などの陰謀が語られ続けていたことを明らかにした。1963 年ケネディ大統領暗殺は単独犯行ではなく CIA による組織的陰謀だとする疑惑は，機密文書が未公開の状態と相まって今もくすぶり続けている。2001 年の 9.11 アメリカ同時多発テロ事件では，政府は事前に知っていながら故意にテロリストを見逃したとも，本当はアメリカ政府

の自作自演だとも根強く語られている。さらにさかのぼれば，戦争や革命などの大事件や世界的な金融・経済の動向の背後にユダヤ人の暗躍を示唆する陰謀論はユダヤ人への差別偏見から大虐殺への道を開いた。ユダヤ人ホロコーストには陰謀論が深く関わっていることは本稿でも詳述する。陰謀論は，それを信じない人にとってはただのデマであっても，そのデマは一笑に付せばいいような問題ではなく，私たちの社会に強く影響を与えるものなのである。

2. すべてはつながっている

　陰謀論を考える上で，押さえておきたい基礎知識を整理しておこう。

　第一に陰謀論信念は，単に個別の陰謀を真実だと思い込んでしまうことではなく，私たちが見ている世界に偶然はなく，また表面に見えているものがすべてではなく，すべてが背後でつながっている，と考える世界理解の枠組みであり，陰謀であらゆる事象を説明できるとする，ある意味で理性的な世界の解釈スタイル，枠組みなのである。したがって，ある陰謀を信じている人は，たとえ互いに矛盾する複数の陰謀であっても，どちらも同じように信じるのである。

　この信念をよく表す言葉として"Everything is connected"（すべてのものはつながっている）がある。これは陰謀論を象徴する言葉として，メトロポリタン美術館が2018年に開催したアートと陰謀論の関係をテーマとした展覧会のタイトルにも使われたものだ（図9.1）。

　この美術展図録には，アメリカのファッション・アーティストであるディラン・ルイス・モンローによるダイヤグラム（線図）

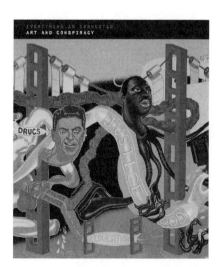

図9.1　メトロポリタン美術館 "Everything Is Connected: Art and Conspiracy" 展図録

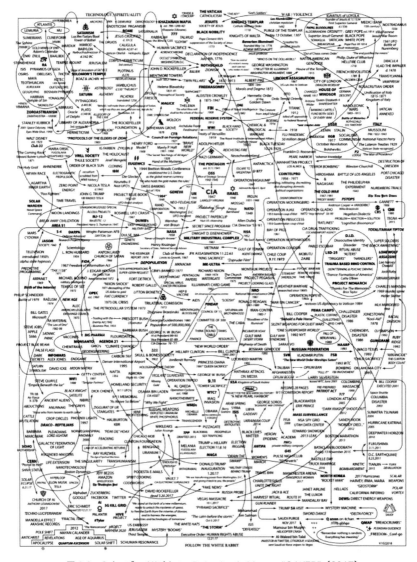

図 9.2　Q ウェブ：オリジナル　Dylan Louis Monroe"Q WEB"（2017）

Ⅲ　陰謀論の心理学

Q WEB が収録されている（図9.2）。これは Q アノンのチャットルームに投稿されて広がった図で，歴史的な陰謀論の要素とそのつながりを一枚に具現化したものとして，見るものに異様な印象を与える。そこにはアトランティスやマヤ，大洪水，ソロモンの宮殿といった古代文明から，ギリシャの賢人，そしてヴァチカン，フリーメーソン，FBI，宇宙人，ナチスドイツ，ペンタゴン，何人ものアメリカ大統領などなど，（一般人にとっては）まるで接点のなさそうな概念が複雑に緻密に結びつけられている。作家・木澤（2021）の評によると，そこには偶然といった概念は存在せず，すべては厳密な因果関係決定論の網の目によって決定され，すべてが必然であることを表している。そして，歴史が始まって以来の陰謀論とそのネットワークを一枚の平面図に圧縮したいというオブセッション（強迫観念）がダイヤグラム全体を貫いており，またその圧倒的な密度と情報量に，統合失調症患者が描く絵によく見られる隙間をくまなく埋めないと気が済まない傾向性と似たオブセッションをも感じさせる（木澤, 2021）。

　心理学の概念を借りれば，このダイヤグラムには古今東西の歴史的な事象をノードとした精緻な意味ネットワークが構築されており，一つのノードが刺激（プライム）されると，その活性化はネットワーク上のリンクをたどって一気にさまざまな概念に波及していくことになるだろう。また，すべてのつながりが因果を表すならば，そこには無関係な事象を原因とみなすという意味での原因帰属推論の錯誤が大規模に生じるとも考えられる。しかし，この誤帰属によって，少なくとも「原因の説明がつかない不安定な出来事」はおおよそ排除できる。そのため，陰謀論者の世界には不明確で混沌とした不安を招く要素はなく，単純で予測可能なものになる。つまり，陰謀論の説明スタイルは，歴史的な出来事から現在の時事問題まで，あらゆる出来事をクリアに理解していく適応的な機能を持っている。

3. 邪悪な意図の存在

　陰謀論信念の第二の特徴は，その背後に邪悪な意図を持った黒幕組織が存

在するとの信念である。こうした黒幕が何であるかは，その社会の思想，宗教，文化状況に依存するが，しばしば登場するのが，ユダヤ人の秘密結社や巨大財閥，金融資本，軍産複合体など，市民を支配しようとたくらむ闇の権力である。

たとえば米国の政治中枢は「ディープ・ステート」と呼ばれる闇の政府に牛耳られており，その構成員は小児性愛を好み悪魔崇拝者であるリベラルなエリートたちだという（民主党関係者，著名人，左派メディア）（10章参照）。この構図に見られるように，陰謀論信念は，陰謀をめぐらす邪悪な存在とその犠牲者である一般市民を対比させ，その構造のもとに迫害と抵抗の物語を綴るのである。

こうしたトンデモない陰謀論が欧米市民に受け入れられてしまう背景には，西欧人の世界認識の基盤にある「善悪二元論」が指摘できる（11章も参照）。つまり，善と悪，神とサタン，光と闇を対比させ，正義を掲げる神が邪悪な悪魔，異端や異民族に最終的には勝利する世界観である。この思想は古代ペルシャンに生まれた世界最古の宗教とされるゾロアスター教の世界にすでに現れている。その教義によれば，この時代は最高神のもとで善の七神と悪の七神が抗争を繰り広げる時代であり，やがて1万2千年後に最後の審判を迎えるとされている。このゾロアスター教の思想は，やがて「セム的一神教」と総称されるユダヤ教，キリスト教，イスラム教などへと発展した。セムとは中東や西アジア，北アフリカでセム系の言語を使用する民族で，ノアの息子セムを祖先にする伝承を持つ。このセム族の一部は唯一神ヤハヴエを信奉し，善悪二元論や天地創造，最後の審判などの教義に特徴付けられたセム的一神教を生み出した。特にアメリカにはプロテスタント的倫理観における「道義主義」に依拠する伝統があり，「神」（善・正義）と「悪魔」（悪）を明確に区別し，悪を倒して罪深い世界の救済が神から与えられた道義的使命であるとの義務感が社会に共有されている（尾曲，2008）。いわば，「陰謀論は，この世界が明確な神の意志によって支配されるユダヤ・キリスト教的世界観の粗悪なパロディ」（原田，2012）なのである。

日本でも陰謀論が世情を騒がせているが，欧米に比べればまだまだましな

レベルである。これは，日本の社会における宗教文化では，セム一神教的な善悪二元論が希薄なことと対応していると考えられる。日本史上に現れる陰謀事件も，絶対的な善悪の対立ではなく，その時点での権力の争奪戦で背後にいる者が糸をひく構造である。たとえば日本史では「本能寺の変」が最大の陰謀とされる（呉座, 2018）。ここで黒幕に取り沙汰されるのは，秀吉，家康，足利義昭，朝廷，イエズス会といったもので，黒幕の意図通りに歴史が進行したと根拠なく考える点では典型的な陰謀論と言えるが，朝廷やイエズス会にしても，西欧のように常に歴史の裏にうごめく邪悪な意思とは言えないだろう。

　もう一点，アメリカでは国家機関による謀略や秘密工作が，歴史上何度も繰り返され，それが暴露された歴史があることも，アメリカ人をして陰謀論への傾倒を促す一要因である。たとえば，アメリカ軍艦艇が公海上で北ベトナム軍から攻撃を受けたとしてベトナム戦争に直接介入するきっかけとなったトンキン湾事件は，後にアメリカ軍と政府による捏造だったと明らかになっている。1990年のイラク軍クウェート侵攻の後，病院でボランティアを行っていた少女がイラク軍兵士の残虐行為を目撃したとする証言（ナイラ証言）は湾岸戦争へアメリカ軍参戦の機運を高めたが，これも捏造であった。アメリカ国家安全保障局（NSA）は，Webサービスや電子メール，通話などの通信記録を広汎に収集して監視する機密プログラムPRISMを運用しており，それが内部告発から暴露されたこともある（スノーデン事件）。他にもCIAのメディア情報操作工作「モッキンバード作戦」，洗脳のための人体実験プログラム「MKウルトラ計画」，公衆衛生当局が黒人を使って行った人体実験「タスキーギ梅毒実験」など，政府組織が企んだ倫理的に許されない謀略事件が何度も起こっており，こうした事実が，もともと連邦政府と心情的に相反する傾向のある一般市民の陰謀論信念に影響を与えていることは想像に難くない。

　また，ここ数年のアメリカの陰謀論の高まりについて言えば，分断されたアメリカ社会の根深い問題が背景にあると指摘されている（井上・渡辺, 2021）。すなわち，トランプ支持層の中心になるような白人層は，経済的苦境に陥っ

ているだけでなく，リベラル派が推進する「多様性」や「民主主義」などが逆差別的な働きをすることで不信や不満を積もらせていく構造がある。そして，こうした白人層の犠牲者意識という人種問題が陰謀論の根底にあることを十分に考慮しなければならないという。

4. カウンターカルチャーとしての陰謀論——オカルト，疑似科学

　もう一つ，陰謀論の特徴と言えるのは，それが社会の多数派勢力によって広く受け入れられている正当な主張に異を唱える「異端」の主張だということだ。たとえば，「コロナワクチンは殺人兵器」「東日本大震災は人工地震兵器が引き起こした」「ナチスドイツによるユダヤ人虐殺はなかった」「地球温暖化はでっち上げである」などなど，その主張自体は，その時代の常識や良識，政府機関やマスコミ主流からは一顧だにされないであろう非合理的でトンデモない戯れ言とも言えるものだ。

　陰謀論は，社会の主流派や権威に認められない点ではサブカルチャーの一種ではあるものの，単なるサブではなく，権威に明確に異議を唱えるカウンターカルチャーの性質を持っている。そして，おそらくカウンターカルチャーと同じく既存の権威に対する不信・不満，反発が色濃く反映している。もっとも個々の陰謀論が非合理的な主張になるのは当たり前であって，その主張に十分な根拠があって正当だと認められれば，それは（暴かれた謀略であっても）すでに「陰謀論」ではない。

　では，社会的な常識や正当な科学知識によって支持されない陰謀論は，何によって理論武装されているのか。

　そこには，現在の常識に反する「知」としての，オカルティズムや偽史，ニセ科学，スピリチュアリティなどがある。こうした怪しげな「知」を信じる信念は，実証的根拠を欠く事物への信奉として ESB（Empirically Suspect Beliefs）と総称される（眞嶋, 2016）。その代表が超常信念（Paranormal Beliefs）と疑似科学信念（Pseudoscientific Beliefs）であり，陰謀論もこの ESB の一つに位置づけられる。これら三種の信念の間には相互に正の相関が

あるだけでなく，影響を与える変数の構造も類似しているために，同じ心的メカニズムが働いていると想定されている（Labato, Mendoza, Sims & Chin, 2014）。

　超常信念とは，科学の基本原理と相容れない，もしくは科学常識の大幅な変更を必要とするような超常的な力の実在を信じることであり，心霊現象や超能力などが実在すると考える。一方，疑似科学とは，外見的には科学的主張のようでも，正当な科学的主張としての要件を欠いた主張である。両者は，現象としては重なる部分も多いが，対象への取り組み自体が異なることで分けられる。たとえば「心霊現象」の実在は，思想としてのスピリチュアリティや宗教的な習俗にもとづく心理であれば超常信奉と考えられるが，心霊の実在（霊魂の死後生存）を科学的・実証的に証明したと主張するのであれば，疑似科学的信念になる。一方，疑似科学は必ずしも超常原理を必要とせず，マイナスイオンによる健康効果や血液型性格判断などは，科学的主張が必要とするエビデンスなどを欠くにもかかわらず，科学的な学説として主張される点で疑似科学である（図9.4）。

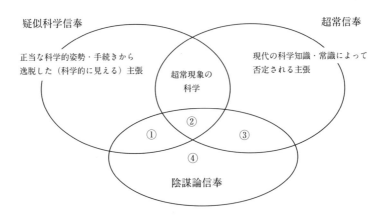

① 超科学（地震兵器・気象兵器・マインド・コントロール），偽史
② 宇宙人，チャネリング，反科学，ニューサイエンス
③ オカルティズム，ヘルメス主義，悪魔崇拝
④ 影の政府・権力者による謀略，暗殺，選挙不正

図9.4　代表的な実証的根拠を欠く信念　ESB（Empirically Suspect Beliefs）と陰謀論のギミック

・超常信奉／オカルティズム

　超常信奉と陰謀論の最大の接点になるのが「オカルト」である。オカルトとは，「隠されたもの」を意味するラテン語の occulta を語源とする。つまり，オカルティズムとは私たちが認識している世界や知識の他に，隠された知識体系があるという考え方が基本にある。先述の Q ウエブにもオカルトの諸要素が詰め込まれているように，隠されたものが世界を形作る点で陰謀論はオカルト的世界観の縮図なのである。

　オカルティズムの源流は古代エジプトやメソポタミア，ギリシャに始まり，ヘレニズム期に徐々に体系化された。オカルティズムの主要な要素である占星術，錬金術，魔術を広く含む神秘主義的な思想・哲学の総称はヘルメス主義とも呼ばれる。キリスト教会が支配する時代には，オカルティズムは異端・異教の思想として弾圧されるようになり，その代表がグノーシス派とその思想である。グノーシスは，科学的・合理的な知とは異なる宇宙や世界の真理，さらには神と人間の間に成立する全体的な知，人間の存在のありようを決定しその知識を得て救済に導かれる全体的総合的な知を意味する言葉としても使われる（大野, 2019）。

　オカルティズムはルネサンス期に復興を遂げ，その影響力は多方面におよび，たとえばアイザック・ニュートンも錬金術をはじめとしたオカルト研究に熱心で多くの業績を残している（最後の錬金術師とも評される）。その後，近代科学の確立によって明らかに退潮するが，19 世紀前後にあっても，心霊科学や動物磁気といった形で，オカルティズムは「隠された知」の探求を続けた。オカルティズムによって発見された超能力や心霊現象へのアプローチとして近代科学の手法を用いる取り組みは数々の疑似科学へもつながっている。そして，現代の陰謀論はこうしたオカルティズムの系譜の先に位置づけられるのである。

・超科学／反科学／疑似科学

　カウンターカルチャーとしての陰謀論は，権威的な「科学」を敵視する。

科学は真実を客観的合理的に探求する活動であるのと同時に，学会や大学組織を中心とした知的権威を構築している。この科学に陰謀論が対抗する戦略としては，オカルティズムのように別の知の体系があるとするだけでなく，「超」科学のテクノロジーの採用や，「反」科学の思想に依って立つ場合もある。

前者の超科学とは，現行の科学の延長であっても著しく飛躍した超テクノロジーの実在を主張するもので，陰謀論には，そうした超科学的なギミックとしての地震兵器，気象兵器，マインド・コントロール・テクノロジーなどが多用される。まあ，SF・アニメの世界そのままを持ち込むようなもので，それはそれとして，よくできた設定であれば興味本位で面白い（と思う）。

一方，後者の反科学・科学否定論は，反知性主義として重要な科学の成果を否定して，社会的に深刻な影響を与えうる。たとえば，陰謀論者が強く唱える反ワクチン運動や地球温暖化否定論，エイズ否認論は，仮にそれを信じてしまうと私たちの安全な生活や環境を脅かすものである。

しかし，こうした超科学・反科学，オカルティズムが組み込まれた陰謀論を信じる個人にはメリットももたらされる。つまり，権力に盲従して既存の科学を無批判に受け入れる無知蒙昧な一般大衆と違って，自分は隠された真実を手にしているのである。その事実は通常の社会で満たされ得ない自己愛を強く刺激する。この世界や自分の人生がうまくいかないことを陰謀の黒幕・世界の闇の支配者に帰属させることで，安定した自己像を維持することができるのである。こうした陰謀論者に対して，科学的証拠から，強く批判すればするほど，自分は真実に気がついたが故に迫害を受けるというストーリーを再確認させることになってしまう。

自分こそは真実に覚醒した選ばれし者だとの思い込みは，サブカルチャー界隈では「中二病」とも揶揄され，これは思春期に特有な空想に満ちた妄想的思考の一種とされている。世間知らずの中学二年生あたりにありがちだが，陰謀論信念の強さも14歳〜16歳ごろでピークになると報告されている（Jolley, Douglas, Skippoer, Thomas & Cookson, 2021）。権威への理由なき反抗や自己の誇大評価，感情をうまく調整できずに背伸びしがちなこの年頃の心性

が，陰謀論にも見られるのが興味深い。

　疑似科学信奉と陰謀論の共通メカニズムとして「反証不能性」がある。これは科学と科学でない主張はどのように見分けられるのかを追求した境界設定問題に科学哲学者カール・ポパーが提唱した規準である。ポパーは，どのような結果を得れば仮説が誤りであるかを事前に明確に示している（反証可能性を備えている）ことを，科学的仮説の特徴と考えた。つまり，どうあがいても事実によって反証される可能性がない仮説は，科学のように見えても科学とは言えないとした。この規準は，完全なものではないにせよ，疑似科学を識別する重要な指標になっている（これら疑似科学の詳細については，伊勢田（2003）や菊池（2012）を参照されたい）。

　この反証可能性の観点に立つと，陰謀論はまさに反証不能であり疑似科学の兆候を備えているとわかる（ポパーは初期から陰謀論に言及している）。つまり，陰謀自体やその黒幕が存在しなかった場合，その存在は，どのように否定できるだろうか？　通常の科学的仮説の評価であれば，「証拠（エビデンス）がない」はその仮説の根拠を失わせるが，陰謀論では「証拠がない」自体が，強力な陰謀が存在する何よりの証拠になる。つまり，陰謀が黒幕の意図通りに機能すればするほど，その存在は一般から隠蔽されるので証拠は残りようがない。この特徴に，疑似科学と共通する陰謀論の特権的エビデンスの構造が見て取れる。そして，一度信じ込んでしまえば，周囲からの「根拠がない」という批判自体が，陰謀の存在の正しさを示す証拠だと認識され，自分たちの大義を再確認する効果を持ってしまうのである。

5. 陰謀論のギミックとしてのユダヤ・フリーメーソン・イルミナティ

　オカルト系の話題に詳しい方であれば，陰謀論と聞けば，「ユダヤの」という言葉がすぐに頭に浮かぶだろう。さらには陰謀の黒幕として「フリーメーソン」や「イルミナティ」といった秘密結社も有名である。私たち日本人にとって，ユダヤ人とはナチスの大虐殺にあった悲劇の民族といった認識がまずあるものの，遠い異郷の民族であって，それ以上の関心を持つ人は多くは

ない。陰謀論を深く考えるため，なぜユダヤ人やフリーメーソンが陰謀論の黒幕とされるのか，これも押さえておきたい。

　まず，世界史の授業で扱う次のような歴史は覚えておられる方も多いだろう。

　ユダヤ人は紀元前にダビデ王，ソロモン王のもと，中東パレスチナに繁栄した王国を築いた。しかし，ソロモン王の死後，イスラエルとユダに分裂した王国は，それぞれアッシリアとバビロニアに滅ぼされ，ディアスポラ（民族離散）に追い込まれた。この時，民族としてのつながりを維持する目的で，口承で伝えられてきたユダヤの歴史や精神的拠り所を成文化したユダヤ教の聖典が「旧約聖書」である。その後，古代ローマ帝国時代にはパレスチナの地でユダヤ教徒の中からイエス・キリストを救世主と信じるキリスト教が生まれた。キリスト教はローマ帝国の中で世界宗教へと勢力を拡大した一方で，イエスを刑死に追い込んだユダヤ人が抹殺されなければ世界の救済は果たされないとする反ユダヤ主義も広がり，やがてナチスドイツの大虐殺につながった。第二次大戦後にはイスラエルとして，ユダヤ人国家が再建されたが，そこを訪れたことのないユダヤ人も多いのが現状であり，また，イスラエル建国に伴い，周辺のアラブ諸国との摩擦も絶えない……，などなど。

　こうした中世から近世に至る歴史でのユダヤ人差別・迫害のポイントは二点あり，一つはキリスト教に仇をなす悪魔的存在として宗教的な差別・迫害の対象となっていたこと。もう一つは，故国を失って他国に流入した異民族として，他のさまざまな人種差別と同じ構造の，少数民族に対する差別を受けたことである。

　ただし，この時点では民族差別はあっても，明確な陰謀論との関わりは生じていない。このようなユダヤ人差別が陰謀論と結びつく大きなきっかけとなったのは，1789年に始まるフランス革命とそれに続くヨーロッパの混乱であった。激化する政治権力闘争の中で，共和派・反カトリック陣営に敗北した旧来のカトリック・保守派は，後述するイルミナティやフリーメーソンを革命の黒幕としてとらえ，そのメンバーであったユダヤ人そのものを旧秩序を破壊する陰謀をめぐらす集団として妄想的に敵視する風潮が生じ，これが

陰謀論に結びついたのである。

　ユダヤ人は早くから識字率が高く，アルファベットが数字を兼ねていると
ころから数字を扱え，商業力に富んでいた。特に，キリスト教では賤しいと
された金銭の扱いに抵抗がなかったため両替商，金貸し等に従事する例が多
く見られた（シェイクスピアの『ベニスの商人』には，強欲な金貸しのユダヤ人が
描かれている）。その中には経済力を蓄え，ロスチャイルド家のように大財閥
に成長したものもいる。近代に至る社会の激動の中で，旧来の既得権や権益
を奪われ没落の憂き目を見たヨーロッパ人にとって，こうしたユダヤ資本は
憎悪の対象になっただろう。

　さらにターニングポイントとなったのは，1879年にウィルヘルム・マール
が「反セム主義」という表現で，人種論的な反ユダヤ主義を理論化したこと
である。「反セム主義」はユダヤ人概念や人種そのものを憎悪する考え方であ
り，それまでの差別が個別のユダヤ人蔑視や宗教的な迫害であったものから
ユダヤ人像をあらため，ユダヤ人はその優秀な知性知識技能をもって欧州
（フランス）を支配してユダヤ人国家にしてしまう存在と位置づけられるよう
になった（このセム民族と対比されたのがアーリア民族であり，これがナチスドイ
ツの思想的基盤となる）。このユダヤ人差別の理論化は，反ユダヤ主義がナ
ショナリズムの高揚や政治的鎮痛剤としての役割を担う上で重要だったと考
えられる（ディモント，1984）。

　このようにユダヤ人を諸悪の根源化していく上で重要なアイテムが，19世
紀末にロシアから世に出た『シオン賢者の議定書（プロトコル）』と呼ばれる
英文で100ページほどの文書である。これはパレスチナにユダヤ国家を再建
しようとするシオニズム会議の極秘議事録の体裁をとっており，ユダヤ人が
フリーメーソンなどの秘密結社を手先にして全世界を征服するまでの具体的
計画が書かれていた。この議定書は怪奇小説などをネタ本にした偽書と後に
明らかにされたものの，広く各国語に訳されナチスドイツをはじめとしたユ
ダヤ人迫害を正当化するために活用されたのである。

・フリーメーソン

　フリーメーソンは世界最大の秘密結社として知られ，各種の陰謀の実行主体と名指しされる。正確にはフリーメーソンとは個々のメンバーを指し，組織としてはフリーメーソンリーと呼ぶ。

　秘密結社というと，おどろおどろしさが感じられるかもしれないが，存在が秘匿されているわけでなく，内部の儀式などの一部が部外者には秘密にされているという意味である（現在はもちろんホームページもある）。

　フリーメーソンリーは，自由・平等・友愛などを基本理念とし，会員同士の親睦を目的とした社交クラブの一種である。その起源は中世の石工ギルド組織に由来するとされるが詳細は明らかではない。1660 年に発足した知識人の学術団体「ロンドン王立協会」に，すでに著名な知識人として 3 名のフリーメーソンが含まれている記録が残っている（深沢, 2020）。

　このスコットランドの石工起源の組織（ロッジ）をまねた会合が 17 世紀のイングランドの居酒屋や個人宅で行われるようになり，1717 年にロンドンで 4 つのロッジが設立された。この連合組織がロンドン・グランドロッジ（大会所）と呼ばれる。このグランドロッジには，王立協会所属の知識人をはじめ，王族や貴族，政財界の重要人物がこぞって参加している。つまり近代のフリーメーソンリーは「政治・社会・文化エリート層の構成する支配的権威の複合体，いわゆるエスタブリッシュメントの一形態」（深沢, 2020）であり，これを受けて，社交サロンとしてヨーロッパ各地にロッジが設立されていった（英連邦系と欧州大陸系があるとされる）。もちろんユダヤ人独自の組織ではない。

　スコットランドの石工ロッジに起源がある組織を実践的（作業）フリーメーソンリー，ロンドンのグランドロッジから始まる組織を思弁的フリーメーソンリーと呼んで区別できるが，両者の二分法には学術的な異論も投げかけられている。

　このように，フリーメーソンリーは，各界の有力者会員が自由で平等な親睦をはかるクラブであったが，それがいつの間にか，世界支配を企む陰謀結社に擬せられるようになったのはなぜなのか。

フランス革命をめぐる事情は後述するが，しばしば指摘されるのが，フランス革命会議のメンバーだけでなく，アメリカ独立の立役者たちや，その後の大統領にメーソンが多く入り込み，政治経済をメーソンが操っていたとされることである。しかし，当時の政財界の重要人物がフリーメーソンに参加していたのだから，それは当たり前のことにすぎない。ただし，フリーメーソンはその目的から政治問題とは距離を取り，組織としてはフランス革命にはほぼ関与せず，局外者傍観者だったとされる。

　また，神秘的な秘密結社のイメージが陰謀論の主体を疑わせるが，このイメージはフリーメーソン自体が入会儀礼の説明や宣伝のため，さまざまな古代ヨーロッパの伝承，薔薇十字団やテンプル騎士団などのギミックを用いたためでもある。またメンバー同士の挨拶や合い言葉に（モンティ・パイソンでパロディにされるほどの）独自のスタイルを使い，これもメンバー同士の同類感に寄与したが，排外的な秘密結社の印象も強めたものと思われる。

　（さらにフリーメーソンについて概略を知りたい方は，本稿で参考とした皆神・有澤（2009）を参照いただきたい）

・イルミナティ

　陰謀論でしばしば引き合いに出される邪悪な秘密結社がイルミナティである。これは18世紀にヨーロッパに数多く存在した啓蒙団体の一つで，ラテン語で光に照らされたものの意味を持つ。1776年にドイツ・バイエルン王国・ババリアで設立されたことからババリア啓明結社とも呼ばれる。設立者の大学教授アダム・ヴァイスハウプトは原始共産主義と自由平等を掲げ，君主制や封建制の根絶を掲げた急進的啓蒙思想を奉じており，オカルトにも傾倒し，古代ギリシャの秘儀も研究していたとされる。ただし，伝説的な人物としての脚色も多いようである。

　イルミナティは，ドイツ・オーストリアを中心に広まって各国に支部も作られ，国家や社会の慣習を断絶して，自由と平等，個人の霊性を高めたユートピア社会を目指した。しかし，当時のキリスト教会や政治体制に批判を繰り返したため，ローマ教皇によって異端とされババリア政府から解散命令を

　　　　　　　　Ⅲ　陰謀論の心理学

受けて組織も消滅した。これが歴史的事実である。しかし，陰謀論業界では，この後，地下へ潜ったイルミナティこそが，世界史を動かす黒幕としてささやかれるようになる。

・つながる点と線　ユダヤ・イルミナティ・フリーメーソン

　イルミナティは，急進的で過激な啓蒙主義的政治団体として，旧来の政治体制から敵視されていた。無害な親睦団体であったフリーメーソンも，自由・平等を掲げたために旧来の身分社会や保守的なキリスト教会からは危険視されることもあった。

　そもそもイルミナティ自体はフリーメーソンとは無関係だが，ヴァイスハウプトはフリーメーソンにも加わっており，そこで知識人や有力者をさかんに勧誘し，クラブ的性格が強かったドイツのフリーメーソンを啓蒙主義的な政治団体へと再組織化（分裂）させた。これは，ドイツばかりでなくヨーロッパ中で反フリーメーソン，反イルミナティのキャンペーンが起こる原因の一つになったとされる。

　そして，1789年のフランス革命勃発後，王政復古を目指す過激王党派を中心とした保守的な政治階層から，地下に潜ったイルミナティと啓蒙的な知識人が集まるフリーメーソンこそが革命騒乱を起こした首謀者だとする「陰謀論」が主張されるようになった。

　現在の陰謀論では，権力者が影で陰謀をめぐらして市民に脅威を与えるという枠組みが主だが，フランス革命期はこれが逆になっている。旧体制（アンシャン・レジーム）の権力者たちが，自由平等を唱える啓蒙的な市民側の陰謀によって危機にさらされていると考えたのである。

　一方，ここにユダヤ人はどのようにからんでくるのか。もともと，フリーメーソンは宗教上の寛容を掲げているためにユダヤ人を差別も特別視もしていない（ただしキリスト教の強いドイツのロッジではユダヤ人が差別された）。ただし，メーソン内部の知識人は，ロッジ内でも各種の神秘思想の研究を行っており，特にユダヤ起源の神秘思想カバラは人気が高かったようである。そのためフリーメーソンのシンボルや儀礼などにはユダヤ・旧約聖書起源のも

のも多く見られる。こうした点でも，フリーメーソンとユダヤが外部からは同一視される素地もあった。

そして，1806年，こうした保守的な陰謀論者の中で「全キリスト教徒を奴隷化しようとしているユダヤ人こそがあらゆる陰謀の真の黒幕である」という主張が現れた。きっかけは「シモニーニ書簡」という文書（おそらく偽書）であり，その中では革命の主体であるジャコバン派，そしてフリーメーソン，イルミナティなどの党派は，背後のユダヤ人から多額の資金援助を受けていると示唆されている。ここに，フリーメイソン・イルミナティ・そして経済力のあるユダヤ人が結託してキリスト教世界を破壊しようと画策しているという陰謀論の黄金パターンができあがったのである。

フランスのフリーメイソン陰謀論の土壌となった意外な人物名として，革命前にフランスの宮廷で暗躍したカリオストロ伯爵がいる。そう，カリオストロは実在した。彼は，低い身分からさまざまな肩書きを詐称して社交界に入り込んだ伝説的な詐欺師であったが，フランスのフリーメーソンのメンバーであり，後にはメーソンの分派も設立し，イルミナティにも関係したと言われている。やがて王室とマリー・アントワネットの権威を失墜させた「首飾り詐欺事件」によって追放された後，獄死することとなった。宮廷を舞台に暗躍したこの稀代の怪人物の存在は，旧来の権威を破壊する革命の黒幕フリーメイソンを貴族階級に強く印象づけたと思われる。彼はさまざまな詐欺を働いたが，やがて，その名を受け継ぐカリオストロ大公の末裔が，とんでもないものを盗まれることになるのは，また別の話である。

・日本人とユダヤ人

歴史的には，日本人が本格的に直接ユダヤ人と接触したのは明治期以降であり，維新後に来日した外国人にユダヤ人がいたが，それぞれの国籍を持っていたため，ユダヤ人として識別されることはあまりなかったとされる（アダ・タガー＝コヘン，2014）。その後の国際社会との関連が深まる中で，ユダヤ・メーソン陰謀論やシオン議定書が日本に持ち込まれ，1920年代には国内でも反ユダヤ主義のパンフレットや雑誌などが次々と発行されるようになっ

た（松浦, 1999）。特に，ロシア革命を受けた1918年のシベリア出兵が日本の反ユダヤ主義の一つの契機となったとされている。革命で国を追われた白系ロシア人によって，革命の背後にユダヤ人がいるというシオンの議定書に描かれた反ユダヤ主義が日本に流入し，反共・反ソは反ユダヤ主義とつながったのである。

しかし，ドイツがユダヤ人の大量追放・迫害を実行すると，ユダヤ同情論や利用論も現れてくる。日本政府は「猶太人対策要綱」（1935年）という基本方針のもとに，ドイツとの協調路線は維持しつつもユダヤ人に寛容な姿勢を打ち出した。これは，人道的配慮よりも国際ユダヤ資本を利用して外資導入や日米関係の改善を企図したのである。この方針のもとユダヤ人を満州へ移住を受け入れる「河豚計画」が進められた。この名前の由来は，ユダヤ受け入れは河豚のように美味にもなるし，猛毒にもなるとたとえられたことによる（この計画は，その印象的なネーミングもあって，有名な劇画主人公の出自をめぐるエピソードの舞台となった）。

このユダヤ利用計画は日独伊三国同盟から太平洋戦争勃発によって政策としては破綻するが，東洋のシンドラーとして知られる杉原千畝や樋口季一郎・陸軍中将による人道的エピソードが現在に伝わっている。

一方，サブカルチャーの見方からすれば，この時期にはユダヤ陰謀論と同じ疑似科学（偽史）的言説として，日本人とユダヤ人が同じ祖先の末裔であるとする「日ユ同祖論」も国内に広まっていたことも押さえておきたい。

この説は，紀元前に古代イスラエルの王国が滅亡して世界中にユダヤ系民族が離散した中で，失われた十支族の一部（諸説あり）が縄文時代の日本に移住して日本人の祖先になったという説である。これをはじめて提唱したのは，幕末に来日したスコットランド人貿易商で，日本人とユダヤ人の容貌や習俗，言葉などに，多数の類似点が見られることから，日本人の祖先はイスラエルからやってきた十支族だと主張した。かなり苦しい「こじつけ」であるものの，昭和初期に酒井勝軍が数々の著作でこの説を広め，さらにこれに呼応するように現れたのが，神武天皇以前の日本の歴史を記したとされる『竹内文書』である。これは神代文字で書かれた文書とその写本群などであり，天津

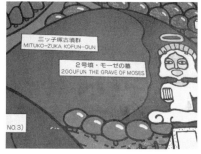

図9.4　石川県宝達志水町にある「モーゼの墓」

教教祖竹内巨麿が秘蔵していたとされる。この『竹内文書』によれば，古代の日本に超文明が存在し，神武以前に百代にわたる天皇が世界に君臨していたという荒唐無稽な内容が記述されている（もちろん偽書）。そして，その中にはイエス・キリストはゴルゴダの丘では刑死せず日本に渡来し，106歳で亡くなったという文書がある。キリストの墓は竹内巨麿自身が，青森県の旧・戸来村（読みはヘブライに由来する。現・新郷村）に存在するのを発見した。現代でもこのキリストの墓ではキリスト祭りが催され，神道の祝詞から獅子舞，盆踊りが奉納される奇祭として（キリスト的にそれでよいのかと思うが）地域振興につながる貴重な観光資源になっている。また『竹内文書』には旧約聖書出エジプト記の十戒で知られるモーゼも来日して天皇に謁見したと記されており，その墓は石川県宝達志水町にある。こちらも「伝説の森公園　モーゼパーク」として観光用に整備されている（図9.4）。

　遙か古代のユダヤ民族の歴史が，ここ日本の地方の地域おこし観光事業に息づいている。これもまた"Everything is connected"。感慨深い。

6. 陰謀論信念の心理メカニズム

　ユダヤ・フリーメーソン陰謀論を理解した上で，ここで一般的な陰謀論信念の研究に戻ってみよう。

　陰謀論信念を対象としたオーソドックスな相関研究では，まず個々人が持

つ信念の強さを，質問尺度を使って測定し，その個人差が，どのような心理・行動変数と関係するのか明らかにしていく手法がとられる。

陰謀論信念を測る尺度は複数のものがあるが，文脈に依存しない一般的な陰謀論尺度であるCMQ（Conspiracy Mentality Questionnaire）は，次のような5項目から構成されている（Bruder, Haffke, Neave, Nouripanah & Imhoff, 2013）。

① 「一般には決して知らされてないような，重要な出来事がたくさん世界で起こっていると思う」
② 「政治家は自身の決断の本当の理由を私たちには説明しないと思う」
③ 「政府機関は私たち市民を詳しく監視していると思う」
④ 「表面的には何の関係がないように見える出来事も，実は裏でつながっていると思う」
⑤ 「政府の決断に大きな影響を与える秘密の組織があると思う」

また陰謀論信念を複数の次元でとらえる一般的陰謀論信念尺度（GCQ: Generic Conspiracist Belief Scale）では，陰謀論には次のような5つの因子があるとされている（Brotherton, French & Pickering, 2013）。

① 「政府の不法行為」 犯罪の背後で政府組織が糸を引いている。
② 「宇宙人の隠蔽」 文字通り。
③ 「世界規模の邪悪な存在」 秘密の組織が世界的な動きを背景で操っていると考える。
④ 「個人のウェル・ビーイング」個人の健康，自由，精神状態などを支配する陰謀。たとえば病気の流行やマインドコントロール技術など。
⑤ 「情報コントロール」 政府やメディア，企業などが行う組織的な情報隠蔽や操作。

GCQ は日本語にも翻訳され，日本人のサンプルで検討が行われている（眞

嶋・中村, 2019)。その結果からは, 日本人の場合はイギリスほど5因子に明確に分かれず, 一般的な陰謀論と, 地球外生命体陰謀論の2因子で解釈できるとされている。

　陰謀論信念と関連する諸変数との検討については, 本書でも11章(西田論考), 10章(山岡論考)で専門の立場から具体的に詳しく説明されているため, ここではおおまかな概要をまとめておきたい。

　陰謀論信念は, 適応的な心的システムの反映であり, 人が進化の中で身につけた優れた心的能力が(過剰に)発揮された結果だと考えられる。曖昧で把握が難しい不確実な出来事や, 偶然の出来事に困惑や脅威を感じた場合, その背景にある特定の意図を検知し, 整合的な理解の枠組を作り出して, 意味を与える機能を持っている。そして, 不確実な世界を秩序ある予測可能なものに回復させる社会的・文化的機能を提供する。そのために特定の邪悪な敵を作り出して, 不可解な事象をすべて帰属させるのは有効な戦略である。しかも, こうした秘密を自分だけが知っているという感覚は, 自尊感情を高め, 自己高揚的な感情を引き起こす。よって, 時代が複雑になればなるほど, 多くの人が不安に感じる社会状況であればあるほど, 陰謀論が心の安定のために採用されやすくなると考えられる。そうした点からは, 私たち誰にでも陰謀論者の素質があると言える。

　こうした論点から, 興味深い研究仮説と研究を紹介しておこう。陰謀論者は, 不確実で予測不能な状況に脅威を感じ, そこから来る不安を陰謀論でコントロールしていると考えられる。もし, この仮説が正しいとすれば, 陰謀論者は, 不確実性や偶然性を嫌い, また偶然性に関する正確な推論を苦手とするとも予測できる。

　たとえば確率に関する錯誤(連言錯誤)を誘発しやすい課題に取り組ませた実験では, 陰謀論を信じる人たちは, 仮説通りこのテスト成績が低いことを明らかにした(Brotheton & French, 2014)。こうした確率推論の失敗傾向は, テレパシーや予知などの超能力信奉者にも見られるものである。

　Whitson & Galinsky(2008)の実験では被験者に概念カテゴリを判断させる一般的な識別課題を実施し, 被験者の判断の正否に関して, ランダムな

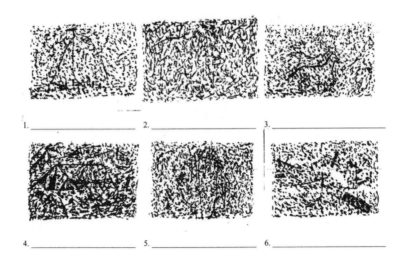

1. _____   2. _____   3. _____

4. _____   5. _____   6. _____

図9.5　Whitson & Galinsky（2008）の図版

フィードバックを返し続けた（非随伴フィードバック）。この手法によって被験者を何をしても自分の努力が実らないようなコントロール感不全の状態（学習性無力感）に置く操作を行ったのである。また，別の条件では，状況を全くコントロールできなかった体験を想起させることで，同じようにコントロール感の欠落状態を作り出した。人にとって不確実性を低減し，コントロール感を維持しようとする欲求は基本的な動機付けである。もし，外界に対するコントロール感を失うと，人はこれを補うため知覚的にコントロールを得ようとすると考えられる。すなわち，刺激の中に，意味がわかりやすい・首尾一貫した（coherent）意味のあるパターンを知覚しようとするのではないか。負けが続いた人がジンクスを頼りにするようなものと言える。

　こうした仮説にもとづく実験の結果，コントロール感を喪失した人は，構造化欲求が増加し，さまざまな事象の間に錯誤相関を見いだした。そして，複数の人が関わった曖昧な状況を描いたシナリオに対して，陰謀論的解釈を強く採用したのである。また，コントロール感を喪失した人はドットだけの無意味な写真の中から，あたかも心霊写真のように，意味のある画像を検知してしまう傾向も見せた（図9.5）。こうした結果から，曖昧で乱雑な刺激から，

意味がわかりやすい・首尾一貫したパターンを知覚しようとするのは，自分が失ったコントロール感を回復させる「補償メカニズム」が働いたためと解釈されている。

7. 陰謀論への対処

　従来はただの個人的な思い込みと片付けられていた主張が，SNS では大規模に拡散し，予想もしないような影響力を持つ。現代の陰謀論は，公の知識としては否定され「隠されていた」ものが，覚醒者とネットの力で暴かれる物語性を帯びている。そのために，たとえ笑ってしまうようないい加減な主張でも，現実の社会に悪影響を及ぼすことがあり得る。

　では，身近な人が陰謀論にハマってしまった場合，私たちはどう対処していけばいいのだろうか。

　まず，一般に陰謀論（だけでなく超常現象や疑似科学）に対して，誰でも素朴にとるのが「欠如モデル」にもとづく対処である。つまり，陰謀論に陥る人は，正しい知識を持っておらず，合理的な思考ができないのであって，誤りを指摘して正しい知識を教え込んで修正してやればいいと考えるもので，これはごく一般的に学校教育現場で行われる対処方法である。

　しかし，これまで見てきたように陰謀論は単なる知識の欠如の問題ではなく，その人の信念の問題である。したがって，正しい事実を突きつけて陰謀論者の考え方を変えようとしても，必ずしも有効な方略とはなり得ない。

　もちろん，科学知識と教育の普及によって多くの非合理的信念が克服され，現代の科学文明の基盤が形成されたのも間違いない。しかし，陰謀論にはまってしまう人の多くは，長年にわたって教育を受け，科学的な知識や合理的な思考も備えている。陰謀論の信念は反証不能性をはじめとして世界解釈においても整合性がとれた一種の無謬性があり，それに反する指摘への抵抗は強いものと考えられる。こうした信念特性に配慮せずに，一律的な欠如モデルからの対処は，かえって反発を生み，ひいては専門家と市民の分断や反知性主義の温床となる可能性すらあると考えられている。

深く信じ込んでいる信念を修正していくのは容易ではない。一般に，ひとたび獲得された誤信念は，正しい事実の指摘に抵抗して容易に変更されない性質を持つ。当人や関係者の状況にもよるが，深く信じ込んでいる陰謀論信念からの脱却は，カルトからの脱洗脳や脱会カウンセリングに相当する困難を伴う。周囲の人々が当人の思い込みを厳しく否定して失敗するのは，カルト脱会の試みで多く見られるケースである。脱洗脳では，まずカルト集団からの隔離が重要になるが，陰謀論はそれほど明確な集団がなく，ふだんはふつうに仕事や生活をしているのでネットやSNSの遮断も難しい。粘り強く働きかけていくためにとるべき姿勢は，周囲が間違いを修正してやる態度ではなく，おそらくは，相手の話を否定せずに傾聴し受容していくカウンセリングマインドではないか。陰謀論を信じて声高に主張するのは表面的な現象であって，そこに至る深刻な問題は，陰謀論に傾倒しなければ解消されないような不安や焦燥，孤独，悩みといった点にこそある可能性が高い。陰謀論を否定する前に，まず相手がかかえるさまざまな問題の解決に向けて働きかけていく枠組みが必要かもしれない（……といった，信奉の背後に大きな心理的問題がある，という考え方自体が，陰謀論信奉と共通する人間の認知機能だということがおわかりいただけると思う）。

　陰謀論やカルトに対処する上で最も大切なのは，ハマってから対策に取り組むのではなく，その前から，メタ認知知識をもとに世の中の出来事を多面的に考えるクリティカルシンキング・スキルを養うことである。たとえば，陰謀論を理解するためには，人の信念の生起や強化など心理面に着目したアプローチが大きな助けになると，これまで述べてきた。人は，世界を一貫したものとして効率的に把握しようとする認知システムをデフォルトで備えている。そして不確実な未来をコントロールして前向きに生きていこうとする社会的動機に動かされている。こうした自律的認知システムは，人が適応的に生きていく上で必要であり，だれでも自然に身につけている。そして，この優れた認知システムが，複雑で困難な状況に対処するためにオーバーランした結果が，時に陰謀論やESBを引き起こし，人生における不適切な意思決定を生み出すと考えられるのである。こうした認知システムの振る舞いにつ

いて理解し，自分の認知を客観的に把握・制御していくメタ認知は，情報を多面的に評価して適切な意思決定や問題解決につなげていく実践的で汎用的なクリティカル・シンキングの基盤を形作るのである。

※本稿は2021年に日本応用心理学会，日本パーソナリティ心理学会，および日本認知心理学会安全心理学部会において発表した内容と，*Journal of the JAPAN SKEPTICS*, 2022に掲載した「人はなぜ陰謀論にハマるのか」をもとに，加筆してまとめたものです。

引用文献

Brotherton, R. & French, C, C.（2014）. Belief in conspiracy theories and susceptibility to the conjunction fallacy. *Applied Cognitive Psychology*, *28*, 238-248.

Bruder, M., Haffke, P., Neave, N., Nouripanah, N., & Imhoff, R.（2013）. Measuring individual differences in generic beliefs in conspiracy theories across cultures: Conspiracy Mentality Questionnaire. *Frontiers in Psychology*, *4*, Article 225.

ディモント, M. I.（1984）. ユダヤ人──神と歴史のはざまで（上・下）　朝日新聞社

深沢克巳（2020）. フリーメイソン団成立史研究の現状と論点　日本翠士院紀要, *75*（1）, 1-25.

呉座勇一（2018）. 陰謀の日本中世史　角川書店

原田実（2012）. オカルト「超」入門　星海社

井上弘貴・渡辺靖（2021）. 現代アメリカ社会における〈陰謀〉のイマジネーション（特集：「陰謀論」の時代）　現代思想, 2021年5月号

伊勢田哲（2003）. 疑似科学と科学の哲学　名古屋大学出版会

Jolley, D., Douglas, K. M., Skipper, Y., Thomas, E., Cookson, D.（2021）. Measuring adolescents' beliefs in conspiracy theories: Development and validation of the Adolescent Conspiracy Beliefs Questionnaire (ACBQ). *British Journal of Psychology*, *39*, 499-520.

菊池聡（2012）. なぜ疑似科学を信じるのか──思い込みが生みだすニセの科学　化学同人

木澤佐登志（2021）. Qアノン，代替現実，ゲーミフィケーション（特集：「陰謀論」の時代）　現代思想, 2021年5月号

Lobato, E., Mendoza, J., Sims, M., Chin, M.（2014）. Examining the relationship between conspiracy theories, paranormal beliefs, and pseudoscience acceptance among a university population. *Applied Cognitive Psychology*, *28*, 617-625.

眞嶋良全（2016）. 科学リテラシー・認知スタイルと疑似科学信奉　日本認知科学会第33回発表論文集, 106-109.

眞嶋良全・中村紘子（2019）．日本語版一般的陰謀論信念尺度の尺度構造の検討　日本心理学会第83回大会発表論文集

皆神竜太郎・有沢玲（2009）．トンデモフリーメイソン伝説の真相　楽工社

大野英士（2018）．オカルティズム──非理性のヨーロッパ　講談社

尾曲巧（2008）．アメリカ宗教思想の特異性──善悪二元論の起源と展開　鹿児島純心女子大学国際人間学部紀要, *14*, 41-64.

タガー＝コヘン, A.（2014）．戦前の日本におけるユダヤ教　神教学際研究, *10*, 1-25.

Uscinski, J, E. & Parent, J. M. (2014). *American Conspiracy Theories*. New York: Oxford University Press.

Whitson, J. A. & Galinsky, A. D. (2008). Lacking control increases illusory pattern perception. *Science*, *322*, 5898: 115-117.

10章
陰謀論——ナラティブの拡散と
自己学習型マインド・コントロール

山岡重行

2021年1月6日，アメリカ大統領選挙の結果を確定させるための上下両院議員合同会議に合わせて，当時の大統領ドナルド・トランプはホワイトハウスに隣接した公園で開かれた集会で次のように演説した。

「選挙の勝利は極左の民主党の連中によって盗まれ，さらにフェイクニュースのメディアによっても盗まれた。（中略）我々は戦う。ともかく死ぬ気で戦う。もし死ぬ気で戦わなければ我々の国はもはやない」

トランプに煽動された支持者たちはアメリカ連邦議会議事堂を襲撃したのである。彼らはアメリカ連邦議会議事堂内に侵入，一時的に議事堂を占拠し，5人が死亡，100人以上が逮捕された。彼らはQアノン陰謀論者と呼ばれている。

本章では，Qアノン陰謀論者が暴走していく過程を人間の情報処理の観点から分析する。

1. "Q" のゲーム

サタン

誰が従うのか？

どんな政治家がサタンを崇拝しているのか？

逆十字は何を表すのか？

誰が公然と身につけているのか？

なぜ？

彼女は誰とつながっているのか？

なぜこれが関係あるのか？

スピリット・クッキング

スピリット・クッキングは何を表しているのか？

カルト

カルトとは何か？

誰が崇拝されているのか？

なぜこれが関連するのか？　　　　　　　　　　　　　Q

　これは日本の「2ちゃんねる」に着想を得た英語圏の匿名画像掲示板"4chan"に「Qクリアランスの愛国者（以下，"Q"とする）」と名乗るユーザーが2017年11月6日に投稿したものである。"Q"はアメリカ合衆国エネルギー省のアクセス権限Qクリアランスを持ち，最高機密情報にアクセス可能な連邦政府高官であることを仄めかしている。2017年10月28日，"Q"は4chanに「嵐の前の静けさ」と題したスレッドを立て，一連の投稿を開始した（木澤, 2021）。

　"Q"の投稿は情報を直接伝えるのではなく，上記のように断片的な暗号のようなもので，「なぜ——なのか？」という疑問文を多用することが特徴だった。"Q"の投稿によりゲームが始まった。"Q"の熱心なオーディエンスたちはメッセージに隠された謎を解明しようとやっきになったのである。ゲームマスター"Q"により与えられたクエスト（課題）を，"Q"の投稿を手がかりにしてクリアしようとしたのである。オーディエンスたちは様々な点と点をつなぎ，アメリカ合衆国を中心にした世界で起こっている壮大な陰謀と，それを企む巨大な悪の存在を「発見」した。そして陰謀を企む巨大な悪意にたどり着いたのである。彼らが暴いた巨大なる悪意とは，「ハリウッドや民主党のエリートが参加する悪魔崇拝の小児性愛者集団がディープ・ステート（影の政府）を築き上げ，悪魔崇拝儀式の生け贄や小児性愛目的の児童人身売買を行っている」というものだ。ゲームプレーヤーとなった"Q"のオーディエンスたちは，調査し，発見し，SNSに投稿することで発見を共有し，陰謀論

という名の疑似神話を共有し合うインタラクティブな共同体を構築した（木澤, 2021）。そして彼らは「ドナルド・トランプこそディープ・ステートと戦う英雄」だと信じたのである。

2. 「陰謀論」ナラティブの誕生

　人間が地球上で文明を築き繁栄してきたのは，いくつかの事象の因果関係を推論し，ある現象が生じる法則性を理解し，その現象をコントロールしてきたからである。人間の認知機能には，いくつかの事象を関連付けて体系的に理解しようとする傾向がある。この認知機能が物語を生み出すのである。

　Heider & Simmel（1944）は大きな長方形と小さな○，大小2つの△が動き回る90秒ほどの音声なしの動画（https://www.youtube.com/watch?v=VTNmLt7QX8E）を作成し，これを刺激とした実験を行った。

　「画面の右側の長方形の中に大きな△が入っている。長方形の一部が開閉する。小さな○と△が一緒に画面に登場。大きな△は長方形から出て小さい△に接近し，何度か衝突する。その間に小さな○は長方形の中に入る。大きな△は長方形の中に入り小さな○に接近する。小さな△は長方形の開閉部に近づく。小さな○が長方形の中から飛び出し，小さな△と一緒に画面の外に消える。残された大きな△は長方形に衝突して長方形を壊してしまう」

　この実験刺激動画を見た114名の実験参加者の97％は，○を女性，△を男性と見なし，小さな○と△は臆病な善玉で大きな△は乱暴者の悪役という対立の物語を読み取った。一方でこの実験の参加者たちが読み取った物語には多様性もあり，小さな○と△を恋人関係に見た者，子どもと見た者，大きな△を被害者に見た者もいたのである。この Heider & Simmel の実験は，単純な図形の動画の中にも人々は人間の物語を見出し，細部は個人によって様々な意味が付与されることを示している。

　人間は太古より物語を娯楽として楽しんできた。物語を紡ぎ出す陰謀論は，娯楽としての機能を持つ。陰謀論は政府やマスコミなどの権力や社会的権威

を疑うという意味でカウンターカルチャーと親和性が高く，内容の荒唐無稽
さでオカルトや都市伝説などと親和性が高い語り（ナラティブ）であり，政府
の公式見解や教科書に書かれた歴史などのメインカルチャーを否定するサブ
カルチャーなのである。

1969 年，アポロ 11 号により人類は初めて月面に着陸した。その映像を見
た人の中にアポロ 11 号の月面着陸に疑問を持つ人たちが現れた。「大気が存
在しないはずの月面に立てたアメリカ国旗が風に揺れている。月面着陸の映
像は映画スタジオで撮影したフェイク映像に違いない。」当時は冷戦の真っ最
中であった。アメリカとソヴィエト連邦は宇宙開発競争を繰り広げていたが，
人類初の人工衛星を打ち上げたのも，有人宇宙飛行を成功させたのもソヴィ
エト連邦だった。アメリカは巨額の資金を投じアポロ計画を推進していた。
しかし「月着陸が上手くいかないためにアメリカ政府は着陸のフェイク映像
を公開することで，ソヴィエト連邦に宇宙開発競争で勝利したことをアメリ
カ国民に訴えた」，という陰謀論が生まれた。この陰謀論は 1978 年にワー
ナー・ブラザースによって映画化され，『カプリコン・1』というタイトルで
公開されている。

月面に立てたアメリカ国旗が揺れたのは，旗の側面をポールに結びつけて
いるだけでなく，旗の上部にも「旗がなびくように」バーを取り付けてあっ
たためである。陰謀論者の想像とは逆に，空気抵抗がないからこそ旗を立て
たときの振動で旗はなびき続けていたのである。陰謀論者が疑問を抱いた
「旗が揺れ続けている」ことこそが，月面で撮影したことの証明だったのであ
る。

ケネディ大統領暗殺事件も様々な陰謀論が囁かれ，『ダラスの熱い日』や
『JFK』など多くの映画やドラマで描かれている。古典的なものでは，「世界
経済をあやつるユダヤの陰謀」「ロズウェルに墜落した UFO から回収された
宇宙人の死体がアメリカ政府により隠されている」，さらには「アメリカ政府
は宇宙人と密かに協定を結んでいる」等々，様々な陰謀論が取り沙汰されて
きた。これらは映画の元ネタにもなり，様々な映画が作られ，多くの人々を
楽しませてきた。なぜ人は陰謀論に魅了されるのだろうか。

3. なぜ人は「陰謀論」に魅了されるのか?

　陰謀論が流行る最も単純な理由は，面白いからである。陰謀論は気持ちをワクワクさせる虚構のスリラーであり，信者の多い陰謀論はハリウッド映画として大ヒットするものになるが，陰謀論の嘘を暴く検証記事は公共放送のまあまあ悪くないドキュメンタリーにしかならない（Gottschall, 2021）。陰謀論は想像力の翼を羽ばたかせ荒唐無稽なものになるが，実話は陰謀論ほど面白いものにならないのである。

　Wood, Douglas & Sutton（2012）は，陰謀論者は互いに矛盾する情報であっても信じ込む傾向があることを報告している。例えば「米軍の急襲によりオサマ・ビンラディンは殺害された」というアメリカ政府公式見解を疑問視し，「ビンラディンは既に死んでいた」と考えた人たちは，「ビンラディンはまだ生きている」と考える傾向も強かったのである。Wood らは，人が陰謀論を信じるのは，個々の陰謀情報を信じるのではなく，陰謀論的考え方を支える高次の観念を抱いているからだと結論づけている。その高次の観念を生む重要な要因の一つが，権力への強い疑念である。権威や権力に対する強い疑念と整合すれば，死亡と生存という互いに矛盾する情報であってもあり得ることとして認識されるのである。

　陰謀論者は個々の陰謀情報を信じるだけではなく，陰謀論的考え方を支える高次の観念を抱いている者である。「新型コロナ・ウィルスのワクチンは殺人兵器」「5G は人体に有害」という単独のデマを信じるだけではなく，「新型コロナ・ウィルスのワクチンには人間を操るためのナノサイズのマイクロチップが入っていて，ディープ・ステートは 5G 電波によって人間をコントロールし奴隷化を企んでいる」というように，陰謀論者は「様々な現象を大いなる陰謀に関連付けて思考する者」なのである。ディープ・ステートの存在を信じていれば，矛盾した情報に接してもディープ・ステートにはいくつかの勢力があり一枚岩ではないと解釈して受容するのである。

　荒唐無稽な虚偽情報でもよくできた物語になれば，真実だが退屈な情報に

勝る。よくできた物語は理性ではなく感情に作用する。強い物語は強い感情を生み，強い感情は物語の影響力を強化する（Gottschall, 2021）。文化や性別，年齢にかかわらず我々は感情を動かしたいという衝動を持っており，物語によって人々が抱く感情やかき乱される感情が大きいほど，その物語は社会の広い範囲で共有され，また長期間にわたり繰り返し共有される（Nabi & Green, 2015）のである。

　Franks, Bangerter & Bauer（2013）は，陰謀論と伝統宗教の形態と機能における類似性を指摘している。キリスト教のような伝統宗教も陰謀論も口コミのストーリーテリングから始まり，悪と戦う聖戦の主人公として信者に協力を求め，感情を喚起して口伝えに広まり，そして否定的エビデンスを鉄壁のように跳ね返す。陰謀論を否定するエビデンスは信者の再解釈によって肯定するエビデンスにされてしまうのである。例えば，陰謀を企む存在に関する明白な証拠がないことは，完璧に証拠を隠滅する能力を持つ大いなる悪の存在の証拠にされてしまうのである。世界の全てを説明するものとなったナラティブは不可侵で議論の余地のないものとなり，それを守る信奉者は正義の戦士となる（Gottschall, 2021）。

　陰謀論は必ず，陰謀を企む大きな悪の存在を「発見」する。誰も気づかぬうちに人々を健康にし，暮らしを豊かにし，幸福にする善なる陰謀は存在しない。陰謀論者が発見する陰謀は必ず，国家やそれを超える規模の巨大な悪なのである。月着陸や JFK 暗殺は過去の出来事だが，その陰謀を画策した悪は現在も存在し，悪しき陰謀を企てているのである。そして陰謀論者は必ず正義の戦士となる。自分も，陰謀の脅威にさらされているのにその陰謀の存在に気づかずに生活している多くの潜在的被害者の一人だった。しかし，あることを切っ掛けに陰謀に気づいてしまったのである。大いなる陰謀に気づき覚醒した者には沈黙は許されない。沈黙することは陰謀に加担することになる。宗教的に覚醒した者が人々に救いの道を説くように，陰謀論者は人々に陰謀の存在を訴え陰謀と戦い始める。

　そこには自己愛的ヒロイズムが影響しているだけではなく，ネガティビティ・バイアスが働いている。ネガティビティ・バイアスとは，ポジティブ

な出来事よりもネガティブな出来事の方が注意を引きやすく，記憶に残りやすく，モティベーションを刺激する力が強いことである（Baumeister, Bratslavsky, Finkenauer & de Vohs, 2001, Fessler, Pisor & Narrete, 2014）。誰が陰謀を企んでいるのか，次の陰謀は何なのか，狙われているのは誰なのか，陰謀論者は陰謀の兆候を探し続けるのである。

　陰謀論には適応的な意味があると考えるのが van Prooijen & van Vugt（2018）である。人間は平和な環境で生きてきたわけではない。人間は社会集団を形成することで地球上で生存してきたが，その社会集団は他の集団との抗争も生み出した。我々は全て，様々な敵対勢力との抗争を生き延びた人間の子孫ということになる。敵対勢力と対峙している集団は，自分たちを害する計画を事前に察知することによって生存確率を高めることができる。誤った情報を陰謀情報として検出し空振りに終わることがあったとしても，敵対勢力の陰謀情報を検出し警戒し続ける方が警戒しないよりも生存確率が高くなる。そのため進化の過程で我々は，悪意の兆候に注意を向けそれを記憶し，敵の陰謀を検出し警戒する方向で情報を処理する傾向を身につけたと考えられるのである。

4. 孤立する陰謀論者

　敵と戦うことは，敵から我々を守ることである。我々とは共感し得る人々の集団であり，巨大な陰謀に曝されている力なき人々である。その共感は仲間（内集団）との結束を高める一方で，仲間ではない者（外集団）との境界線を明確にする。Bloom（2016）は，共感は偏見と同じように道徳的判断を歪めると主張している。物語の主人公に対する共感は，主人公を苦しめる敵に対する憎しみを増幅する。多くの物語は社会的な対立の構図を持ち，人々は主人公サイドと悪役サイドに単純化して物語を受容し，主人公に対する共感と悪役に対する憎しみをかき立てる。人々は対立と闘いの物語を好み，そのような物語を作り出していくのである。前述の Heider & Simmel（1944）の実験でも，実験参加者は単純な図形の動画の中に善玉と悪玉の対立の物語を見

出していた。Barunes & Bloom（2014）は，4歳から8歳の子どもを対象に実験を行い，どのような物語が子どもを惹きつけるのか検討している。その結果，子どもたちは他のタイプの物語よりも社会的対立の物語を好むことを報告している。対立と闘いの物語への好みは人生の初期に形成されるのである。

　陰謀論者は自分の家族や友人，知人を陰謀から守るために，陰謀の存在を説いて回る。しかし周囲の人たちからの同意は得られない。陰謀論者と非陰謀論者とでは，世界を理解する枠組みが異なっているからだ。そして陰謀論者は非陰謀論者の世界観を上から目線で否定する鬱陶しい存在だからだ。陰謀に気づくことそのものが陰謀主体との知的ゲームでの勝利であり，自分が陰謀を暴いたという強烈な自負を持って陰謀論者が語りたがるのは，陰謀そのものの細かい検証ではなく，自分が陰謀に気づいたという自慢と，陰謀主体を打倒するために共闘することの呼びかけばかりである（シ, 2016）。

　陰謀に気づいてしまった自分には，その陰謀を多くの人に知らせる聖なる使命があると思い込んだ陰謀論者は，熱心に陰謀について語ろうとする。しかしその陰謀の存在を証明することはできない。彼らが語るのは状況証拠ばかりだ。例えば，「マイクロソフト共同創業者ビル・ゲイツが2019年9月に主催した国際会議のテーマはコロナ・パンデミックで，12月に中国の武漢から新型コロナ・ウィルスが世界に広がった，おかしいと思わないか？　しかもゲイツはワクチン会社の大株主で大儲けしたらしいよ」という具合である。XがYという事象を引き起こした証拠を示すのではなく，「XのあとにYが起こるなんて偶然とは思えない，自分の頭で考えて見ろよ」と課題を与えるのである。

　後述するように，Qアノン陰謀論者たちは2020年のアメリカ大統領選挙で不正が行われトランプの勝利が盗まれたと主張している。元駐キューバ大使，駐ウクライナ大使だった馬淵（2021）も著書で，不正選挙の根拠として「郵便投票の不正，ドミニオン社集計機器の不正，米国外からのハッキングによる不正，バイデン票の短時間での急上昇」などをあげているが，「様々な情報が明らかになっている」とするだけでその証明はない。この「様々な情報」は，少しネット検索をすれば容易に発見できる陰謀情報である。奥菜

（2021）はこれらの情報を一つひとつ検証して根拠のないものであることを立証し，さらに「トランプ側の主張を（アメリカ）最高裁が却下したことで大規模不正の可能性はゼロになった」と主張している。ネット検索すればすぐに発見できる情報，少し調べれば虚偽であることが分かる底の浅いデマを「自分の頭で考え突き止めた大発見」のように自慢げに主張する陰謀論者は，周囲の人間にとってただただ鬱陶しい存在である。そして陰謀論者の主張は，非陰謀論者の信じる世界観を否定する主張である。陰謀論者の主張が非陰謀論者に受け入れられることはないのである。

　しかし，陰謀論者にとって非陰謀論者は，陰謀を企む悪に騙されている哀れな被害者である。その被害者を助けるために陰謀を教えてやっているのだから自分に同意しろ，と陰謀論者は思っている。陰謀論者はヒーローを気取っており，自分が間違っているという内省は全くなく，その結果しばしば孤立して話し相手を失う（シ, 2016）。陰謀論者は，自分の話を否定し反論する者は仲間ではなく敵と見なすようになる。従来の人間関係の中で受容されなくなった陰謀論者は，自分の話を肯定してくれる陰謀論者のコミュニティに比重を移すようになる。陰謀論者の人間関係が破綻するのである。

5. 陰謀論情報の拡散

　Del Vicario たち（2016）は 2010 年から 2014 年の 4 年間の Facebook のビッグデータを使い，陰謀論情報と科学ニュースが SNS 上でどのように拡散するかを検討した。その結果，陰謀論ユーザーと科学ニュースユーザーはお互いに交わることなくそれぞれの領域で情報を拡散していることが明らかになった。どちらも情報公開 2 時間後に拡散のピークを迎えその後減少していくが，科学ニュースはシェアする人が少なく拡散はすぐに沈静化するのに対し，陰謀論は陰謀論者の間で時間とともに多くの人へ広まっていったのである。つまり陰謀論者と科学ニュースユーザーの情報拡散はそれぞれ同じ志向を持つグループ内で行われ，自分たちの信念に反する情報，つまり陰謀論者にとっての科学ニュース，科学ニュースユーザーにとっての陰謀論はそれぞ

れのグループ内では拡散されないのである。

　Vosoughi, Roy & Aral（2018）は，Twitter が創業された 2006 年から 2017 年にかけての英語のツイートで，ファクトチェック団体により真偽が明らかにされたニュースに関するツイートを分析した。真実のニュースに関する約 2 万 4400 件と偽ニュースに関する約 8 万 2600 件のツイートの拡散プロセスを分析した結果，ニュースが連続してリツイートされる回数（深さ）も，リツイートした人数（サイズ）も，リツイートが枝分かれする人数（幅）も，最初の投稿が 10 回連続でリツイートされるまでの時間（速さ）も，全てにおいて圧倒的に偽ニュースの方が真実のニュースよりも優勢だった。つまり偽ニュースは真実のニュースよりも深く，速く，幅広く，遠くまで拡散したのである。拡散されやすい偽ニュースは政治に関する話題が圧倒的に多く，都市伝説，ビジネス，テロ・戦争，科学・技術，エンターテインメント，自然災害の順に多かった。Vosoughi たちは，偽ニュースが真実のニュースより拡散しやすいのは，偽情報の方が新規性が高く話題になりやすいからであり，偽ニュースにより驚き，恐れ，嫌悪などの感情をかき立てられたユーザーが他者との情報共有を求めた結果だと考察している。偽情報でも感情を揺さぶるようによくできた物語になれば，真実だが退屈な情報よりも拡散されていくのである。

　Salganik（2006）は，無名のアーティストの曲ばかりを集め無料の配信サイトを作り実験を行った。呈示された曲名リストを見て曲名をクリックすればその曲を試聴することができ，気に入れば無料で最大 48 曲をダウンロードできるようになっていた。約 1 万 4000 名の実験参加者はランダムに独立条件と社会条件に分けられた。独立条件の曲名リストはランダムな順番で曲名が呈示された。それに対し社会条件の曲名リストはダウンロード回数の多い順番に曲名が呈示されるようになっており，実験開始時の曲名リストはどの曲もダウンロード回数ゼロだった。曲の魅力の効果を検討するために社会条件は 8 つの群に分けられていた。ダウンロード回数の多い曲と少ない曲の回数の差は，独立条件よりも社会条件でより大きかった。社会条件の 8 つの群では，各群の実験参加者が曲名を手がかりに試聴しダウンロードしていった。曲名

リスト上位に呈示されたダウンロード回数が多い曲は注目を集め，さらにダウンロードされるようになり，ダウンロード回数の少ない曲は注目されずリストの下位に沈んでいった。社会条件において，ある曲のダウンロード回数は8つの群で異なっており，ある群でダウンロード回数上位の曲が別の群では下位に沈んでいた。クオリティの高い曲が最下位になったり，クオリティの低い曲がトップになるようなことはなかったが，ダウンロード回数は曲の魅力とはほぼ無関係であり，ダウンロード回数が多い曲がさらにダウンロードされるのである。Twitter に当てはめると，情報のクオリティよりも多くの人が「いいね」やリツイートしている情報が，さらに多くの人に拡散されていくのである。

6. 閉じた情報空間：エコーチェンバーとフィルターバブル

　我々は自分と類似した相手に魅力を感じることは多くの研究で実証されてきた（e.g. Byrne & Nelson, 1965, Byrne, Ervin & Lamberth, 1970）。なぜ類似した相手を好きになるのか，Heider（1958）のバランス理論などいくつかの観点から説明されてきた。その一つに合意的妥当化がある。我々は，他者との一致や合意を自分の言動の正しさの証明と考える傾向がある。これを合意的妥当化と呼ぶ。自分と類似した態度や価値観，趣味，嗜好を持つ相手と一緒にいると，自分は正しいと思っていられるし，自分の態度や価値観を否定され不快な経験をする可能性も低くなる。自分は正しいという認知は快をもたらし，自分を否定されることは不快をもたらす。人間は自分に快を与える相手を好きになり，不快を与える相手を嫌いになる。そのため類似した相手を好きになり，類似した態度や価値観を持つ人たちが集まって集団が形成される。
　いくら類似した態度や価値観を持った人たちでも，全ての面で類似しているわけではない。そのため現実場面の人間関係では類似していると思っている相手の意外な面を見せられたり，ちょっとした食い違いが生じることも少なくない。それに対しネット場面の人間関係は発信される情報が限られているため，同質性が強調される。前述のように，情報拡散は同じ志向を持つグ

ループ内で行われ，自分たちの信念に反する情報はグループ内で拡散されない（Del Vicario et al., 2016）のであり，その結果，ある意見を発信すると似たような意見ばかりが返ってくる閉じた情報空間「エコーチェンバー」が形成される。類似した意見や価値観を持つ者によって構成されるエコーチェンバー内では，根拠の乏しいあやふやな主張でも多くの人が合意しているように見えるため，合意的妥当化によって正しい主張と見なされるようになるのである。Salganik（2006）の実験で社会条件の8つの群で異なった曲のダウンロードランキングが形成されたように，異なるエコーチェンバーでは異なる意見が正しい意見と見なされるのであり，それらは交わることはないのである。

　Conover, Goncalves, Flammini & Menczer（2012）は，2010年のアメリカ中間選挙のTwitterデータを分析し，民主党支持者と共和党支持者はそれぞれ閉じた情報空間を形成して交わることはなかったことを報告している。「Forbes JAPAN」の2022年8月21日配信の記事「憎しみ合う民主党と共和党，米2大政党の『分断』が加速」は，共和党を否定的に考える民主党支持者の割合と，民主党を否定的に考える共和党支持者の割合は，いずれも大幅に上昇しており，米国の政治的分断がさらに進んでいることが世論調査により明らかになったことを紹介している。アメリカ民主党支持者と共和党支持者はそれぞれ異なるエコーチェンバーを形成しその中で「自分たちこそ正義」というナラティブの正しさを確認し合い，対立政党支持者を「不誠実で不道徳で知的でない愚か者」と蔑視しているのである。

　エコーチェンバーはインターネットでも現実の対人場面でも生じる現象であるが，インターネット限定の現象にフィルターバブルがある。

　インターネットの検索サイトはアルゴリズムに基づいて各ユーザーの過去の検索結果などのプライベートな情報を解析し，そのユーザーが好まないと思われる情報を遮断し，ユーザーが好むと思われる検索結果のみを呈示している。ユーザーごとにカスタマイズされた情報が提示され，ユーザーが好まないと思われる情報は提示されなくなり，アルゴリズムにより排除された情報に接する機会が奪われてしまうのである。膨大な情報のあふれるインター

ネットの中で，偏った情報しか通さないフィルターの膜（バブル）の中に閉じ込められてしまい，結果的にエコーチェンバーと同様の類似した意見や価値観を持つ者しか存在しない閉鎖的情報空間が構成される。情報は思考の材料である。接することのできる情報がその個人にとっての世界の全てなのである。その情報世界が偏っているのであれば，そこで得られる情報を材料にした思考もある方向に偏ってしまうのである。

　アメリカ民主党支持者の情報世界は，民主党の主張がいかに正しく共和党支持者たちがいかに愚かであるかを示す情報で満たされる。逆に共和党支持者の情報世界は，共和党の主張がいかに正しく民主党支持者たちがいかに愚かであるかを示す情報で満たされるのである。その結果，対立政党支持者を不誠実で不道徳で知的でない愚か者とお互いに蔑視するようになるのである。

7. 陰謀論の過激化──集団極性化現象

　エコーチェンバーにしてもフィルターバブルにしても，同方向の意見や態度を持つ者ばかりの集団で議論すると，各人の持つ態度よりも極端な結論が出ることがある。集団極性化現象である。集団極性化により，陰謀論はどんどん過激で荒唐無稽なものになっていくのである。

　近年のアメリカ発の陰謀論の背景には，大統領選挙を頂点とした民主党と共和党の対立がある。前述のディープ・ステートは，Ｑアノン陰謀論者によれば，「民主党のエリート，ユダヤ系金融資本，ハリウッド映画産業のセレブたち」により構成されているという。民主党はリベラル政党で人権意識が強く，白人リベラル層だけでなく黒人，ユダヤ人，ヒスパニックなどの被白人層にも支持され，性的マイノリティからも支持されている。また，音楽や映画などのエンターテインメント産業にも民主党支持者が多く，多くの有名ミュージシャンや俳優が民主党候補の応援演説を行っている。つまり陰謀論者が敵視するディープ・ステート＝小児性愛者の悪魔崇拝集団とは，民主党とその支持者なのである。保守政党である共和党支持者は対立するリベラル政党である民主党支持者を，アメリカの伝統的なキリスト教的価値観を否定

する不誠実で不道徳な愚か者と蔑視するだけでなく，集団極性化が生じ，小児性愛の悪魔崇拝集団＝ディープ・ステートに仕立て上げたのである。そして，共和党の大統領候補者ドナルド・トランプ支持者たちの間では，トランプはディープ・ステートと戦う英雄となり，アメリカを救う救世主となっていったのである。エコーチェンバーとフィルターバブルの中で集団極性化が生じ，民主党支持者の悪魔化とドナルド・トランプの神格化が生じたのである。

　トランプが当選した2016年の大統領選挙の際，民主党の大統領候補ヒラリー・クリントンの選挙対策本部長のメールがハッキングされ，暴露された。その中にホームパーティに関するメールがあり，「ホットドッグ・ピザ・チーズ」という言葉があった。匿名掲示板4chanでは，そのメールの言葉は「少年・少女・幼女」を意味する暗号であるという投稿があり，民主党は小児性愛者という陰謀情報が広がった。そのメールには民主党支持者としてピザレストラン「コメット・ピンポン」社長の名前があったことから，このレストランの地下室が民主党の有力政治家や支持者御用達の児童買春や人身売買を行う小児性愛者のアジトだという陰謀情報が広がったのである。これを信じた人たちがピザレストラン従業員や店で演奏していたバンドメンバーにまで執拗な嫌がらせを行った。そして2016年12月，ライフル銃を持った男が店に押し入り店内の壁や扉など3カ所に発砲するという事件が起こった。この店には地下室はなく全くの偽情報だったのだが，これが後のQアノン陰謀論につながるのである。

　大統領に就任したトランプは，批判的な報道を行うニュースメディアを「フェイクニュース」と呼んで攻撃し続けている。トランプはTwitterを多用し，偽情報を発信し，感情的な言葉を使って気に入らない者を罵り，自身のTwitterアカウントでQアノン情報を拡散した。2020年のアメリカ大統領選挙に向けたトランプ再選キャンペーン集会にQアノン信者が集まり始めた。ネット上のコミュニティの枠を超えて現実の政治運動に発展したのである。

　大統領選挙で敗れたトランプは，「不正が行われ選挙は盗まれた」と主張し続けた。大統領選挙結果を覆すためにトランプ陣営は50以上の訴訟を乱発し

たが明白な証拠を提出できず，2020年12月，連邦最高裁によりトランプ陣営の訴えは棄却され敗訴している。それにもかかわらず，2021年1月のキニピアック大学の調査によれば，アメリカ国民の31％，共和党支持者の67％が大統領選挙で不正があったと考えているのである。

Qアノン陰謀論者はトランプによる「ストーム（嵐）」が起こると信じていた。ストームとは，「トランプがディープ・ステートの悪事を暴露し，メンバーを大量に逮捕してグァンタナモ米軍基地に収容する」という予言である。しかしストームは起こらなかった。

本章の冒頭に書いたように，2021年1月6日，Qアノン陰謀論者たちがアメリカ連邦議会議事堂内に侵入するという事件が発生した。Qアノン陰謀論者たちは，ネット上の謎解きゲームからどんどんナラティブを過激にして，極右のカルト集団になってしまったのである。

偽情報でも影響力の強い人物が肯定すれば，支持者の間でその情報は拡散される。閉じた情報空間の中で多くの者に共有された偽情報は，同調を生み出しさらに多くの者に真実のものとして受容されていく。"Q"のフォロアーたちは"Q"の書き込みをヒントに謎を解きナラティブのかけらを手に入れていく。いくつもの陰謀情報がフォロアーたちの中で一つに統合され，壮大な陰謀論ナラティブが形成されていった。陰謀論ナラティブはフォロアーたちにとって世界を理解する枠組みとなった。フォロアーたちは陰謀論者になり，陰謀論ナラティブは陰謀論者たちの中でビリーフ・システムとなって機能するようになる。自己学習型マインド・コントロールの完成である。

8. 自己学習型マインド・コントロール

西田（1998）はマインド・コントロールを個人の内面的な「信念」の世界であるビリーフ・システムの変化だと説明している（11章参照）。

西田は自己ビリーフ，理想ビリーフ，目標ビリーフ，因果ビリーフ，権威ビリーフの5つのビリーフがビリーフ・システムを構成し，思考や意思決定の道具として機能すると仮定している。自己ビリーフとは，自分はいったい

何者なのかに関するビリーフ群である。理想ビリーフとは，自分や社会や世界はどうあるべきかに関するビリーフ群である。目標ビリーフとは，自分はどういった行動をとったらよいのかに関するビリーフ群である。因果ビリーフとは，自然や歴史はどのような法則で展開しているのかに関するビリーフ群である。権威ビリーフとは，正誤や善悪の基準はどこにあるのかといったことに関するビリーフ群である。これらのビリーフが結びつきビリーフ・システムとなり思考や意思決定の道具となるのである。

　マインド・コントロールとは，カルト集団によって組み込まれたビリーフ群が，個人が形成しているビリーフ・システムに置き換わり思考や意思決定の道具として機能するようになることである（11章参照）。通常のマインド・コントロールは，ターゲットとなる個人を様々な口実でカルト集団の関連施設に誘い込みセミナーを受けさせ，長い時間をかけて徐々にカルト集団の教義をターゲットに浸透させていく。多くのカルト集団スタッフがサポートしてマインド・コントロールし，カルト集団に引きずり込むのである。

　陰謀論には，特定個人をカルト集団に引きずり込もうとする意図がない。不特定多数に向けた情報が主としてインターネットで発信されるだけである。陰謀論にはコントロールの主体となる明確なカルト集団が存在しない。組織性のないネット上のスレッドやSNSのコミュニティが存在するだけである。陰謀論にはメンバーに課せられるノルマがない。陰謀を解き明かすクエストがあるだけである。しかし，陰謀論はマインド・コントロールである。なぜ陰謀論がマインド・コントロールになるのか。それはクエストに参加し積極的に謎を解こうとする者たちは，結果的に同じ陰謀論ナラティブに支配されてしまうからである。陰謀論ナラティブが世界を理解する枠組みになり，その枠組みを共有しない人とのコミュニケーションが破綻していくからである。これを自己学習型マインド・コントロールと命名する。

　アメリカの掲示板では，"Q"の匿名掲示板への投稿を手がかりにゲームが始まった。日本ではYouTubeの陰謀論おすすめ動画を次々に見続けることによってゲームが始まった。授業動画を見，教材となる本を読み，ネットで情報を検索し与えられた課題を解く。通信教育のように自分のペースで陰謀の

謎を解いていく。「自分の頭で考えろ」，日本の陰謀論者がよく使う言葉だ。陰謀論者たちはあくまでも自分で考え，自分で調べた結果として陰謀の存在を確信する。自分で考えたのであり，断じて誰かにコントロールされたわけではない。陰謀論者はそう主張するだろう。通信教育は受講者にある知識を伝え，ある概念を理解させ，ある考え方で答えを導き出すように指導する。それと同様に，陰謀論者はあるキーワードに導かれて情報を検索し，点と点をつないで物語を作り，ネット上でお互いの物語をすり合わせ正解を探し出す。この物語の集合体が陰謀論ナラティブになる。

　人の情報処理において様々なバイアスが働くことが知られているが，その中の一つに確証バイアスがある。人は自分の持つ信念，偏見，先入観などの情報と整合する情報を積極的に認識し，整合しない情報は認識されなかったり，認識されても例外視されてしまう。人は自分が見たい情報や知りたい情報を優先的に認識するのである。

　陰謀論情報を検索する人は政府の広報や，新聞やテレビなどの伝統的マスメディアの発信する情報は信頼しない。政府やマスメディアはディープ・ステートに支配されており，そのような「公式情報」は信じないのである。"Q"の書き込みのように，真実はインターネットの中に隠されていると陰謀論者は思うのである。陰謀論者は科学ニュースではなく陰謀論ウェブサイトで情報を検索する。アルゴリズムはユーザーの好む陰謀論情報を検索結果として呈示する。陰謀論情報を優先的に呈示するフィルターバブルの中で，陰謀論者たちの声が響き合いエコーチェンバー効果によって増幅されて真実だと確信させてくれる。こうして「自分の頭で考えて自分で情報を検索した」結果，同じ陰謀論ナラティブにたどり着くのである。

　陰謀論情報を検索しナラティブを取り込むうちに，世界観が変化してくる。今まで自分の思考や意思決定を支えていたビリーフ・システムが陰謀論ビリーフに侵食され機能を停止し，代わって陰謀論ビリーフが思考や意思決定に影響し始める。

　Qアノン陰謀論者の自己ビリーフが変化する。自分は陰謀を企む巨大な悪の存在に気づいた覚醒者であると。理想ビリーフが変化する。巨大な悪を排

除してアメリカを再び偉大な国にして世界秩序を回復するべきだと。目標ビリーフが変化する。そのためには陰謀の存在を多くの人に知らせ，覚醒した仲間とともに陰謀と戦えと。因果ビリーフが変化する。この世は悪の勢力ディープ・ステートと善の勢力の戦いの場であり，悪の力は強大だが希望はあると。権威ビリーフが変化する。我々の希望はディープ・ステートと戦う英雄的な真実の大統領トランプであると。Qアノン陰謀論者のビリーフ・システムはこのように変化していったものと考えられる。

　このようにアルゴリズムとエコーチェンバーに誘導されて陰謀論ビリーフを自らインストールし，陰謀論ビリーフ・システムによって思考し意思決定するようになるのである。これが自己学習型マインド・コントロールである。陰謀論の思考方法を学習し，世界を説明する陰謀論ナラティブに支配されるのである。ナラティブの形で表現された思想に合致するように態度が変化し（Mar, 2004），陰謀論に対する確信が強くなるのである。

9. 予言が外れたあとで

　Qアノン陰謀論者たちが信じた「ストーム」の予言は実現しなかった。2022年の中間選挙に向けての共和党候補者を選ぶ予備選挙で4名の反トランプ派の現職議員がトランプが推薦した候補者に敗れている。共和党支持者のトランプ支持は衰えることを知らず，共和党はトランプの個人政党の様相を呈している。このように予言が外れたあとで，信者達の信仰心が以前よりも強くなることは珍しい現象ではない。Festinger, Riecken & Schachter（1956）は，大洪水による地球の破滅を予言したUFO系カルト集団に潜入した。この集団はチャネラーが宇宙の高次存在より受けたメッセージとして，「1954年12月21日の夜明け，地殻変動による大洪水が起こり地球は破滅するが，この集団のメンバーだけはUFOに救われ生き残る」と予言した。予言を新聞で公表しメンバーになるよう社会に呼びかけた。当初は活発だった布教活動は次第に沈静化し，「信じない者は滅びればよい」という態度に変わり，予言の日が近づくに連れて信者達は仕事を放棄し地球脱出の準備をした。予言

の日，洪水も破滅も起こらなかった。予言が外れたあと，集団の主要メンバー達は今まで以上に熱心に布教活動を行うようになったのである。

　Festinger は予言が外れたにもかかわらず信仰心が強くなる現象を，認知的不協和理論で説明している。人間は自分の態度と行動，ある態度と別の態度，ある行動と別の行動の間の矛盾や不一致を自覚すると不快な状態になる。Festinger（1957）はこれを認知的不協和（cognitive dissonance）と呼んだ。不協和が生じると何らかの方法で低減するように動機づけられるのだ。財産や家族や職業を捨ててまで信じた集団の予言が明らかに外れたことは，極めて大きな認知的不協和を生み出す。全てを捨ててカルト集団に参加し活動してきた事実を否定できず，後戻りできない状態で，信仰を捨てることもできない。まだ教義を信じている仲間がいる場合は，全員の信仰心を確認し強化し合う。自分と同じ信念を持つ人が数多くいるほどその信念の正しさをより強く自覚できるために，自分と同じ信念を持つ信者を増やそうとする。そのために予言が外れたあともカルト集団に残った信者達は，以前よりも信仰心が強くなり，より熱心に布教活動を行い，エコーチェンバーを拡大しようとするのである。

10. そして "Q"

　2020年，新型コロナ・ウィルスのパンデミックによって人々の生活は一変した。学校の授業や多くの会社の業務がオンライン化され，対人接触が減少した。外出を制限され，人々はインターネットに多くの時間を割くようになった。陰謀論情報に触れ，日本でも陰謀論者になる人が増加した。検索サイトのアルゴリズムと YouTube のおすすめ動画に導かれるままに陰謀論動画を見続けるといつの間にか自己学習型マインド・コントロールの罠に落ちてしまうこともある。

　日本でトランプ支持のデモや集会を開いている集団は，統一教会の分派であるサンクチュアリ教会，法輪功，幸福の科学などの中国共産党を敵視するカルト集団である。法輪功系メディアの大紀元（エポックタイムズ・ジャパン）

は日本語版 YouTube チャンネルでも陰謀論を拡散している。陰謀論はカルト
への入口にもなるのだ。

　Q アノン陰謀論は，日本の「2 ちゃんねる」に着想を得た英語圏の匿名画
像掲示板 "4chan" から始まった。"Q" は活動の場を 4chan からより規制が
少なく白人至上主義者が集い過激な投稿をする 8chan（現在は 8kun 名義に変
更）へと移した。8chan 運営者ジム・ワトキンスは毎日新聞の取材に「Q アノ
ンは日本発祥の匿名掲示板カルチャーから始まったのだから，日本が生み出
したともいえる」と主張している（2022 年 3 月 16 日毎日新聞）。"Q" の正体と
目されるのは 8chan 管理人でジムの息子ロン・ワトキンスである（ナカイサヤ
カ, 2021；藤原学思, 2022）。ロンは 2021 年 10 月ラスベガスのホテルに集った
300 人ほどの Q アノン陰謀論者らに対し，連邦下院議員として大統領選の不
正選挙疑惑を追及するために 2022 年のアメリカ中間選挙にアリゾナ州からの
立候補を表明した。しかし中間選挙予備選でロンは最下位，惨敗だった。そ
してこの中間選挙の直後，Q アノン陰謀論を利用してアメリカを分断し熱狂
的な支持者を手に入れた元大統領ドナルド・トランプは次期大統領選挙への
出馬を表明した。しかし，この中間選挙ではトランプが推薦した共和党候補
が次々と敗北し，トランプの責任を問う声が共和党内でも強くなっており，
トランプの影響力にも陰りが見えてきた。

　2021 年 2 月 1 日，前年の連邦議会総選挙で敗北したミャンマー国軍は「不
正選挙」が行われたと主張しクーデターを決行，民主派政府要人を拘束，国
家の全権を掌握し現在に至る。また，2023 年 1 月 8 日，ブラジルの首都ブラ
ジリアで前年 10 月に行われた大統領選挙で僅差で敗れた前大統領支持者た
ち約 4000 人が「不正選挙」を訴え，連邦議会，大統領府，最高裁判所など
の国家の中枢機関を襲撃し一時占拠した。これも陰謀論を利用したトランプ
の国際社会への悪影響である。

　2014 年 3 月，ロシアはウクライナの領土であるクリミア半島を併合した。
前述の元駐ウクライナ大使馬淵（2021）はこれを，ロシア大統領プーチンが
ディープ・ステートに挑んだ戦いと見なしている。そして 2022 年 2 月，ロシ
アはウクライナ全土に侵攻を開始した。ウクライナ戦争である。3 月にロシア

国連代表部は「ウクライナがアメリカの支援を受けてウクライナ領内の研究所で生物兵器を開発している」と主張し，国連安全保障理事会緊急会合を要請した。ロシア政府が世界に向けて発信した陰謀論である。この主張に飛びついたのがQアノン陰謀論者たちだった。プーチンのウクライナ侵攻は，ディープ・ステートが支配する世界を破壊しようとする英雄的行為と英語圏のQアノン陰謀論者たちは受け取ったようだ（藤原，2022）。また，日本語のTwitterで「ウクライナ政府はネオナチ」というロシア政府が主張する陰謀論を拡散したアカウントの46.9％が「ディープ・ステート」や「世界新秩序」といったQアノン陰謀論者たちが好んで使う言葉を拡散しており，87.8％が「反ワクチン」関連のツイートを拡散していた（藤原，2022）。

　陰謀論は人々を蝕み人間関係を破壊するだけでなく，インターネットにより世界を蝕み不安定化させる大きな力を持つに至ったのである。

引用文献

Barunes, J., & Bloom, P.(2014). Children's preference for social stories. *Deveropmental Psychology*, *50*, 498-503.

Baumeister, R., Bratslavsky, E. F., & de Vohs, K. (2001). Bad is stronger than good. *Review of general psychology*, *5*, 323-370.

Bloom, P.(2016). *Against empathy: The rational compassion.* New York: HarperCollins.［ポール・ブルーム（著）高橋洋（訳）(2018). 反共感論──社会はいかに判断を誤るか　白揚社］

Byrne, D., Ervin, C. R. & Lamberth, J. (1970). Continuity between the experimental study of attraction and "real life" computer dating. *Journal of Personality and Social Psychology*, *16*, 157-165.

Byrne, D., & Nelson, D. (1965). Attraction as a linear function of proportion of positive reinforcement. *Journal of Personality and Social Psychology*, *1*, 659-663.

Conover, M. D., Goncalves, B., Flammini, A. & Menczer, F. (2012). Partisan asymmetries in online political activity. *EPJ Data Science*, 1.

Del Vicario, M., Bessi, A., Zollo, F., Petroni, F., Scala, A., Caldarelli, G., Stanley, H. E., & Quattrociocchi, W. (2016). The spreading of misinformation online. *PNAS*, *113*, 554-559.

Fessler, D. M. T., Pisor, A. C. & Narrete, C. D. (2014). Negativity-biased credulity and cultural evolution of beliefs. *PLOS ONE 9*. doi.org/10.1371/journal.phone.0095167.

Festinger, L. (1957). *A theory of cognitive dissonance.* Stanford University Press.

Festinger, L., Riecken, H. & Schachter, S. (1956). *When prophecy fails*. Minneapolis: University of Minnesota Press.

Franks, B., Bangerter, A. & Bauer, M. W. (2013). Conspiracy theories as quest-religious mentality: An integrated account from cognitive science, social representations theory, and frame theory. *Frontiers in Psychology*, *4*, 1-424.

藤原学思（2022）．「Q」を追う──陰謀論集団の正体　朝日新聞出版

Gottschall, J. (2021). *The story paradox: How our love of storytelling builds societies and tears them down*. Basic Books.［ジョナサン・ゴットシャル（著）月岡真紀（訳）（2022）．ストーリーが世界を滅ぼす──物語が貴方の脳を操作する　東洋経済新報社］

Heider, F. (1958). *The psychology of interpersonal relations*. John Wiley.

Heider, F. & Simmel, M. (1944). An Experimental study of apparent behavior. *The American Journal of Psychology*, *57*, 243-259.

木澤佐登志（2021）．Qアノン，代替現実，ゲーミフィケーション　現代思想, *49*(6), 22-33.

馬渕睦夫（2021）．ディープステート──世界を操るのは誰か　ワック

Mar, R. A.(2004). The neuropsychology of narrative: Story comprehension, story production and their interrelation. *Neuropsychologia*, *42*, 1414-1434.

Nabi, R. L., & Green, M. C. (2015). The role of a narrative's emotional flow in promoting persuasive outcomes. *Media Psychology*, *18*, 137-162.

ナカイサヤカ（2022）．Qアノン信奉者は，トランプとともにアメリカ再生のために戦っている（Qアノン陰謀論）　ASIOS（編）増補版 陰謀論はどこまで真実か　文芸社, 10-36.

西田公昭（1988）．ビリーフの形成と変化の機制についての研究（1）──認知的矛盾の解決に及ぼす現実性の効果　実験社会心理学研究, *28*, 65-71.

西田公昭（1993）．ビリーフの形成と変化の機制についての研究（3）──カルト・マインド・コントロールにみるビリーフ・システム変容過程　社会心理学研究, *9*, 131-144.

西田公昭（1995）．マインド・コントロールとは何か　紀伊国屋書店

西田公昭（1998）．「信じるこころ」の科学──マインド・コントロールとビリーフ・システムの社会心理学　サイエンス社

奥菜秀次（2021）．2020年アメリカ大統領選挙で民主党側が大規模な不正を行った　ASIOS（編）増補版 陰謀論はどこまで真実か　文芸社, 56-72.

Salganik, M. J. (2006). Experimental study of inequality and unpredictability in an artificial cultural market. *Science*, *311*, 854-856.

シ（2016）．陰謀論とはなんだ⁉　RikaTan 理科の探険 2016年12月号, 44-47.

van Prooijen, J. & van Vugt, M. (2018). Conspiracy theories: Evolved functions and psychological mechanisms. *Perspectives on Psychological Science*, *36*(6), 770-788.

Vosoughi, S., Roy, D. & Aral, S. (2018). The spread of true and false news online. *Science, 359*, 1146-1151.

Wood, M.J., Douglas, K. M. & Sutton, R. M. (2012). Dead and alive: Beliefs in contradictory conspiracy theories. *Social Psychological and Personality Science, 3*(6), 767-773.

11章
陰謀論とマインド・コントロール

西田公昭

日本でも陰謀論者の行動が過激化して社会問題化してきた。本章では，イン
ターネットを媒介して集団が形成および発達した陰謀論者とは，心理学的に
どのようにとらえられる存在なのかについて，流言，ビリーフ・システムの
機能と構造，破壊的カルトのマインド・コントロール，集団の過激化といっ
た従前の諸研究の成果や社会心理学理論との関係から論じる。なお，この検
討を通じて，なぜ陰謀論が信奉されて社会的に流布するのかについての実証
的研究の発展に期待される心理学的意義を模索する。

1. 陰謀論者の過激な行動

2022 年 4 月 7 日，神真都 Q 会のメンバーら 10 人は，午前 9 時半頃から 1
時間以上にわたり，新型コロナワクチンの接種に抗議するため東京都渋谷区
のクリニックに侵入したとして，リーダーらが建造物侵入の疑いで警視庁公
安部に逮捕された。神真都 Q 会は，アメリカで広がる陰謀論集団「Q アノ
ン」の日本支部を名乗る団体であり，「コロナは存在しない」「マスクは
害」という主張をし，ワクチン接種は殺人兵器で，世界を牛耳る闇の組織に
よる「人口削減計画のプランの一つ」などと過激な発言をしていた。

こうした主張は，現実的には確認できず，一般には事実に反する謀略的な
宣伝，つまり，デマ（Demagogy）とみなされるが，彼らにとってはそうでな
くて真実であり，それをもとに人々を救済しようと正義の抗議に及んだり，
警察などと小競り合いになったりしている。

この集団がどのように形成されたのかは目下推測の域を出ないが，彼らが本部とみなすアメリカのQアノンについては，かなり明らかにされている（10章も参照）。内藤（2021）によると，それは2003年にネット匿名掲示板“4chan”，そこから派生した“8chan”が創設され，そこに書き込まれたQ氏の投稿からだった。Qと名乗る匿名者は複数人いたとされるがその掲示板投稿者は，「情報の自由を守る」ことを絶対的な正義として，様々な団体に抗議活動を始めたという。ただし，この頃には明確なリーダーも存在しなかったようで，非常に流動的な組織であったが，そんな中から2018年頃，あるリーダーの下に特に過激な集団ができあがったという。

　それが，現在のQアノンであり，世界には悪魔を崇拝し，小児性愛者であり人肉嗜食者の国際的秘密結社，しかも，極めて強力な闇の組織「ディープ・ステート」（9・10章参照）が存在し，その組織が政治家や大資本家を秘密裏に支配している。ドナルド・トランプはそれと戦うために神から遣わされた救世主であると信じているというのだ。それが，2021年1月6日の連邦議会襲撃事件へと結びついたとされる。その頃，アメリカのこの言説が急速に日本のネット社会にも広がり，熱狂的に信奉する「神真都Q」のような集団が形成され，新型コロナワクチン接種に過激に抗議する運動へとつながったようだ。

2. 陰謀論とは

　陰謀論（conspiracy theory）は，重要な出来事は驚異的に邪悪で強力な集団によって秘密裏に実行された結果だとみなす未確認で比較的に信じがたい言説である（Brotherton & French, 2014）。このような言説のルーツは，おそらくは世界中の太古から受け継がれてきた物語や寓話にあると思われるが，それが社会現象として機能するようなったのは，Albarracin et al.（2022）によれば，全体主義時代の社会を統制するために創出し，それに病的な虚言の意味をも込めるようになったからだという。つまり，陰謀論を創造してその巨大な勢力を持つ恐怖の集団を敵視するように仕向けることで，自集団の凝集性を高

めたと解釈する。また戦後のアメリカでは，陰謀論は，民主主義的な社会にとって大事な道具であり，個々人は，優勢な政治家，資本家，マスコミ，官僚制といった強力な他者によって支配されて自律を失っており，社会が悪に制御された体制であることを理解して，それに抵抗するための頼りがいのある言説になっているという。ということは，陰謀論者のような思考や疑念を持つこと自体は，特別な人々ではなく，COVID-19パンデミック現象などの自分や社会の先行きが一般に見えない不安な社会情勢においては誰もが影響を受けやすい。つまり，現象の原因は陰謀だとする根拠の曖昧な情報が，不安と重要性の関数として噂やデマが形成され広がることを流言の研究が示唆している（川上，1997）。

　いずれにしても陰謀論は，比較的には少数派ないし社会的な弱者のための論に位置づけられる。つまり，個人が陰謀理論を構築することは，社会的に優勢な人々や組織に立ち向かい交渉する役割を果たす効用があるために信じ込んでしまう可能性がある。その効用のために，自発的に陰謀論を取り込み，陰謀的支配のはびこる世界に生きているという心理的な現実感を抱く者，または他者によって説得的に心理誘導されてそんな現実感を抱き，支配されてしまう者についての社会心理学的検討には意義があるだろう。

3. 陰謀論の構造

　陰謀論を構成する要素は陰謀的な含意のビリーフ（belief）である。ビリーフというのは，心理学的には，ある概念と別の概念や事象の関係を示す認知である（西田，1988）。例えば，概念「世界を闇で支配する組織」が「存在している」という認知であったり，概念「ワクチン」が「危険」という認知であったりして，ヒトは個人的にそれらを集めて整理して記憶として貯蔵している。

　陰謀的なそれは，少数集団の論者が秘密裏に協力して違法で有害な成果を生む強力な主観的確信である（Albarracin et al., 2022）。これらが，個人的に集積されて陰謀論を形成しているので，信奉者の陰謀論の内容のすべてが同じ

ではないと仮定できる。ビリーフの主観的確信はビリーフ毎に異なり，また個人的な重要度も異なる（西田，1998）。大事な核になるビリーフは，確信度も重要度も高く，論者集団内で共有しているが，瑣末なビリーフは共有していない。木に例えれば，幹に相当するようなビリーフと，枝葉のようなものがあり，枝葉は落ちやすいように，瑣末なビリーフは変化しやすい。しかし，太い幹が生きているとその木は枯れないように，核となるビリーフがある限り陰謀論の信奉は崩れず，また新たな瑣末なビリーフをどこからか生成し，増殖させる。このようなビリーフ形成の特徴から，非信奉者から見ると，陰謀論の内容は論理的には矛盾していたり，支離滅裂であったりする内容が混在しているように思われるが，彼らは「幹」だけが大事なので，「枝葉」は気にならないのである。つまり脈略はあまり関係なく別の内容の陰謀論を信じる傾向にあることが報告されている（Brotherton & French, 2014）。よって，いくら非信奉者が明晰な論理で論破しようとしても枝葉のみをターゲットにする限り，失敗に終わる。

　さらに，こうしたビリーフ群は，思考や行動の「道具」として利用されるたびにネットワーク化され，連動して作用するようになり，「意思決定の装置」へと成熟させている。それはビリーフ・システム（belief system）と呼ばれている（西田，1998）。例えば，ヒトの人生観やアイデンティティに関する意思決定では，ネットワーク化した理想ビリーフ群，自己ビリーフ群，目標ビリーフ群，権威ビリーフ群，そして因果ビリーフ群の5種類が作動している。理想ビリーフとは，自分や社会がどうあるべきかについての期待，希望に関わるもの，自己ビリーフは，自分がどういう人間であるかについてであり，自尊心や自己肯定感などに関わるものである。目標ビリーフは，実生活の中で，何をなすべきかについてのものであり，権威ビリーフは，善悪や真実とみなす存在，邪悪で信じるに値しない存在についてである。そして因果ビリーフは，歴史観，世界観，宇宙観などについてである。すなわち陰謀論者の場合，この因果ビリーフ群において，世界の重要な出来事は驚異的に邪悪で強力な集団によって秘密裏に実行された結果だと認知している者といえる。

これは，実はいわゆるマインド・コントロールと直結している。マインド・コントロールとは，他者による心理操作（Psychological manipulation）のことを指す。すなわち，他者によって受け手の自覚のないところで意思決定が誘導されるコミュニケーション技術のことであるが，これら5種類のビリーフ群を支配者の都合の良い内容のものへと説得的に誘導して置き換えることによって成立する（西田, 1993）。しかもその置き換えないし全体的な変容は1種類で起きると連動して他も起きやすくなる。ということは，因果ビリーフ群が陰謀論的なものへと置き換わると他のビリーフ群へと波及し，ついにはマインド・コントロール状態に陥ってしまう可能性を示唆している。

4. 破壊的カルトと陰謀論のナラティブ

　欺瞞的な勧誘，集団メンバーへの虐待的管理，違法な資金獲得や暴力的活動の正当化などをしている過激で社会的に有害とみなされる活動をする集団を破壊的カルトという（西田, 1995）。代表的な国内の破壊的カルトの活動とみなしうる中で，いくつかの集団に着目して，彼らの用いた陰謀論を検討してみる。

・オウム真理教の陰謀論
　麻原彰晃を教祖として，1986年に設立された。学業や職，家族や全財産を捨てて出家した1万人を超える信者がいた。弁護士一家殺人事件，松本市内や東京地下鉄のサリン事件など，数々の凶悪事件で有名なこの団体は，仏教集団であるとされている。しかし，オウム真理教の教義には，心霊主義，神智学の影響を受けたニューエイジ思想が濃厚にちりばめられているばかりか（雨宮, 2021），教団では，フリーメイソンの流れをくむユダヤ系秘密結社が世界を裏で支配しておりアメリカを手先にして国家を操り，真理に目覚めたオウム真理教を敵視して迫害しているなどと信者たちに信じ込ませた。
　例えば，自分たちの居住施設がサリンなどの毒ガス攻撃を受けているとか，米軍機が偵察しているとの情報を呈示した。また，警察官がスパイに入り込

んでいると考えて，麻酔薬を打たれつつ，尋問するチェックを疑わしいと勝手に見立てた信者に実施したり，外部に知られると都合の悪いことをさせた信者に対して，その記憶を電気ショックによって消そうとしたりもした。さらに教祖らは，ドナルド・トランプ氏が大統領選挙で票の操作を訴えた20年もずっと前であるが，1990年2月に衆議院選挙に立候補し，全員惨敗に帰したが，教祖はその原因を陰謀によって票が操作されたと同じような言い訳をしたのである。

　また，教祖はブッダのみならずキリストの生まれ変わりと称し，独特のハルマゲドン思想を信じさせた。それによると，この世界は2000年までに第三次世界大戦が起きてほぼ完全に破滅されると予言され，難行苦行のヨガ修行を積んで解脱したオウム真理教信者たちだけが生き残ると明言して信じさせたのであった。そして，その時に備えるという大義名分で，あらゆる新兵器開発を命じ，マシンガンの開発と大量生産，サリンやVXといった毒ガス兵器，ボツリヌス菌や炭素菌といった生物兵器，さらには核兵器，レーザー銃や地震兵器といったSFでしか実現していないものまで開発に全力を注ぐように命じたのであった。そして，信者たちは，それらの一部の開発に本当に成功してしまい，ハルマゲドンが訪れる前なのであったが，正義の側から陰謀を企てている巨大な悪の手先を先制して混乱させよと，無差別テロ攻撃に従事させられたのであった。

・統一教会（世界平和統一家庭連合）の陰謀論

　韓国人の文鮮明を教祖として創立し，1958年から日本でも布教し，世界的に信者を持つ。詐欺的な勧誘，強制的な結婚，詐欺的な資金稼ぎといったことが議論になり民事訴訟が繰り返し起きている。この集団も，キリスト教的なハルマゲドンを用いた陰謀論を重視する。彼らは，聖書を独特に解釈して，1917年に生まれたメシアである教祖が（実際は1920年生まれ），ハルマゲドンが間近に迫った地球上に，「天国」を建設するために信者は仕事や学校を辞め，全財産を寄付し，献身して組織に忠誠をつくし，教祖によって決められた結婚相手との間に子孫を繁栄させ，霊感商法，多額の献金の強要をも正当化し，

また関連企業で働き世界中の富を集めて捧げなければならないと信じさせた。

　この地上天国の建設こそが大事な神の意志であり，また幸福を追求する人類の悲願であるのに，それをサターン（悪魔）が，人間の弱さに付け込んで堕落させ，努力を失敗に終わらせるように常に妨害してきたという歴史観ないし世界観，つまり陰謀論的な因果ビリーフを抱かせている。そして，現代のサターンの手先は，共産主義者であり，それに操られて教団活動に異を唱える伝統的キリスト教牧師，さらにはそれに協力して批判的な信者の家族であり，真に正義の活動に目覚めて行動する信者の自由を阻む迫害が起きていると信じさせてきた。

• エホバの証人の陰謀論

　1870年代，アメリカ人のチャールズ・ラッセルによって設立され，世界中に布教されている。ものみの塔聖書冊子協会ともいう。この集団は，聖書の徹底的な解釈を重視し，一般社会とは逸するところの多い独特で禁欲的な行動規範を信じさせている。特に輸血の拒否，子どもへの虐待的対応，高等教育の否定などが議論となってきた。そしてこの団体でも，ハルマゲドン教義が重要な位置づけになっている。彼らの聖書解釈によると，この世の終わりが今まさに訪れており，それは，1914年に始まったとされた。しかし，その予言が外れても，Festingerら（1956）の参加観察研究と同じように教団は続いた。そんな事態は，認知的不協和理論からすると強化されるとさえ予測できるが（Festinger, 1957），1925年，1938年，1941年，1945年，1975年などと何度となく解釈され直したが，今は明白な期日を示さずに，もうじきこの世の終わりが来て，最後の審判が下され，パラダイスの出現によって永遠の命を得るなどと信じさせている。そして信者は，非信者が滅びる中で選ばれて，唯一神エホバに救済されるため，サターンの手先となった人々からの迫害に負けずに，教団の指導者の指示に従順であり続けないといけないと信じ込んでいる。

　さて，上記3つのカルトの教義分析から，ハルマゲドン思想が共通して用

いられていることが示された。一般に「終末カルト」と呼ばれ，他にも多く世界中に存在するようだ。特にミレニアム（西暦2000年）の頃には，よく用いられたようだ。またジハード主義と暴力的過激主義（violent extremism）を正当化しているイスラム過激派もハルマゲドン思想に影響を受けながら陰謀論的に欧米社会を巨大な悪と見ている（Roy, 2016）。彼らの自爆的な戦闘は，イスラム国家を樹立し，そこで生活することに関心があるのではない。彼らは，完全な勝利の直後に終末が訪れるので，その直前とされる今こそ戦闘によって自ら命を断つことで，必ず天国に導かれると信じているのだという。

　そのような事実から，ハルマゲドンの思想内容には人を引き寄せる強い魅力があると考えられる。これは新約聖書，16章16節の「ヨハネの黙示録」であるが，世界の運命を決する善と悪の世界戦争と位置づけられている。それが様々な現代的な陰謀論ナラティブと構造的に一致していることから，原点とみなせるかも知れない。その構造は，次のとおりである。

①自分たちは世界制覇を企む最強の悪の闇組織に気づいた特別な少数派という位置づけが，自己意識の高揚につながっている。

②その悪の闇組織や特にそのボスは不死身に近い強さで襲ってくる。

③その悪の闇組織の手先は見えて確認できる可能性があっても，ボスを直接に確認することは難しい存在となっている。

④自分たちの集団メンバーの正義の力を合わせれば，どうにかこうにか勝利を収め，身は守れるし，仲間も守ってあげられる。

⑤今その悪の闇組織の手先が引き起こす災難があちこちで起きていて，すぐにも対抗して集団結束しないといけない。

　もし，陰謀論がこのような構図だとみなせるとすると，新約聖書ないしヨハネの黙示録が，紀元前1世紀から2世紀にかけて書かれたとされるが，どのように情報を集めて書かれたかに興味が持たれる。先述したことだが，おそらくは世界中で，さらに太古からの寓話や神話にその構図が偏在していたと考えられる。また近代・現代の日本文化でも，勧善懲悪主義的ないし善悪

二元論的なドラマや物語の中にも多く存在している構図であることに気づくと思われる。つまり、「ウルトラマン」「仮面ライダー」「プリキュア」「水戸黄門」や海外作品では「スーパーマン」「ハリー・ポッター」などが典型的で様々な人気作品に使われている構図であり、闇の使い手に挑む光の戦士はヒーローであり、憧れの的として描かれ、彼らの獅子奮迅の戦いによって、正義はどうにかこうにか悪の手先に勝利したり、それによって少なくとも守られたりする。このような事情から、陰謀論には一般的に多くの人々が魅了され虜になる可能性を秘めた普遍的なナラティブ心理構造があると考えられるが、今後の実証研究を待たなければならない。

5. 陰謀論を信じる背景的な心理

　ある情報を受け入れてビリーフが形成されるメカニズムには、その機能性（functionality）が鍵となる。機能性とは、道具的であること、表出的であることとされ、それがあれば、ビリーフは保持される（Abelson, 1986）。すなわち、心理的な安定性（不安除去）を獲得して自我の高揚（自尊心の維持）に貢献するような道具として役立つこと、自分の意見や行動をうまく表出して社会的に適応づけること（社会的統合）ができることが機能性にある。ここでは、それをビリーフの問題解決への利便性を重視してユーティリティ要因と呼ぶ。

　そして、もう一つのビリーフの形成の鍵になるのは、世界を紛れもなく正確に認知しているかであり、リアリティ要因と呼ぶ。リアリティは、個人の直接的な知覚をともなう経験や合理的な推論によって感じる個人的リアリティと、高い専門性の判断や敬意から権威性が高いと認知される提供源から発された情報や他者による合意性が高いと判断される情報が信頼できる感覚を意味する社会的リアリティとによって構成されている（西田, 1998）。

　これらの要因がともに高く作用する情報であれば、強い主観的確信を持って保持することになるし、両方の要因において低い情報であれば、自分ではなく他者の所持するビリーフ（ディス・ビリーフ）として認知する（Rokeach, 1968）。片方が低い状況なら、主観的確信が弱くなり、保持するか否かの取捨

選択をすることになる。このようにビリーフは，比喩的には各自が所有する家具のようなお気に入りの家具や所持品のコレクションに例えるとわかりよいかもしれない（Abelson, 1986；西田，1993）。つまり，その内容の真偽や他者のそれとは同じでなくても，生活に困らず役立っていることが大事なのである。したがって，他者からすると事実ではない陰謀論であったとしても，他者によってマインド・コントロールされていると評価されたとしても，機能性があるので大事にしているのである。

・ユーティリティ機能

　陰謀論を信じる背景には，これまでの心理学研究から不安が関わっているといえる。個人は社会生活に行き詰まって剥奪感が高まると，将来に対する閉塞感を抱くことになり，不安を抱えるようになると考えられる。社会不安が高まると自由な意思決定を放棄し，陰謀論的な強者といえるヒトラーからのホロコーストのような過激な命令にも服従した権威主義的服従の傾向を示した古典的研究があるし（Fromm, 1941；Adorno, 1950），犯罪に関与したオウム真理教の信者たちも自分の人生意義に不安を生じていたときに，陰謀論に感化されていた教祖の権威に服することで不安を克服しようとマインド・コントロールされたとも分析できる（Nishida, 2019）。また最近のテロリズムの研究でも，人生意義を剥奪されたり喪失したりした若者がその意義の再構築を誘導されて過激化していることを示しているし（Kuruglansky, et al., 2014），Qアノン陰謀論の伝播研究でも不安との関係が見出されている（Albarracin et al., 2022）。

　つまり，社会生活の行き詰まりなどから，個人が方向づけていた人生意義の追求が不安定になり，不安を抱くと，そのような否定的な状態に陥っている自分の現状を説明したいという心理が高まると考えられる。それは，社会心理学的には自発的な原因帰属の推論に従事する傾向の高まりであり，自分の身に生じている否定的結果が意外に思える人ほどその傾向が強くなるとされる（Wong & Weiner, 1981）。すなわち，本来の自分はこのような否定的事態を享受しなければならない者ではなく，もっと社会的に認められるべきなの

に理不尽だと思うような自己愛の強いパーソナリティは，その原因を外的な事情に帰属することになりやすい。そのような人々が原因帰属の情報探索をした結果，悪の闇組織が社会をおかしくさせているから，このように否定的な自分の人生になっているという他者責任論は，ユーティリティの機能性に合致するので，陰謀論を受容すると予測できる。

　こうして陰謀論ビリーフを受け入れると，陰謀史観の虜になって，インターネットからいろいろな情報を受け取り，陰謀ビリーフ群を発達させる。そして彼らはさらに，それぞれの陰謀論的情報の論拠や情報間の関係について深い脈略を検討することなく形成し，自己都合的な心理論理によって整理・連結，つまり他者からの視点では支離滅裂に一気に構造化する。

　このような過程を経て陰謀ビリーフ群を構造化してしまうと，人々は，不安を解消するとともに，自己肯定感が高まると予測できる。従前のように対面的に勧誘されて破壊的カルトのメンバーになった「カルト陰謀論者」ならば，比較的ではあるが何らかの陰謀論的な因果ビリーフ群ができて，他のビリーフ群と連動するようになると，つまりマインド・コントロールが完成すると，悩まされていた不安は解消され，その集団のメンバーであることで，自己肯定感が高まり，癒された感覚を獲得する。そして集団メンバーに課された活動に積極的に従属することで，教祖や他のメンバーから高く評価されるため，社会の一員として受け入れられるという社会的統合の動機を果たすに至るのであった。

　しかしながら，SNSなどのインターネット情報で構築されたビリーフ群を抱く「ネット陰謀論者」たちは，明確に特定できる所属集団や組織がないことも多くなるため，社会的統合の動機は満たされにくいと予測できる。そこで彼らは身につけた陰謀論的な情報を，匿名の人として他者に発信や拡散にいそしむことで，所属意識の持てる社会集団を探し合い，自然と相互のビリーフの類似性からクラスターが発生し，ダイナミックに統合や合併を繰り返して相互にクラスター間に緩やかな関係を持ちつつ多様性のある大集団に発展していくと力動的社会的インパクト理論から予測できよう（Latane & L'Herro, 1996）。こうした過程を経て，ネット生成型の陰謀論者は，破壊的カル

トのメンバーのような確固とした集団メンバー意識は通常にはもたないし，特定のカリスマ的リーダーを持たないが，特定の行動に賛同できるとき，過激な行動を辞さないほどの正義感という内集団バイアスを抱く社会的アイデンティティを意識する（Turner, 1987）。その結果，暴力的なデモ行進への参加やワクチン接種の妨害行動をとるほどに集団凝集性が高まり社会的統合の動機を満たすことに成功するといえよう。

・リアリティ機能

　陰謀論的な情報を受け入れてビリーフ形成するのは，リアリティがあるからである。他者にとっては，荒唐無稽としか思えない非常識な内容であり，まさにリアリティが微塵も感じられないからこそ否定するのであるが，丁寧に論者の話を聞いていくと，当人の主観では根拠となる情報を手に入れた結果であることがわかる。

　そのリアリティは，陰謀論的な情報を直接知覚のような経験によって確認したからではない。基本，陰謀だけに隠されているわけで知覚的な直接経験はできない内容だ。よって誰かから知らされたという間接経験でしかない。しかし，彼らはそこにリアリティを感じている。内藤（2021）によると，Qアノンの投稿は，クイズやパズルのように読者に問いかけて考えさせるスタイルになっていると指摘している。つまり，指示された検索ワードやURLの情報を集めて読み，それらをもとに思考すると陰謀を支持する結論になることで徐々に真実である可能性の高まりを感じる。このように推論という認知過程に従事することでリアリティが高まる仕掛けがあるのだ。また同様の操作によって誘導された他の人々のネット検索行動が，さらに陰謀論を支持する内容の情報ばかりを上位にランクさせることになるために，深く調べようと情報検索するほどに一貫した陰謀論支持に導く私的なリアリティを高めることになる。

　また，新たに接触した陰謀論的情報についての吟味において，専門的知識の低い者にとっては，自分のすでに獲得しているビリーフ・システムでは正誤が判断できず，結果的に社会的リアリティに頼らざるを得なくなる。すな

わち誰が発信したのかに注目すると，医師，科学者，著名な研究者などの専門家であったり，陰謀を企てている組織と身近に対立する重要な関係者であったり，真面目で良い人で嘘をつくような人や機関ではなく，尊敬に値する存在であったりと引用者によって記されており，信頼できる発信源というふうに認知してしまうことで，社会的リアリティの高い情報になる。このように社会的リアリティを高くなるように操作する戦略の効果性は，古くから広告，宣伝やプロパガンダなどでお馴染みである（Pratkanis & Aronson, 1992）。さらにネットで情報検索し，自らの受容判断の妥当性を確認しようと発信する行為は，次々と同じ情報を受け取り，同じように妥当性を高めようとするネットユーザーに遭遇し，相互依存的に合意性を形成してしまう。その結果，発信した情報が反響しあって増幅した合意性を持って自分に返ってくる，いわゆるエコーチェンバー現象（10章参照）を引き起こし，陰謀ビリーフの主観的確信は高まるのである。なお，このネット情報検索は，孤立した個室におけるスマホやPC端末を用い基本的に一人で行うことが可能であり，思考中に他者からの異論や反論が届きにくいどころか，情報に疑念を持っているのは自分だけではないかと錯覚する「集合的無知現象」(Allport, 1924) が起きやすいのである。こうして，陰謀論ビリーフに，偏った高い社会的リアリティが付与されることになる。

6. 陰謀論者がビリーフ固執に用いる
6 論理のマインド・コントロール

　陰謀論を信奉するようになると，保持した各ビリーフに固執が起きる。それに対する異論や反論は，退けられるばかりか，敵意を持って対抗することもある。不安を除去し，自己肯定感を得て，仲間集団との間では社会的統合も果たしているのであれば，ユーティリティ機構が作用しているからである。これに対抗するリアリティ提供は理論的には効果をもたらし，陰謀論の否定は不可能ではないが，簡単ではない。マインド・コントロールからの離脱過程の研究からも，一般にリアリティ要因よりもユーティリティ要因を

重視する傾向があることがわかっている（西田, 1998）。対象となる個人が抱くすべての陰謀ビリーフに対して，根気強く，丁寧に，リアリティの一層高い情報で否定していくのである。そのとき，同時に，元々抱いていた不安や閉塞感といった否定的感情に対して安心と希望を提供していくようなアプローチが大事となる（Nishida, 2019）。そのような準備を整えて個別にアプローチしたとしても，Brotherton（2015）によれば，陰謀論者は次のような6つの論理で信奉に固執するという。それらの論理に従って，破壊的カルトの用いるマインド・コントロールを検討してみよう。

1）証明可能性の強調：「まだ証明されていない」と言い張る

　予言は外れても信奉者は信じなくなるどころか逆に執着するようになる（Festinger, et al., 1956）。陰謀ビリーフでも同様に，科学的論拠で否定されると，まだ証明されていないと，言い訳の認知を付加する。いうまでもなく，科学的表現では，どうしても現時点でのデータでは，陰謀論は確率的に誤りである可能性が高いというような言い回しになり，断言はしない。それを逆手にとって陰謀論者は，まだ自分たちの説が誤りだとは証明されていないし，それどころか，きっといずれは正しいと証明されるだろう，と言い切るのである。また破壊的カルトは，ハルマゲドンの期日が外れて，決定的な論理矛盾を抱くようになっても，言い訳をして期日を延長する。あるいは，ハルマゲドンの救済者（メシア）であるはずの教祖が死亡しても，ハルマゲドンが近いと信者には訴え続けることで組織を維持している。つまり，誤りであるとはまだ証明されていないというのだ。

2）権威の否定：表向きの説明を嫌う

　マインド・コントロール状態にある人々は，一般とは異なる権威を受容しているために，反論がかみあわない。一般的な権威は悪なる闇組織の手先とみなされているのだ。ところで，一般にビリーフの形成や維持において権威性をともなう情報が影響力を持っていることはすでに解説した。つまり，陰謀論を信じない人々も，権威性の高い情報を受け入れているわけである。政

治家，マスメディア，行政機関など，各自が信頼できる権威から発せられた情報からビリーフを形成・維持することは多い。しかしながら，そのような表向きの説明では，個人的に都合が悪い時には，それを疑り，裏の真相を求めようとする心理は誰にでもあるだろう。まさに陰謀論者には都合が悪いのである。多数派の信じる表向きの説明は，自分を不当にも理不尽に，否定的状況に貶めてきた者たちのものなのだとみなすのである。よって，その説明が嘘や隠蔽によってなされていて，真相は全く逆にあるとみなせたら，個人の下がっていた自己肯定感は回復し，自己愛が満たされて心理的に安定し，高い自尊心が維持できるのである。彼らは，彼らの信頼できる権威は，破壊的カルトの場合は教祖やその側近などであり，ネット陰謀論者も，一般とは別の権威とみなされる独自の専門家，メディアやインフルエンサーに情報を求めることで，それを果たすことができる。

3）陰謀家パワーの過大評価：陰謀家は常に社会を完全支配しているとみなしている

　ネット陰謀論者の描く闇組織は，とてつもなく巨大組織で強い勢力で不死身であると考えていて，世界の経済や政治を完全に支配しているとみなしている。そんな支配力なので，そうそう簡単に勝てるわけもなく，少数派である自分たちが劣勢な状況にあるのは当然でいたしかたのないことだと認知している。よって自分たちの意見は少数派であっても，誤りとは認めない論理になっている。すなわち陰謀論者は，いつまでも多数派にはならない構図にあり，多数派になると陰謀論の意義を失うともいえよう。マインド・コントロールに用いられている破壊的カルトの陰謀論でも，自分たちは神に率いられた集団で正義であり希望なのであるが，これまではいつも不死身の悪魔の恐ろしく有能な手先によって迫害され，煮え湯を飲まされてきたという話になっている。こうして外集団を強敵化することで，集団の結束を図ることでマインド・コントロール状態を強化するのだ。

4) 悪の化身と戦う正義の味方：善と悪の二元論

陰謀論者は，善悪二元論法を用いて，敵か味方のどちらかに人々を分けようとする（10章も参照）。マインド・コントロールされると，同様の思考パターンになる（西田, 1995）。よって，いろいろな無関係な人々も一様に悪の手先として悪魔化（demonization）して敵視され，敬遠されたり攻撃の標的にされたりしてしまう（Stahelski, 2005）。その結果，敵とみなされた陰謀論を信奉しない人々の集団との大きな社会的分断が生じてしまいかねない。古典的にこの思考パターンは，権威主義的なパーソナリティの特徴として心理学的には見出されており，これを好む者，つまり曖昧さへの耐性（ambiguity tolerance）の低い認知スタイルはマインド・コントロールされやすい個人，はたまた陰謀論者の認知傾向かもしれない（西田, 1995）。

5) 偏った証拠の評価：平等に証拠に向き合わない

ネット陰謀論者は，些細で異常な情報を多く拾い集めて論を構築するという。そこには難解な知識や暗号解読のような思考に執着して重視する一方，一般的に認知されている否定的情報にはあまり注意を払わない。マインド・コントロールされた人々の場合も，教祖などの権威者の指示によって重視するべき情報が決められ，無視するべきとされた情報に対して独自な注目は罪であるとされており，厳しく罰せられることさえある。いずれにしても，ビリーフに合致する情報ばかり受け入れる強い「確証バイアス」や，特別に目立つような大きな事例に注目して，目立つ事例はそれなりに重大な秘密の理由があると解釈する「比例バイアス」が働いていると指摘されており，Festinger（1957）の認知的不協和理論が指摘するように，陰謀論者は情報を選択的に接触したり回避したりしているのだ。

6) 反証不可能な論理：科学的証明の原理を逆手にとる

陰謀論を科学的に反証することはできない。それどころか，反論によって勢いを増すという。これは「心理的リアクタンス」という動機であると説明できる（Brehem, 1966）。そして科学的証明法では，存在しないことを証明す

ることはできない。そのために，「闇組織の世界支配」は，どんなことがあっても否定されることはないといえる。マインド・コントロールを行うとすると，反証不可能なビリーフを用いて思考のシステムを構築できれば，強固なシステムとなるのだ。よって破壊的カルトの教祖は，陰謀ビリーフによって世界観，歴史観を構築することと親和性が高いのかもしれない。陰謀論者のネットワークに，カリスマ的権威となる過激なリーダーが出現したら，それは破壊的カルトの発生を意味しよう。

7. まとめ —— 陰謀論とマインド・コントロール

　これまでの事件事例を検討すると，マインド・コントロールは，身体的な拷問や虐待をともなう洗脳とは異なり，基本的にコミュニケーションで成立することがわかっている。つまり，インターネットにアクセスして情報を受け取るだけでも可能性があるといえる。西田（2009）が示す一般的なマインド・コントロール進行過程に照らしてみると，ネット陰謀論者になるには，まず個人が何らかの否定的な事実の経験から，その謎を解こうと情報検索をすることに始まる（手順1：未解決な課題が突きつけられる）。次に，陰謀論的情報に接触し，事件や事象についての陰謀論による説明を知り，陰謀ビリーフが続々と形成される（手順2：不安や恐怖を煽られ依存させる）。そして，陰謀論のナラティブを知ることで世界の真相を知り，謎が解けた感覚とそれによるエリート的な自己肯定感が与えられる（手順3：一見鮮やかな現実の説明に納得させられる）。さらに，ネット検索を続けることで次々と陰謀ビリーフを形成・収集し，それらを相互に関連づけることで，陰謀論にリアリティを付与していく（手順4：教義を体系的に確信させる）。そして，新たにできあがった心理的な現実観を用いて，自分の日常生活の事象をとらえ直すと陰謀論的な現実に合致していることを見出し，自分の陰謀論的な世界観や歴史観を確信するようになる（手順5：教義を日常的に実践させて納得させる）。陰謀論を主張するようになった者は，ネットのコミュニティのような集団に参加して所属感を高めていく一方で，これまでのオフラインにおいて支援的であった家

族や対人関係が意見の衝突などから崩壊して，大きく社会生活を変えてしま
う（手順6：経済的・社会的資源を放棄させて元の生活に戻れなくさせる）。

　以上のような典型的な過程があると理論的には予測でき，破壊的カルトに
よるそれとの類似性が確認できる。しかしながら，両者の異なる点に注目す
ると，ネット陰謀論では明白な集団やカリスマ的なリーダーがいなくて，心
理的な集団所属感のみが緩く存在するのみの場合もあるようだ。とすると，
ネット陰謀論者は，破壊的カルトの陰謀者と比べて，ネットだけのコミュ
ニティでは集団所属の動機充足ないし社会に役立ったり褒められたりするよ
うな動機は獲得されにくい可能性がある。その代替行動として，ネット陰謀
論者は自発的に積極的に陰謀論を発信したり拡散したりしてその動機を満た
そうとすると考えられる。また陰謀論的な思想で集まったネットのコミュニ
ティから意見を翻し，異を唱えたり，集団から離脱しようとすると，強い怒
りや憎しみを買うようになり裏切り者とみなされ，激しく誹謗されたり中傷
されたりする「黒い羊現象」（Marques, Yzerbyt, & Leyens, 1988）が予測でき
る。この現象は破壊的カルトにも共通しているが，ネット陰謀論者の場合，
メンバーは相互に匿名であるためにその攻撃の過激性は増すと考えられる
（Reicher, 1984）。

　しかし，このような両者の違いや類似性は，まだ十分な実証データがある
わけでなく今後の研究が期待される。それによって，ネットで発生した集団
の発展と過激化の現象やマインド・コントロール現象さらにはビリーフ・シ
ステムの機能や構造についての心理学的理解がさらに進むことになるだろう。

引用文献

Abelson, R. (1986). Beliefs are like possessions. *Journal for the Theory and Social Behavior*, *16*, 3, 223-250.

Adorno, T.W. 1950 *The authoritarian personality*. New York: Harper & Brothers.［アドルノ, T. W.（著）田中義久・矢沢修次郎・小林修一（訳）(1980). 権威主義的パーソナリティ　青木書店］

Albarracin, D., Albarracin, J., Chan, M.S. & Jamieson, H. (2022). *Creating conspiracy beliefs*. Cambridge University Press.

Allport, F. H. (1924). *Social Psychology*. Boston: Houghton Mifflin.

雨宮純（2021）．あなたを陰謀論者にする言葉　フォレスト出版

Brehm, J. W. 1966 A theory of psychological reactance. Academic Press.

Brotherton, R. (2015). *Suspicious Minds: Why We Believe Conspiracy Theories*. New York: Bloomsbury Sigma.［ブラザートン, R.（著）中村千波（訳）（2020）．賢い人ほど騙される　ダイヤモンド社］

Brotherton, R. & French, C. C. (2014). Belief in conspiracy theories and susceptibility to the conjunction fallacy. *Applied Cognitive Psychology*, *28*, 238–248.

Festinger, L. (1957). *A theory of cognitive dissonance*. Stanford University Press.

Festinger, L., Reacken, H. & Schacter, S. (1956). *When prophecy fails : An account of a modern group that predicted the distraction of the world.*　The university of Minnesota.［フェスティンガー, L. ほか（著）水野博介（訳）予言がはずれるとき──この世の破滅を予知した現代のある集団を解明する　勁草書房］

Fromm, E. (1941). *Escape from freedom*. New York: Farrar & Rinehart.［フロム, E.（著）日高六郎（訳）（1952）．自由からの逃走　東京創元社］

川上善郎（1997）．うわさが走る──情報伝播の社会心理　サイエンス社

Kruglanski, A., Michele J. Gelfand, M. J., Bélanger, J. J, Sheveland, A., Hetiarachchi, M., & Gunaratna, R. (2014). The Psychology of radicalization and deradicalization: How significance quest impacts violent extremism. *Advances in Political Psychology*. *35*, 1, 69-93.

Latané, B., & L'Herrou, T. (1996). Spatial clustering in the conformity game: Dynamic social impact in electronic groups. *Journal of Personality and Social Psychology*, 70, 6, 1218-1230.

Marques, J. M., Yzerbyt, V. Y., & Leyens, J. P. (1988). The 'black sheep' effect: Extremity of judgements towards in-group members as a function of group identification. *European Journal of Social Psychology*, 18, 1-16.

内藤陽介（2021）．誰もが知りたいQアノンの正体──みんな大好き陰謀論Ⅱ　ビジネス社

西田公昭（1993）．ビリーフの形成と変化の機制についての研究（3）──カルト・マインド・コントロールにみるビリーフ・システム変容過程　社会心理学研究, *9*（2）, 131-144.

西田公昭（1995）．マインド・コントロールとは何か　紀伊國屋書店.

西田公昭（1998）．「信じるこころ」の科学──マインド・コントロールとビリーフ・システムの社会心理学　サイエンス社

西田公昭（2009）．第12章　幻想の自己　高木修（監修）安藤清志（編）自己と対人関係の社会心理学（シリーズ21世紀の社会心理学）　北大路書房

Nishida, K. (2019). Leaving Violent Extremism: A Social psychological qualitative analysis of Aum Shinrikyo prisoners. *Annual Conference of International Cultic Studies Association, Manchester.*

Pratkanis, A. R. & Aronson, E. (1992). *Age of propaganda: The everyday use and abuse of persuasion.* ［プラトカニス，A.，アロンソン，E.（著）社会行動研究会（訳）（1998）．プロパガンダ──広告・政治宣伝のからくりを見抜く　誠信書房］

Reicher, S. D. (1984). Social influence in the crowd: Attitudinal and behavioral effects of de-individuation condition of high and low group salience. *British Journal of Social Psychology, 23*, 341-350.

Rokeach, M. (1968). Belief, attitude and values : A theory of organization and change. San Francisco: Jossy-Bass.

Roy, O. (2019). *Le Jihad et la mort.* Paris: Éditions du Seuil. ［ロワ，O.（著）辻由美（訳）（2019）．ジハードと死　新評論］

Stahelski, A. (2005). Terrorists are made, not born: Cresting terrorists using social psychological conditioning. *Cultic Studies Review, 4*(1), 30-40.

Turner, J. C. (1987). *Rediscovering the social group: A Self-categorization theory.* New Jersey: Blackwell Publishing. ［ターナー，J. C.（著）蘭千寿・磯崎三喜年・内藤哲雄・遠藤由美（訳）（1995）．社会集団の再発見──自己カテゴリー化理論　誠信書房］

Wong, P. T. & Weiner, B. (1981). When people ask "Why" questions, and the heuristics of attributional search. *Journal of Personality and Social Psychology, 40*(4), 650-663.

あとがき

　『サブカルチャーの心理学2』をお手にとっていただきありがとうございます。おかげさまで前作『サブカルチャーの心理学』が好評で，第2弾を作ることができました。

　さて，本書は「サブカルチャー心理学研究会 著」となっております。このサブカルチャー心理学研究会について少し紹介させてもらいます。前作のあとがきにも書きましたが，『サブカルチャーの心理学』の発端となったのは，2018年に立命館大学大阪いばらきキャンパスで開催された，日本パーソナリティ心理学会第27回大会の「オタクのパーソナリティ」というシンポジウムでした。同年の日本心理学会第83回大会で「サブカルチャーの心理学(1)」を行う際に，前書『サブカルチャーの心理学』の執筆メンバーを中心にサブカルチャー心理学研究会を立ち上げました。そのときに私が考えたキャッチコピーが「遊びを心理学する，心理学で遊ぶ，心理学者が遊ぶ」でした。

　欧米の社会学で研究されてきた「サブカルチャー」は，白人文化に対する黒人文化のように支配と被支配，差別と被差別という関係性において多数派から支配され抑圧され差別される少数派の「下位文化」を意味していました。しかし日本で「サブカルチャー」と呼ばれるものは「差別される少数派の下位文化」ではなく，高級な文化であるハイカルチャーに対する大衆文化，低級文化という意味での「サブカルチャー」でした。日本の社会学のサブカルチャー研究に強烈な違和感を覚えるのは，欧米のサブカルチャー研究の文脈に，日本でサブカルチャーと呼ばれるオタク文化を無理矢理接合させようとするからなのでしょう。我々はサブカルチャーを「良識ある大人たちのメインカルチャーから，幼稚で低級，俗悪な遊びとして白眼視されてきた若者文化」と大まかに捉え，様々な領域を研究することにしました。サブカルチャー領域の多くは「趣味・遊び」と見なされ，心理学の研究対象と見なされてきませんでした。しかし，サブカルチャーは基本的に生きがいと幸福感

を与え個人の QOL を高めるものです。QOL が心理学の重要なテーマである
ならば，QOL を高めるサブカルチャーも心理学の重要なテーマになるはずだ
と考えています。

　我々はその後，2019 年の日本心理学会第 84 回大会でシンポジウム「サブ
カルチャーの心理学（2）」を，2021 年の日本パーソナリティ心理学会第 30 回
大会ではシンポジウム「サブカルチャー心理学のこれまでとこれから」を行
いました。サブカルチャー心理学研究会の現在の主な活動は，学会大会での
シンポジウムと本の執筆ということになります。

　数多くの心理学系の学科や研究科で，毎年，数多くの卒業論文や修士論文
が制作されています。その中にはサブカルチャーをテーマにした論文も存在
すると思います。そのような卒業論文は，指導教員の研究室の本棚に埋もれ
て光が当てられることはほとんどありません。そのような研究を発掘し光を
当てることも，サブカルチャー心理学研究会の活動目的の一つです。本書の
第 2 章「オタク隠しの心理」は田島綾乃さんの修士論文が元になっています。
今後，面白い研究を発掘し光を当てる活動も充実させていきたいと思ってい
ます。

　サブカルチャー心理学の究極の目的は，「人間の幸福感を高め人生を豊かに
する」ことであり，「自分の幸福感を高め自分の人生を豊かにする」ことです。
新たな領域を研究する新たなメンバーの出現を期待しています。入会希望者
は subculture.psychology@gmail.com まで連絡してください。一緒に心理学
で遊びましょう。

2023 年 1 月 13 日の金曜日
サブカルチャー心理学研究会代表　山岡重行

執筆者紹介

（①所属　②学位　③プロフィール）

山岡重行 （やまおか・しげゆき）［まえがき・3章・5章・6章・10章・コラム・あとがき］

①聖徳大学心理・福祉学部心理学科　②博士（心理学）

③「ロックが社会に与えた影響」は個人的な研究テーマの一つです。今回コラムを2つ書きました。冷戦終結と旧共産圏のロックのことなど書きたいことはたくさんありますが，機会を改めて書いてみたいです。

1950年代のアメリカでも1960年代の日本でも1970年代のイギリスでも，社会の主流文化はロックやパンクを否定しようとしました。旧共産圏ではロックは自由の象徴となり当局から否定されました。軍事政権が支配する現在のミャンマーでも活動を続けるパンクバンドが存在し，それを支援する日本のインディーズレーベルが存在します。「世の中はロックによって革命が起こるほど単純ではない」これはローリング・ストーンズのミック・ジャガーの言葉です。しかしコラムで書いたように，ロックは人々の意識を変革し社会を変革することができるのです。
俺はまだロックを信じている。

杉浦義典 （すぎうら・よしのり）　　　　　　　　　　　　　　　　　　　　［1章］

①広島大学大学院人間社会科学研究科　②博士（教育学）

③最近「あべこべ構文」という言葉をバズらせることを画策中。例えば，「社会の厳しさを教えていただいた」は，本当は「アイツは最低最悪！」の意味だったりという社会人特有の用語法です。「あべこべ構文」という観点で見ると，オタクを取り巻く言説も少し違って見えてきます。「オタクはコミュ力がない」というのは，スクールカーストやマウンティングに必死な人からの，「自分たちはこんなに苦労しているのに」という妬みかもしれません。「オタクは恋愛が苦手」というのも，ファッション業界にお金を落とさないことへの逆恨みかもしれません。

田島綾乃 （たじま・あやの）　　　　　　　　　　　　　　　　　　　　　　［2章］

①会社員　②修士（社会学）　関西学院大学大学院社会学研究科博士課程前期課程修了

③オタクである自身の経験や，オタク仲間の行動から，オタクの趣味隠しに興味を持ち，大学，大学院と研究を行った。現在はアカデミアを離れ，一般企業で会社員として働く。主な論文は「〈リサーチノート〉オタクが抱くメタステレオタイプについて――インタビュー調査による探索的検討」（KG社会学批評，第10号，2021年），「趣味を話さないオタクたち――趣味隠し行動の要

因と方略の検討」(修士論文，未刊行，2022 年)。

稲増一憲 (いなます・かずのり) [2 章]

①関西学院大学社会学部社会学科　②博士（社会心理学）
③専門は社会心理学，メディア・コミュニケーション研究，世論研究。主な著書として『マスメディアとは何か──「影響力」の正体』(中央公論新社，2022 年)，『政治を語るフレーム──乖離する有権者，政治家，メディア』(東京大学出版会，2015 年)，『新版アクセス日本政治論』(共著，日本経済評論社，2011 年) がある。指導する学部ゼミ生および修士課程大学院生の研究テーマについては，「来た球を打つ」を基本としている。

渡邊芳之 (わたなべ・よしゆき) [4 章]

①帯広畜産大学人間科学研究部門　②博士（心理学）
③ 1962 年新潟県上越市生まれ。1990 年東京都立大学大学院人文科学研究科博士課程単位取得退学，信州大学人文学部，北海道医療大学看護福祉学部を経て 1999 年より現職。性格，人格，個性などパーソナリティや個人差に関わる概念の心理学的用法やその歴史を研究テーマとし，『性格とはなんだったのか──心理学と日常概念』(新曜社，2010 年) などの著書，論文で発表している。いっぽうで小学生時代よりレコードの収集，レコードを再生するためのオーディオ装置の改良に取り組み，2011 年から 2013 年にかけてオーディオ専門誌「MJ 無線と実験」に「直して使う古いオーディオ機器」の連載記事を執筆した。

岡田　努 (おかだ・つとむ) [7 章]

①金沢大学人間社会学域・研究域　②博士（心理学）
③研究歴
  1. 京王帝都電鉄および小田急電鉄を中心とした関東私鉄の研究
  2. 大手およびローカル私鉄を中心とした車両の変遷
  3. 旧国鉄，JR 各線の主に旧型車両の研究
  4. 除雪列車，専用線，ナロー軌道線などの研究
  5. 地域交通のありかた
  6. 鉄道と風景
  7. 鉄道趣味者の行動特性について心理学からのアプローチ　他

山田智之 (やまだ・ともゆき) [8章]

①上越教育大学教職大学院 ②博士（総合社会文化）
③専門はキャリア教育学，キャリアデザイン学，キャリアカウンセリング。専門領域を中心に学校を取り巻く諸問題や学校経営上の課題の解決に向けて，心理学的な視点やサブカルチャー的な視点等から研究を行っている。著書に『教職員のための職場体験学習ハンドブック——先進的モデル「町田っ子の未来さがし」より』（実業之日本社，2006年），『教職シリーズ7 進路指導』（分担執筆，培風館，2012年）などがある。

菊池　聡 (きくち・さとる) [9章]

①信州大学人文学部人文学科 ②修士（教育学）
③主な著書に『なぜ疑似科学を信じるのか——思い込みが生みだすニセの科学』（化学同人，2012年），『錯覚の科学〔改訂版〕』（放送大学教育振興会，2020年），『より良い思考の技法——クリティカル・シンキングへの招待』（放送大学教育振興会，2023年）など。
「おたく」は，一流のクリティカル・シンカーである，というのが持論です。一つのことに限りなく情熱を注ぎ込む心と，冷静かつ客観的に（時には自虐的なほどに）情報を厳しく吟味していく心。このホット・ハートとクール・マインドを併せ持つことがクリティカル・シンキング（批判的思考）の要諦であり，それこそが理想的な「おたく」のあり方ではないでしょうか。その意味で，自分はまだまだだと思うことしきりです。

西田公昭 (にしだ・きみあき) [11章]

①立正大学心理学部対人・社会心理学科 ②博士（社会学）
③カルチャーの関わりが深い心理現象に興味があります。特に集団や社会で信念が共有されることの意味を考えています。またそれを意図的に実現させようと駆使されるさまざまな形態のコミュニケーションにも関心があり，そんなことから，悪質商法，詐欺，テロリズム，犯罪などに用いられる「マインド・コントロール」に関わってしまっています。主著には，『マインド・コントロールとは何か』（紀伊國屋書店，1995年），『「信じるこころ」の科学——マインド・コントロールとビリーフ・システムの社会心理学』（サイエンス社，1998年），『だましの手口——知らないと損する心の法則』（PHP研究所，2009年），『なぜ，人は操られ支配されるのか』（さくら舎，2019年）などがあります。

サブカルチャーの心理学 2
「趣味」と「遊び」の心理学研究

2023 年 5 月 1 日　初版第 1 刷発行

編　者	山岡重行
著　者	サブカルチャー心理学研究会
発行者	宮下基幸
発行所	福村出版株式会社
	〒113-0034　東京都文京区湯島 2-14-11
	電話　03-5812-9702　FAX　03-5812-9705
	https://www.fukumura.co.jp
装　幀	米本　哲（米本デザイン）
本文組版	朝日メディアインターナショナル株式会社
印　刷	株式会社文化カラー印刷
製　本	協栄製本株式会社